汉画图像
与
艺术史学研究

黄雅峰 著

中国社会科学出版社

图书在版编目（CIP）数据

汉画图像与艺术史学研究／黄雅峰著 . —北京：中国社会科学出版社，
2012. 10
ISBN 978 - 7 - 5161 - 0468 - 2

Ⅰ.①汉…　Ⅱ.①黄…　Ⅲ.①汉画像—艺术—研究　Ⅳ.①K209

中国版本图书馆 CIP 数据核字（2010）第 147298 号

出 版 人	赵剑英	
选题策划	郭沂纹	
特约编辑	丁玉灵	
责任校对	王兰馨	
责任印制	张汉林	

出　　版	中国社会科学出版社	
社　　址	北京鼓楼西大街甲 158 号（邮编 100720）	
网　　址	http：//www. csspw. cn	
	中文域名:中国社科网　　010 - 64070619	
发 行 部	010 - 84083685	
门 市 部	010 - 84029450	
经　　销	新华书店及其他书店	

印　　刷	北京市大兴区新魏印刷厂	
装　　订	廊坊市广阳区广增装订厂	
版　　次	2012 年 10 月第 1 版	
印　　次	2012 年 10 月第 1 次印刷	

开　　本	710 × 1000　1/16	
印　　张	16. 75	
插　　页	12	
字　　数	293 千字	
定　　价	55. 00 元	

图版一　河南南阳麒麟岗汉画像石墓　（照片）

图版二　陕西神木大保当 M23 汉墓墓门　（照片）

图版三　河南南阳西关出土汉画像石嫦娥奔月图像　（照片）

图版四　四川成都羊子山出土汉画像砖歌舞杂技图像　（照片）

图版五　河南南阳陈棚汉画像石墓执笏门吏图像　（照片）

图版六　山东临沂白庄汉画像石墓行刑仪仗图像　（照片）

图版七　河南密县打虎亭 2 号汉墓中室东段北壁下部侍女壁画局部　（照片）

图版八　河南密县打虎亭 2 号汉墓中室东段券顶西起第三幅藻井北侧条幅壁画　（摹本）

图版九　内蒙古和林格尔汉墓乐舞百戏壁画局部　（摹本）

图版十　陕西定边郝滩四十里铺汉墓车马出行壁画　（照片）

图版十一　陕西西安汉长城遗址出土"万岁"瓦当　（照片）

图版十二　江西南昌永和门出土汉代玉舞女佩饰　（照片）

图版十三　河南南阳汉代宗资墓天禄石雕　（照片）

图版十四　河南洛阳孙旗屯出土汉代辟邪石雕　（照片）

图版十五　甘肃武威磨嘴子48号汉墓出土博弈木雕　（照片）

图版十六　甘肃武威磨嘴子2号汉墓出土猴木雕　（照片）

图版十七　湖南长沙出土汉代人形铜吊灯　（照片）

图版十八　云南晋宁石寨山出土汉代八人乐舞铜扣饰　（照片）

图版十九　四川铜山出土汉代摇钱树铜插座　（照片）

图版二十　浙江余杭星桥蜡烛庵汉墓出土贞夫铜镜　（照片）

图版二十一　湖北江陵凤凰山出土汉漆匜　（照片）

图版二十二　湖北荆州高台出土汉凤鸟纹漆卮　（照片）

图版二十三　湖南长沙马王堆1号汉墓出土"冠人"俑　（照片）

图版二十四　湖南长沙马王堆3号汉墓T形帛画局部　（照片）

目　录

前　言

　　在汉画研究中，有"汉画像"与"汉画图像"两种说法。"画像"的称谓来源于金石学的研究，北宋赵明诚的《金石录》有"武氏石祠画像"，洪适的《隶释》有"武梁祠的画像"的提法，清末瞿中溶的《汉武梁祠画像考》则把"汉"和"画像"联系在一起。当时这些金石学家大多利用武梁祠拓片进行研究。那时条件有限，不可能对汉画像石的原石进行研究，于是以汉画像石拓片作为研究对象，形成了长时期的金石学研究方法。可见"画像"一词不能显示画像石的原来风貌，更不能反映汉画诸多艺术样式的图像特点，我们在研究中使用"汉画图像"的用语较为合适。

　　在汉画记录与研究过程中，"图像"一词早有使用。东汉王延寿《鲁灵光殿赋》记载壁画内容为"图画天地，品类众生。杂物奇怪，山海神灵"①。北魏郦道元《水经注·济水》记述汉代祠堂有"雕刻君臣官属龟龙麟凤之文，飞禽走兽之像"②，南朝宋范晔《后汉书·南蛮西南夷列传·邛都夷》文载："州中论功未及上，会竦病创卒，张乔深痛惜之，乃刻石勒铭，图画其像。"③"图画其像"成为汉代的艺术表现传统。《后汉书·赵岐传》记载："（岐）先自为寿藏，图季札、子产、晏婴、叔向居宾位，又自画其像居主位，皆为赞颂。"④在浙江绍兴出土的建安十年重列神兽镜，镜面刻饰有神灵与神兽，周铭为"幽湅宫商，周罗容象，五帝天皇，白牙弹琴，黄帝除凶，

---

　　① 萧统编，李善注：《文选·卷十一·赋己·宫殿》，上海古籍出版社 1986 年版，第 515—516 页。

　　② 郦道元著，陈桥驿校正：《水经注·校注·卷八·济水》，中华书局 2007 年版，第 216 页。

　　③ 范晔撰：《后汉书》，中华书局 2007 年版，第 842 页。

　　④ 同上书，第 618 页。

朱鸟玄武，白虎、青龙"①，以生动的文字介绍了镜面丰富的图像。汉代形成的图像表现传统为后代所继续发展，唐张彦远在《历代名画记·叙画之源流》中总结了图像艺术特点："记传所以叙其事，不能载其言；赋颂有咏其美，不能备其象。图画之制，所以兼之也。"②图像不仅能"备其象"而且能"载其言"、"咏其美"，有直观再现艺术形象的功能，图像成为中国艺术史中形象表现的主要方法。

在汉画中可以看到营造技艺的图像，实际上中国传统艺术把图像放在一个相对广阔的层面上关注。先秦著作《考工记》蕴涵的丰富设计思想，以形象性的文字表现出来，呈现出图像性表现的特点。"匠人营国，方九里、旁三门。国中九经九纬，经涂九轨。左祖右社，面朝后市，市朝一夫"③，如建筑平面图般描画出了城市规划布局。"画缋之事，杂五色。东方谓之青，南方谓之赤，西方谓之白，北方谓之黑；天谓之玄，地谓之黄"④，以生动的色彩描述再现了缤纷的图像画面。在社会的发展中，汉代的建筑规划布局是《考工记》思想的延续，汉代以来流行的青龙、朱雀、白虎、玄武四神图像造型与色彩在《考工记》的影响下逐渐形成。中国传统艺术视觉图像不单是平面图形，而且是记载和表现世间各种物象的视觉形式。在史籍文献和碑刻铭文中可以清楚地看到这种现象，先秦的《考工记》、北魏的《齐民要术》、宋的《营造法式》均清晰记录和明确表现了物象的图像艺术特点。清代戴震完成了《考工记图》，其图像艺术特点千余年后直接得到了显示。

西方的"图像志"和"图像学"都衍生于希腊语，这两个词含有"样式"、"形象"、"图画"的意思。其实，"样式"、"形象"、"图画"所反映的视觉图形均不局限于平面的特点。西方学者认为，图像志是关于图像的书写、描绘和记录的学问，图像学是对图像的科学研究。在图像志阶段，对图像的书写、描绘、记录是全方位的。在图像学阶段，对图像要进行系统的科学研究。⑤麦克尔·波德罗在分析黑格尔的艺术史概念时认为："他仿佛有两

---

① 王士伦编著，王牧修订：《浙江出土铜镜·修订本》，文物出版社 2006 年版，第 220 页。

② 张彦远：《历代名画论全译》，承载译注，贵州人民出版社 2009 年版，第 6 页。

③ 《考工记》引文，载张道一《"考工记"的科学与人文精神》，李砚祖主编：《艺术与科学》，清华大学出版社 2006 年版，第 13 页。

④ 同上书，第 15 页。

⑤ 参见［美］约翰·A. 沃克、萨拉·查普林《视觉文化分析模式》，谭秀江译，载曹意强、麦克尔·彼得罗等《艺术史的视野——图像研究的理论、方法与意义》，中国美术学院出版社 2007 年版，第 108 页。

个现成的'对立'形式……首先是建筑内景与外景之间的对立。关注建筑外景，可以说就是将一座建筑作为物象般的东西加以考虑，因而关注其触角性质；而对于内景的关注则意味着对于空间的兴趣，因此避免平板的、触觉的平面，其旨趣在于'视觉'。"①视觉研究的对象，注意对于整体性的把握，既观察建筑的内景和外景的关系，也关注到空间的深度特点。视觉的空间形象打破了平面性，在图像的表现过程中，"建构"、"制形"、"创造"这些观察和艺术处理办法，均对图像产生重要的作用。

由此看来，中西在对图像的认识过程中均具有整体把握、全方位关注的特点。在当今全球化艺术语境的影响之中，图像的存在样式、接受模式变得越来越接近。对于汉画图像的研究，有必要站在中西艺术史共同认识的高度去把握汉画的图像特征。汉画图像遗存基本来自两方面，一是汉代墓葬建筑，二是汉代墓葬出土器物。在汉代墓葬建筑中，我们一方面要重视首先建立视觉印象的壁画、画像石、画像砖装饰，同时也要注意石祠、石阙、墓室的建筑构造形式。对山东嘉祥武梁祠的研究，1786 年黄易的发掘整理首先致力于恢复祠堂建筑构造原貌，然后进行拓片的制作研究。费慰梅于 1941 年发表论文《汉武梁祠建筑原形考》，②开始关注和研究武梁祠的建筑特点。蒋英炬和吴文祺于 1981 年发表论文《武梁祠画像配置考》，③对武梁祠进行了建筑复原。在此基础上，武梁祠研究深入展开。在汉代墓葬出土与传世的器物上，汉代漆器、陶器、青铜器、服饰等艺术遗存，其造型、技艺和装饰密切关联，造型、技艺、装饰均为图像研究涉及的范畴，必须同时进行深入研究。汉画图像研究墓葬建筑的构造与装饰，探讨墓葬器物的技术与艺术，进入了艺术研究新的阶段。

汉画一方面具有充足的图像资料，另一方面又存在丰富的研究资料。汉代的墓葬建筑中，园林、石祠、石阙、碑刻与墓室、石椁、石棺、崖刻在营造制作与竣工完成时，从规划设计到"雕文刻画"④，汉代的画师工匠与社会各个层面的人士会共同观赏。汉代墓葬出土与传世的器物，其制造与使用

---

① ［美］麦克尔·彼得罗：《黑格尔的艺术史概论》，洪潇亭等译，曹意强校，裁曹意强、麦克尔·彼得罗等《艺术史的视野——图像研究的理论、方法与意义》，中国美术学院出版社 2007 年版，第 224 页。

② ［美］费慰梅：《汉武梁祠建筑原形考》，王世襄译，《中国营造学社汇刊》1945 年第七卷第二期。

③ 蒋英炬、吴文祺：《武梁祠画像石建筑配置考》，《考古学报》1981 年第 2 期。

④ 洪适：《隶释》卷六《从事武梁碑》，中华书局 1985 年版，第 74 页。

过程也有社会交流。汉画图像的金石学研究，在拓片流传的过程中深入进行，形成了丰富的研究资料。而现当代的汉画研究，在考古学、历史学、社会学、艺术学等领域展开，汉画研究在中外学界取得了丰硕的研究成果。汉画图像及其文献研究丰富厚重，显示了中国艺术史学的鲜明特点。

　　艺术史中的图像，可以解释历史的实践过程。布克拉特的《意大利文艺复兴时期的文化》是以图像说明历史的典范之作。该文通过图像，"不但证出了一部震撼世界的意大利文化史，而且创造性地突破了依据年代叙事的传统史学，建立了以论题为经纬编织的文化史新范式"①。一般来说，图像的可视性能够生动、真实地反映历史原貌。通过对图像风格的分析，把握图像的形式特点，审慎地进行图像分析，可以登堂入室，进入研究的实质性阶段。汉画以图像表现了历史与社会，神话时代的神灵与三皇五帝形象，三代至秦汉时期的征兆与帝王、忠臣、刺客、孝子、列女等故事，现实社会的战争、墓祭、升仙、劳作、狩猎、乐舞、庖厨等活动。同时，汉画图像有一定数量的题榜，还有丰富的史籍文献研究资料。汉画图像结合题榜与史籍文献，可以进行历史的深层次分析。目前在以图像说明历史的实践中，图解文献中已获知的历史现象，以文字去描述已知的图像是较为浅显的方法。汉画图像数量大、类型多、题材广泛、题榜、史籍文献丰富，在研究中如果注重探讨图像风格与形式特点，可以形成艺术史学与历史学的厚重研究成果。对于武梁祠图像，巫鸿总结道："更有力的证据来自武梁祠画像的独创性：它的许多特征与所有已知的东汉石刻相比是独一无二的。它独特的画像题材包括屋顶上的祥瑞图像、对古代史的系统表现、详尽的榜题和画赞，以及对绘画主题的精心挑选和系统分类（这一点可以说是最为重要的）。这些特征与武梁对历史、政治和道德原则的理解密切有关。"② 不同地域的汉画图像各有特点，它们在某种程度上共同表现了汉代艺术史与汉代历史。

　　汉画图像的中国本土艺术特征，由汉代的灵动、浪漫进取精神构建。汉画像中完美的平面装饰形式、生动的情节表现场景与深沉雄大的艺术形象有机结合，呈现出整体的风貌。中国古代艺术的发展过程，经过不同的发展阶

---

　　① 曹意强：《"图像证史"——两个文化史经典实例：布克哈特和丹纳》，载曹意强、麦克尔·彼得罗等《艺术史的视野——图像研究的理论、方法与意义》，中国美术学院出版社 2007 年版，第 60—61 页。

　　② ［美］巫鸿：《武梁祠——中国古代画像艺术的思想性》，柳扬、岑河译，生活·读书·新知三联书店 2006 年版，第 230 页。

段与南、北文化的磨合、扬弃，至此，由汉画图像为代表形成了中国古代艺术的基本特征，并升华为中华民族的本土艺术精神。南北朝以后，佛教深入，中国艺术发生了变化，汉画图像保留了本土艺术特点，对于中国艺术史有着特殊的意义。

与西方艺术史相比，中国艺术史不是一个成熟的学科，尚缺少自己的传统，还没有建立起一个独立的完整体系。目前，中国艺术史受到中国历史系列中的美术史、画论演变来的美术史、学习西方艺术史形成的中国艺术史等方面的影响。这些所谓的中国艺术史只是从某一方面进行研究，它们并没有找到适合中国艺术史发展的学术传统。寻找中国艺术史的学术传统体系，并将其运用到中国艺术史的研究中，是目前需要解决的关键问题。

金石学研究与中国艺术史有密切的关系，金石学研究的对象是中国艺术史关心的内容，金石学著作反映出中国艺术史方法论的价值。汉画图像是金石学的重要研究对象。清代王昶的《金石萃编》对武梁祠图像进行分析，提出了恢复建筑原貌，考察图像之间的关联，研究图像在各时期与观赏者产生的互动关系等富有启示意义的观点。这种方法是属于中国史学传统的，具有传统史学意义。汉画图像及其研究形成的艺术史学传统，对于中国艺术史学科的建设具有重要的作用。

汉画图像形成了一部中国早期的艺术史。图像之于建筑、之于雕刻塑造、之于绘画与工艺美术、之于科技，都可以形成单独的图像史。它们在一起又形成了"绣像的汉代史"，显现了以图像说明历史的艺术功能。汉画图像研究从起源、内容、风格、影响等方面探讨中国艺术特点，建立起了金石学与艺术学的研究体系，总结中国艺术史学的图像研究方法，形成了中国艺术史学研究传统。汉画图像在中国艺术史的发展中占有重要的位置。

汉画图像及艺术史学研究是一个大课题。笔者在完成全国艺术科学"十五"规划课题，出版《汉画像石画像砖艺术研究》①、《图绘天地——汉画的艺术表现性》② 的同时，开始思索汉画与艺术史学的关系，形成了本书的书稿，以此作为这个问题的初步探讨。

---

① 黄雅峰：《汉画像石画像砖艺术研究》，中国社会科学出版社 2011 年版。
② 黄雅峰：《图绘天地——汉画的艺术表现性》，西泠印社 2011 年版。

第 一 章

汉画图像体系

汉代人以其特有的自信与创造力进行艺术表现，形成了丰富的汉画图像，留下了厚重的艺术成果。这些遗存多出现在汉代墓葬中。由于墓葬空间开阔，有充分的展示余地，形成的汉画或为建筑装饰，或为雕刻饰作，其图像异常生动丰富。

汉画像石出土量大，集中分布于河南西南部与东部、山东、江苏北部、安徽北部、四川、陕西北部等地区，图像世界完美、系统。

河南西南部的南阳汉画像石墓已出土数十座，图像题材广泛。东汉早、中期的南阳麒麟岗汉画像石墓有天文星象、神话传说、舞乐百戏、装饰图案、象征符号等图像①。画面构成疏朗大气，节奏流畅飞动，呈现出天地间的灵透之气。前室墓顶以九块条石组成了异常壮观的天界图像（图1）。画面中心的主神正襟危坐，朱雀、玄武分居上下，青龙、白虎列于左右。张衡《灵宪》云："苍龙连蜷于左，白虎猛据于右，朱雀奋翼于前，灵龟蜷首于后，黄帝轩辕于中"②；《晋书·天文志》："北斗七星在太微北，七政之枢机，阴阳之元本也。故运乎天中，而临制四方，以建四时，而均五行也。"③四灵围绕主神，五行分布有序。在其两侧，东方青龙旁边是羲和捧日、北斗七星，西方白虎旁边是常羲捧月、南斗六星。

山东与江苏北部、安徽北部画像石见于墓室、石椁、祠堂、碑、阙与摩崖造等各种载体，图像丰富。有神话传说及祥瑞物象，历史故事与历史人物，现实生活与物象内容。西汉晚期的江苏徐州沛县栖山画像石椁墓④有铺

---

① 黄雅峰：《南阳麒麟岗汉画像石墓》，三秦出版社2008年版，第137—269页。
② 刘昭：《天文志》，《后汉书》卷二十，上海古籍出版社、上海书店1996年版，第816页。
③ 房玄龄等撰：《晋书·天文上》，中华书局1974年版，第290页。
④ 徐州博物馆等：《江苏沛县栖山汉画像石墓清理简报》，《考古学集刊》第二辑，1982年第12期。

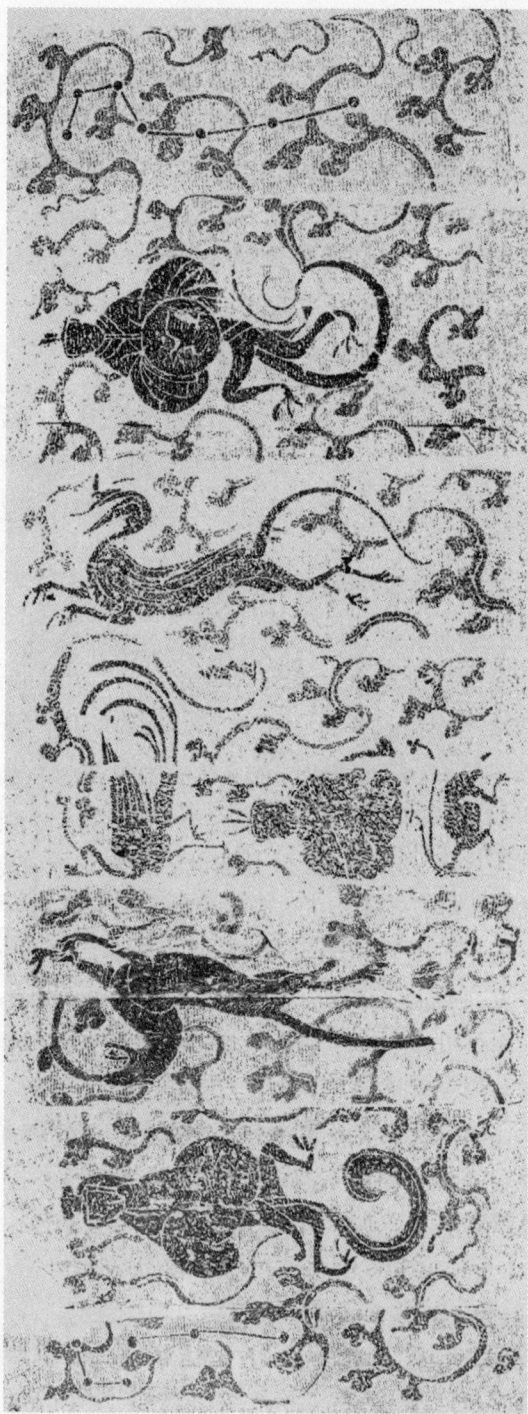

图1 河南南阳麒麟岗汉画像石墓前室墓顶图像（拓本）

图2　江苏徐州沛县栖山汉画像石椁墓图像（拓本）

首衔环、拜谒、马、鸟、常青树、虎、西王母仙界、树木射鸟、建鼓、墓祭、击刺、玉璧、楼阁双阙、舞乐、庖厨、车骑出行的图像（图2）。山东与江苏北部、安徽北部的石祠堂，其壁面上都刻有精美的图像。作为汉代墓葬的地上之"堂"，祠堂成为联系现实人间世界和地下鬼魂世界的纽带。①东汉早期的山东长清孝堂山石祠内壁面、隔梁及东立柱刻饰有祠主人受祭升天的丰富图像。山东嘉祥武氏阙刻有伏羲女娲、车马出行、孔子师项橐等图像。

汉画像砖亦是汉代的主要艺术遗存，河南与四川是汉代画像砖的主要出土地。

西汉早期郑州画像砖已有人物、射猎、虎、豹、鹿、鹰、鹤等图像。西汉中期，洛阳画像砖表现有人物、鸟兽、扶桑树、图案等图像，郑州画像砖开始出现庭院、楼阁等图像。西汉后期至东汉前期郑州、洛阳汉画像砖开始表现现实生活题材，画像砖上有历史故事、神话传说、升仙辟邪、舞乐等丰富的图像。其门阙、庭院、家禽、植物，生机盎然，人物形象极为丰富，表情与姿态极为生动。西汉时期南阳汉画像砖有凤阙、门吏、射鸟、拜谒、舞乐百戏，车骑出行、西王母、铺首衔环、女娲、平索戏车、泗水捞鼎等图像，形式丰富多彩，形象生动奇丽。

东汉时期四川汉画像砖题材丰富，一个砖面往往表现出完整的内容。西王母、宴饮、百戏、乐舞、观赏、弋射、盐井、播种、收获、采莲、舂米（图3）、渔猎、庖厨、酿酒等图像极为生动。

汉墓壁画是汉代绘画较为完整的历史遗存。西汉中晚期的洛阳卜千秋壁画墓主室顶部绘制有升仙图，图中依次绘出女娲、月亮、持节方士、二青龙、二枭羊、朱雀、白虎、仙女、奔兔、墓主人卜千秋夫妇、伏羲、太阳、黄蛇等人神鸟兽形象。其中男墓主人持弓乘龙、女墓主人捧鸟乘三头凤，在仙翁仙女的引导及各种神兽的保护下在太空中仙游，其壁画图像生动潇洒、神态怡然。

汉代铜镜具有丰富的图像资料，浙江德清出土的东汉神仙车马画像镜雕刻细丽，人物形象典雅（图4）。汉代帛画及器物（包括陶器、瓷器、玉器、漆器、木器）画等艺术遗存亦呈现出完美的图像形式。

---

① 参见信立祥《汉画像石综合研究》，文物出版社2000年版，第323页。

图3　四川彭州太平出土汉画像砖舂米图像（拓本）

图4　浙江德清出土东汉神仙车马画像镜（照片）

汉画的丰富图像来源于对形象的认识，对形象的认识建立在古拙气势与外向征服的精神基础之上。汉代人关注生命本身，艺术形象个性表现突出。在形象表现中，既有图像整体的外形，也有生动具体的细部。汉画图像表现了神灵、人物、动物、植物、器具、云气等各种图形。为使形象刻画生动，为了进一步表现个性特点，汉画对每一细节都进行深入刻画，加强形式表现，显示图像的视觉美感。

由于汉画的类别和地域不同，汉画图像有不同的风格，但有基本相同的主题，那就是追求生命不朽，渴求死者安息，福佑子孙。"天人合一"是汉代社会主要的社会思潮，它强有力地影响到社会的各个阶层，形成了汉画图像艺术的永恒主题。

汉代有以《史记》、《汉书》及器物铭文、碑刻记载的文字历史，同时也有依存于墓葬艺术所表现的视觉图像历史。组成这些艺术遗存的汉画图像，是汉代民间视觉艺术的主要表现形式。汉代艺术遗存形成了汉画图像的宏大体系。

第一节　汉画图像的遗存形式

探讨以汉代墓葬艺术为基础形成的汉画图像形式，必须进行汉代建筑与环境、雕刻与绘画的全方位研究。这里，汉画的研究对象必须明确。为达此目的，我们应先分析汉画的分类标准。

汉画的分类标准，目前一般是从"画"的辨义来考虑类别与形式的，所圈定的内容往往不能涵盖目前汉画研究的范围。为了明悉这个问题，对汉画的研究过程应进行回顾与梳理，以了解汉画研究涉及的范围，从而确定科学的汉画分类形式。

北宋洪适对武梁祠进行金石学研究，在《隶释》中以"武梁祠堂画像"名之。"画像"二字作为书名得以使用与传世。清末瞿中溶撰写《汉武梁祠画像考》，在书名中首次使用"汉画像"的字样。

1929 年鲁迅在致许寿裳的信中言："天气渐暖，倘津浦车之直达者可通，拟往北京一行，以归省，且将北大所有而我缺乏之汉画照来，再作后图。"[①]鲁迅在搜集汉画像石拓片过程中（图5），首次提出"汉画"与"汉画像"

_____

① 《鲁迅全集》第十一卷，人民文学出版社 1981 年版，第 622 页。

图 5 鲁迅收藏的山东嘉祥武梁祠图像（拓本）

图 6 梁思成、刘敦桢对四川雅安汉高颐阙进行考察（照片）

图 7　陈明达对四川彭山汉代
崖墓进行考察（照片）

这一称谓，"汉画像中，有所谓《朱鲔石室画像》者，我看实是晋石"，[①]并对汉画进行研究。1936 年容庚出版《汉武梁祠画像录》。1932—1943 年梁思成、刘敦桢对汉代石阙、石祠的建筑形制与画像分布进行调查研究（图 6）。1942 年陈明达依据自己对建筑与雕刻的整体认识，分析崖墓建筑构造（图 7）、画像装饰艺术特征与文化内涵，写出论文《崖墓建筑——彭山发掘报告之一》。[②] 1936 年宗白华的论文《论中西画法的渊源与基础》指出："商周的钟鼎彝器及盘鉴上图案花纹进展而为汉代壁画，人物、禽兽已渐从花纹图案的包围中解放，然在汉画中还可看到花纹遗迹环绕起伏于人兽飞动的姿态中间，以联系呼应全幅的节奏。东晋顾恺之的画全从汉画脱胎。"[③] 这里宗白华再一次提出"汉画"的称谓，并揭示其承上启下的美学意义。由此我们可以看到，20 世纪 30 年代"汉画"这一称谓已经明确，研究已在金石学、考古学、建筑学、美学等学科展开，汉画分类纳入了建筑与雕刻类别。

　　绘画结合于雕刻，雕刻附着于建筑与器物表面。绘画、雕刻、建筑结合在一起，受墓葬建筑环境的统一思想制约。墓室内的陪葬器具，它的造型与装饰、雕刻与绘画也是一致的，它们是墓葬造型表现的组成部分。因此，在汉画图像的研究中，不能只重视绘画与雕刻而忽略建筑，不能只重视图形与图案而忽略随墓陪葬器具造型。从另一个层面讲，对于没有"画"之因素

<hr />

① 王锡荣、乔丽乐选编：《藏家鲁迅》，上海文化出版社 2009 年版，第 170 页。
② 陈明达：《崖墓建筑（上）——彭山发掘报告之一》，载《建筑史论文集》，清华大学出版社 2003 年版；《崖墓建筑（下）——彭山发掘报告之二》，载《建筑史》，机械工业出版社 2003 年版。
③ 宗白华：《美学散步》，上海人民美术出版社 1981 年版，第 103 页。

的陵墓，也应纳入汉画研究者的视野。如徐州龟山汉墓，该墓"施工十分精确，其甬道中心线向外到内仅误差 5 毫米，精确度为万分之一；两甬道的水平误差为 8 毫米，精确度为七千分之一；它们之间夹角为 20 分，底部由东向西呈百分之五坡度；墓葬方向也十分精确，为正东西向"①。龟山汉墓是徐州地区西汉楚王陵墓建筑"因山为陵"葬制发展成熟的代表（图 8）。它的建筑技术一方面反映汉代陵墓规划极为科学；另一方面也为研究以后出现的汉画像石墓提供了建筑技术依据。建筑规划与技术

图 8　江苏徐州龟山汉墓（照片）

是陵墓艺术的一个组成部分，因此，这类陵墓的形制也应进入汉画研究的范畴。汉代墓葬艺术兼有精神与物质双重性能。它首先具有应用功能，是人死后躯体安葬的地方；其次具有审美功能，完成灵魂升天的意愿。在陵墓内，艺术与技术、建筑与环境、雕刻与绘画密切结合。如果说在石器时代，良渚文化的玉琮一直以其坚实的材质、独特的造型、神秘的纹饰成为学界深入研究良渚文化时期社会形态、宗教思想、史前手工业制作等问题的焦点，那么，以汉代陵墓艺术研究而形成的汉画必然是从建筑与环境、雕刻与绘画全方位研究，才能真正揭示出汉画图像的形式与意义。

汉画的研究形式，画像石、画像砖、壁画、碑刻、漆器、铜器、家具、室内装饰，均为上述分类的组成部分。只有把其所依附的建筑与器物载体纳入到研究的重要位置上，形成整体研究，才能把握其特征与意义。汉画分类只有扩大到这些学科，汉画研究的基础才能更为坚实。"汉画"

---

① 路秉杰：《徐州汉墓建筑·序》，载周学鹰《徐州汉墓建筑》，中国建筑工业出版社 2001 年版。

的称谓是由多学科介入研究而形成的，汉画的分类是全方位的，应包含造型艺术中的建筑、雕刻、绘画三个大的类别，要在汉画的分类范畴内研究其图像特点。因此，汉画图像的表现形式存在于汉代建筑（汉画像石，汉画像砖）、汉代园林、汉代雕塑、汉代漆器、汉代陶器、汉代瓷器、汉代玉器、汉代铜器、汉代木器、汉代帛画与壁画、汉代碑刻玺印等汉代艺术遗存之中。

一　汉代建筑遗存

建筑有构造与装饰两个组成部分，二者紧密相依，装饰附绘于构造上，图像显示于外在形式上。

（一）石祠、石阙

汉代的石祠、石阙等地面建筑遗存图像丰富，而且图像配置都有一致的规律。信立祥认为："汉代石结构祠堂画像内容的选择和配置，是严格按照当时人们的宇宙观念进行的。"① 石阙的图像配置也有一定的规律，和石祠有内在的联系，我们以山东嘉祥武梁祠作为代表进行图像形式分析（图9、图10、图11）。

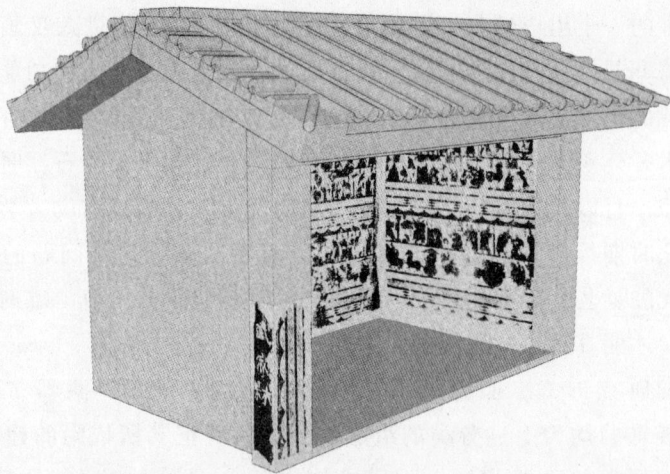

图9　山东嘉祥武梁祠平视 CAD 图

---

① 信立祥：《汉代画像石综合研究》，文物出版社2000年版，第183页。

图 10　山东嘉祥武梁祠正面 CAD 图

图 11　山东嘉祥武梁祠侧面 CAD 图

图 12　山东嘉祥武梁祠一号石图像（拓本）

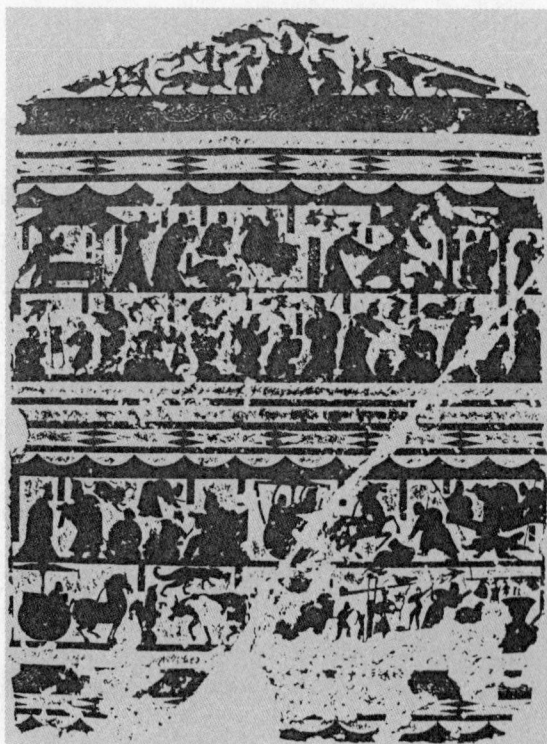

图 13　山东嘉祥武梁祠二号石图像（拓本）

图14 山东嘉祥武梁祠三号石图像（拓本）

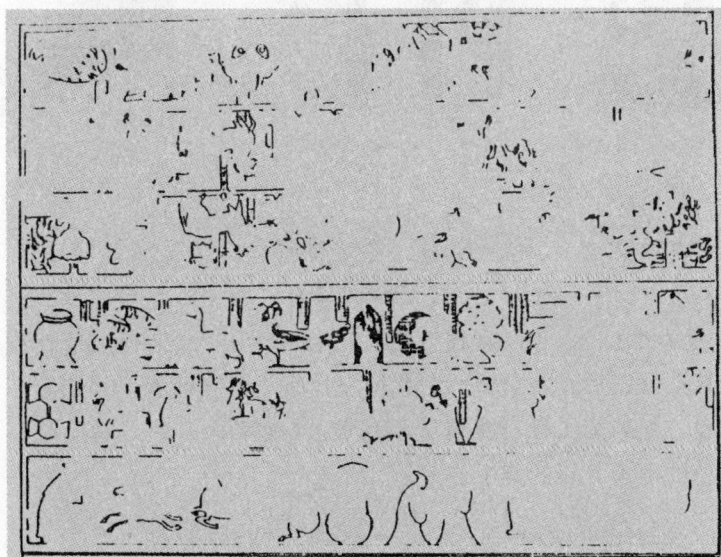

图15 山东嘉祥武梁祠祥瑞图一号石、祥瑞图二号石图像（摹本）

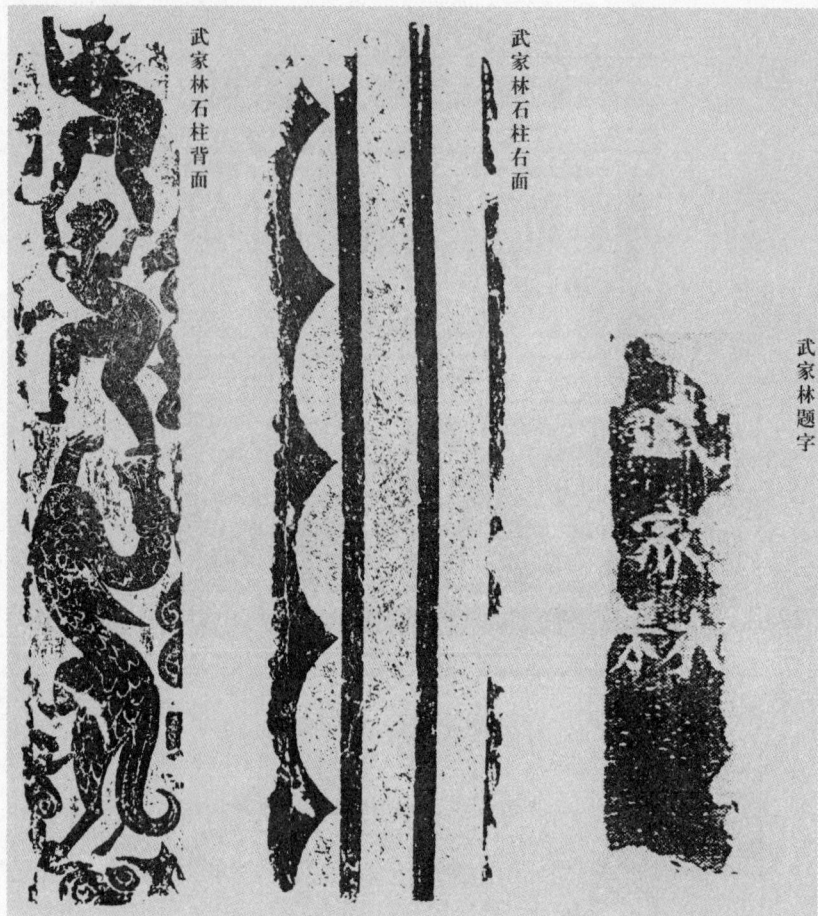

图 16 山东嘉祥"武家林"石柱图像（拓本）

武梁祠现共残存六块画像石，有学者将之分为：武梁祠一号石（图12）、武梁祠二号石（图13）、武梁祠三号石（图14）、祥瑞图一号石、祥瑞图二号石（图15）、"武家林"石柱（图16）。[①] 武梁祠一号石放置在后壁，武梁祠二号石放置在东壁，武梁祠三号石放置在西壁。祥瑞图一号石覆盖屋顶前坡，祥瑞图二号石覆盖屋顶后坡。"武家林"断石柱应是祠堂前面承托挑檐枋的两条立石的其中一个。

---

① 蒋英炬、吴文祺对武梁祠画像石的命名，参见蒋英炬、吴文祺《汉代武氏墓群石刻研究》，山东美术出版社 1995 年版，第 34—37 页。

组成屋顶的祥瑞图一号石与祥瑞图二号石，目前可以确认的有 24 个图像：祥瑞图一号石有浪井、神鼎、麒麟、黄龙、蓂荚、六足兽、白虎图像；祥瑞图二号石有玉马、玉英、赤罴、木连理、璧流离、玄圭、比翼鸟、比肩兽、白鱼、比目鱼、银瓮、后稷诞生、秬鬯、渠搜献裘、白马朱鬣、泽马、玉胜图像。祥瑞图是汉代艺术中的重要题材，武梁祠在表现时，以若干个体单元构成完整画面，每个个体单元都有图像及榜题，形成了生动的祥瑞图像（图 17、图 18）。

组成西壁、东壁的武梁祠三号石、二号石，其画面由山墙部分与墙壁部分组成。

武梁祠西壁与东壁山墙图像描绘了仙界情景。西壁山墙图像为正面端坐的西王母和姿态各异的仙人，他们都长有翅膀。还有蟾蜍、玉兔、三足乌等灵物。东壁山墙雕刻的图像为正面端坐的东王公和围绕其左右的仙人和奇禽灵兽等。西王母代表阴的概念，东王公则代表阳的概念，二者于两山墙相望，形成对立而和谐的关系。

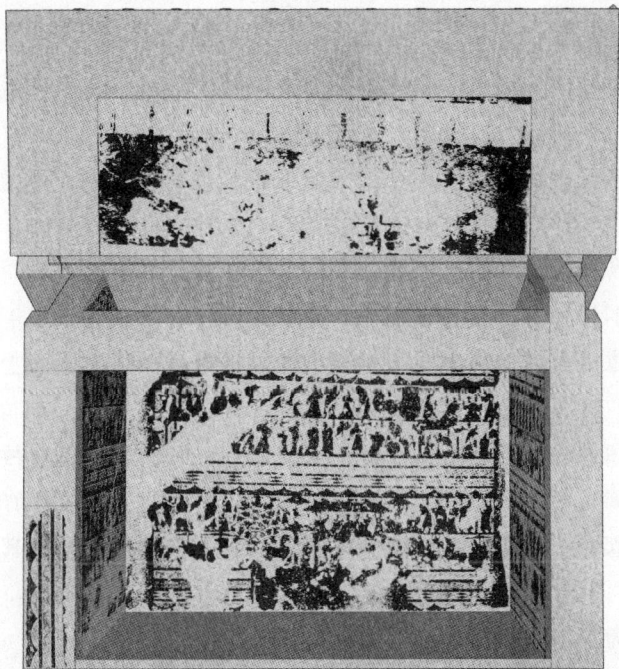

图 17　山东嘉祥武梁祠屋顶 CAD 图 1

图 18　山东嘉祥武梁祠屋顶 CAD 图 2

西壁的墙壁部分图像由装饰带分为上下两个区域，每个区域又各自以一条横线隔成上下两层，这样形成了四层图像，每层内容有一定的关联。

第一层图像有伏羲、女娲、祝融、神农、黄帝、颛顼、帝喾、尧帝、舜帝、大禹、夏桀形象。每位帝王形象生动，如神农在辛勤劳作、大禹在导引治水。每个帝王边上均附有榜题，又以文字释读了图像。

第二层图像为曾母投杼、闵子骞御车失棰、老莱子娱亲、丁兰刻木的孝子故事。图像以人物形象表现了主题。如曾母投杼图像，画面上一个妇女面向右边织布，转身手指跪在地上的曾参。

第三层图像为曹子劫桓、专诸刺王僚、荆轲刺秦王的刺客故事。图像中情节生动。如曹子劫桓图像，齐桓公着礼服坐于榻上，右手前伸，左手持剑。右侧有管仲。左侧一人，俯身向右，手拿匕首做刺杀状。其人左侧有鲁庄公，面向右，身前倾，伸手欲要阻止刺客。

第四层为车马出行图像。

东壁的墙壁部分图像分隔和西壁相同，有四层图像。

第一层图像为梁节姑姊、齐义继母、京师节女故事。图像内容丰富，如梁节姑姊图像，画面中一屋的屋檐下火焰烧起，屋内一个婴儿躺在地上。一个披头散发的妇女，进屋欲救孩子，左侧又有一妇女紧拉其手，右上方有两个小孩挽手逃跑。

第二层图像为三州孝人、杨伯雍义浆、孝子魏汤、孝孙原毂的孝义故事。图像表现深入。如杨伯雍义浆画像，画面上右边一人，面左站立，双手平举，面前有一瓮，左边刻一人面向右站立，着礼服，伸手向前者乞讨浆水。

第三层图像为要离刺杀庆忌的列女、豫让刺赵襄子、聂政刺杀韩王、丑女钟离春的刺客故事。图像有一定的场面表现，如聂政刺杀韩王图像，画面右边韩王面向左坐在榻上，右手前指，左手倚剑在胸前。其前方聂政面向右跪，一手轻抚琴弦，一手握匕首做刺杀状。画面左边有一人仰头面向右跪，还有一人弯腰持剑向右，其左上方有一只野兽。

第四层图像有两组，右为庖厨图。灶台上面放着釜、甑，上面悬挂着猪头、鱼、鸭、兔、猪腿等，灶前有人烧火，旁边有人伸手欲取猪腿，有人在井边打水。左为县功曹图像。画面右侧一辆牛棚车向左行，右边刻一面向右停的马车，马前有一人，穿着礼服手捧东西，在牛车前跪拜相迎。

组成后壁的武梁祠一号石图像，画面自上而下分为四层。

第一层图像为梁高行、秋胡洁妇、鲁义姑姊、楚昭贞姜的列女故事。秋胡洁妇图像，画面右边有一桑树，树下有一竹筐，秋胡之妻面向右，手拿钩刀采桑，回头向左顾盼。画面左边刻秋胡，着礼服背包面向右，二人交谈。楚昭贞姜图像，画面中刻有一间只露右半边的屋子，屋檐下有一柱子，屋里楚昭贞姜绾着高高的发髻，面向左坐，右手向前指。

第二层图像为伯榆伤亲年老、邢渠哺父、董永佣耕养父、朱明、李善抚孤、休屠的孝义故事。邢渠哺父图像，画面中一屋内有两柱，一位盘发老者面向左坐于其中，面前的邢渠跪在地上，左手轻抚父亲肩头，右手用筷子喂食。李善抚孤图像，右边一人，其面向左，垂下双手拉他前面竹筐内的婴儿，李善跪地拱手求情。

第三层与第四层图像连接在一起，形成的画面上有阁楼、双阙。阁楼两层屋檐，脊上有二鸟和二兽。阁楼上层有二贵妇绾高发髻端坐，左右有侍女分别拿着扇子、铜镜、灯盏等站立。阁楼下层垂着帷幔，中间坐一人，左侧有一人拱手跪拜，又有一侍女托着灯盏面向右站立。楼阁、阙的左边有一株大树，上面停立三鸟，左边阙上站着一人，手拿弯弓射鸟；树下右边有一马面向右伫立。

阁楼、双阙、大树的左右两部分图像，左侧是范雎与魏须贾的故事，右侧是蔺相如完璧归赵的故事，图像中表现的是蔺相如举着玉璧向秦王陈述的情形。下面有车骑出行图像及装饰图案（图19）。

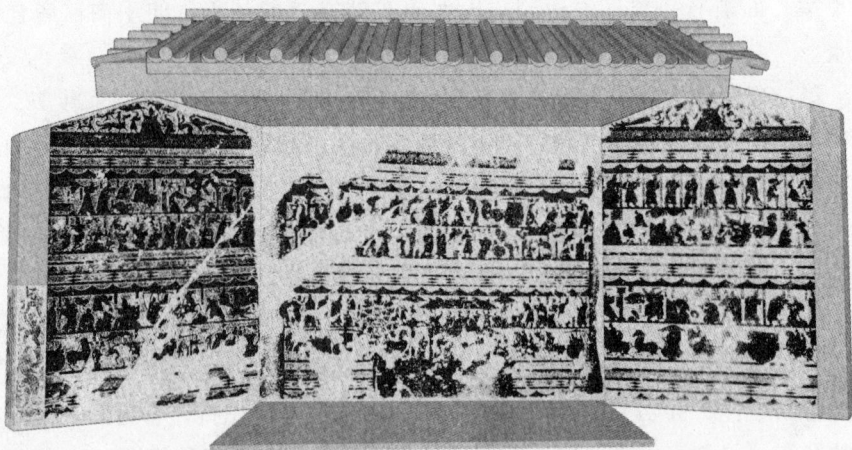

图19 山东嘉祥武梁祠东壁、西壁、后壁 CAD 图

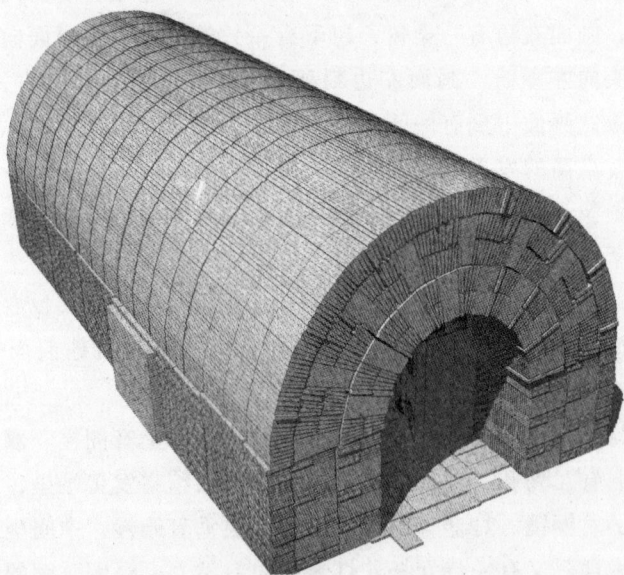

图20 浙江海宁汉画像石墓外观前视 CAD 图

武梁祠以异常丰富的图像，系统表现了汉代人士的思想追求与精神境界。

（二）画像石、画像砖墓

画像石、画像砖墓，构成汉画图像的大千世界。浙江海宁汉画像石墓是东汉晚期的画像石、画像砖混合墓，是汉画图像发展到顶峰期的成功作品（图20）。因此，我们以海宁汉画像石墓进行分析。

海宁汉画像石墓由墓门、前室、东耳室、西耳室、后室五部分组成。墓室用长方形石灰石砌筑基础及墓壁下部，以青砖砌筑拱形墓门及前室、后室的顶券。墓门、前室、东耳室、西耳室画像石共有66块，刻以51幅画像。[①] 海宁汉画像石墓将画像石与画像砖有机结合，建筑构造与装饰双美并具，形成了该墓鲜明的建筑特色（图21）。

图 21　浙江海宁汉画像石墓外观后视 CAD 图

1. 画像石图像

墓门楣外侧正对着墓道，自西向东的图像分别为凤凰、蓬莆、麒麟、桃祓。墓室的祥和气氛由神鸟、吉物、瑞兽图像产生（图22）。

前室南壁有 14 幅图像（图23）。

---

① 参见黄雅峰《海宁汉画像石墓研究》，浙江大学出版社 2008 年版。

图 22 浙江海宁汉画像石墓墓门 CAD 图

图 23 浙江海宁汉画像石墓前室南壁 CAD 图

南一图像。位于南壁门楣。自西至东图像为二人、轺车、骈车、一人与斧车、一人与辎车、棚车、五马一人。在骈车下似蹲一小猴,车前有一飞鸟。斧车旁有一人在躬腰整理,辎车旁有一人在观察车状。骈车与辎车之间、棚车之上有奔跑的兔子,棚车之上有似猴之物蹲坐。五马之间悬有类似饲料袋子或其他物件,第四马与第五马之间有一人在喂马。该图表现有多种车舆停留,人物、马匹、动物活动的马厩景象。

南二图像。位于南壁的门楣，为云纹装饰连续图案，中间饰以动势的飞鸟与白虎。云纹连续图案形成上面马厩画像的边框装饰，同时也构成了门楣下部的装饰纹样。

南三、南四图像。南三位于墓门门柱东侧，南四位于墓门门柱西侧，南三、南四均为础、柱、斗画像，柱础为龟形，柱下部粗，往上逐渐收分，柱身盘绕虺龙形象，斗为一斗三升斗拱形状。形成了蟠龙柱的整体图形。

南五图像。位于墓门东门扉，图像在门扉上部和下部，上下分段，中间部分空白。上部饰展翅飞翔的朱雀与三个飞鸟，下部饰铺首衔环。

南六图像。位于墓门西门扉，图像部位与东门扉对应，上部饰与东门扉相向而飞的朱雀，下刻数条盘曲交缠的蛇。

南七图像。位于南壁东侧，画面中一马驾驭两辆轺车自西向东驰去，车前有四人骑马疾驰，为车骑出行图像。

南八图像。位于南壁东侧，画面自西向东刻饰六人：一人向东走去，一人拱手迎合，一人跟随拱手者，此三人应为一组；后三人又为一组，西起一人执鼗鼓与三角形乐舞道具起舞，中间一人执巾对舞，最东一人观看。图像表现了鼗舞场面。

南九图像。位于南壁东侧，画面自西向东刻饰八人，前面四人倾身向画面中心，接连的二人倾身欲倒地，第七人面向六人作倾势，手执三角形的物件，最后一人转身欲向东行走，但以伸出的手势作呼应状。人物上面还有几个物件。第七人所执的三角形物件似与南八跳鼗舞者手执的三角形道具相同，图像似为表现技耍情景。

南十图像。位于南壁东侧，画面自西向东画像刻饰六人，下面刻饰以卷云连续纹样。前二人为一组，后四人为一组。前二人中一人俯身，一人前倾；后四人中，有二人伏地作对打状。图像表现了手搏的场面。

南十一图像。位于南壁西侧，图像人物可分为上、下两组。上面一组，自东而西刻四人。第一人面东静态而立；第二人面东执扇，箭步舞姿；第三人与第四人翩翩对舞，然第三人又回首顾盼，与第二人呼应。下面一组，自西向东刻四人。第一人躬身面东而立；第二人怀剑状物执镜侍立；第三人倾身向东，伸手施物；第四人面西跪地，似为马面，讨要第三人之物；有一物在二三人之间，有一鸟在三四人之间。图像表现了舞蹈与施舍的两个内容。

南十二图像。位于南壁西门柱，画面上下分为三组内容，最下面有卷云纹装饰。第一组，中间靠上刻一双羊头，两侧各有起舞之人；第二组刻二人，面向西行，前者持长方形简册状物，后者双手捧物跟随；第三组刻一人跪拜简册状物，右前方有小鸟。图像的三组内容排列紧凑，表现对简册状物的珍爱与崇拜，气氛吉祥。

南十三图像。位于南壁西侧，自上至下刻饰灯盏、栅栏和亭子，表现了建筑场景。

南十四图像。位于南壁西侧，画面的上、下及东侧有卷云连续纹样装饰。图像分上、下两组，各刻饰三人。上组两侧，二人分别朝向相反的东、西方向，中间一人下部已漫漶不清。下组，西起之人面东，中间一人与东侧一人对视交谈。图像表现一般的生活场景。

前室东壁有 12 幅图像（图 24）。

图 24　浙江海宁汉画像石墓前室东壁 CAD 图

东一图像。位于东壁门楣，刻有人物、动物、植物等图像。自南向北，图像逐层展开，可分为三组。第一组有四人，南起前二人手搏，第三人已倒下，第四人右手执方旄节观看；第二组以嘉禾为朝向中心，可分左右两侧图像。右侧自南起面北的青龙，对视做惊恐状的二人，面北的羊、白马、麒麟。左侧南起有面南的天鹿，与该组右侧画像相向而立，起到画像的均衡作用；第三组以井为中心，右侧一人躬身向井，左侧二人面向井立，前面一人似为羽人。整个图像表现了祥瑞的神灵世界景象。

东二图像。位于东壁门楣，画像表现自南向北行进中的七辆轺车。第一辆轺车乘一人，其余轺车均乘两人。第一辆轺车与第二辆轺车之间有一匹马及四个伍伯，两个骑吏。第二辆轺车与第三辆轺车之间，上面有飞翔的燕子。第七辆轺车之后有两个步吏，轺车之前有飞鸟。图像北端刻饰大门敞开的庭院，门前有一人在迎候车骑。南七图像与该图像共同组成车马出行的队列。

东三、东四图像。东三位于东壁门柱北侧，东四位于东壁门柱南侧，东三、东四图像内容和形式与南三、南四图像基本相同，唯东四图像刻饰一猴，单臂悬挂在斗拱一侧，形象生动有趣。

东五图像。位于东耳室北壁，图像分为上、中、下三个部分：上部两个人物面向耳室中间，后面一人似端举食物；中部一人牵着牛羊，面向耳室中间；下部为卷云连续纹样。

东六图像。位于东耳室南壁，图像亦分为上、中、下三个部分。上部刻三个人物，面向耳室中心走去。西起一人佩剑提灯，中间一人挑担，担前为鱼，担后为其他食物；最里边的一人手中持物。中部亦刻三个人物，西起一人举看一莲，东起一人举锅做活，中间一人相向而接。下部为卷云连续纹样装饰。

东七图像。位于东耳室内壁，图像可分为上、下两部分：上部自南向北图像为一兽蹲于桌上，一人转身注视兽，一人拿着有柄之器向北走去；下部刻有三人，南起一人手持食物入厨，中间一人举刀剁物，北起一人在灶前做炊，上面刻有待杀的鸡鸭图像。

东耳室北壁、内壁、南壁图像共同表现庖厨的场景。南、北壁画像内容与中间画像一样，其形式均向中部聚合，形成完整的庖厨图像。

东八图像。位于东壁北侧，图像表现了完整的庭院建筑景况。

东九图像。位于东壁北侧，图像自南向北刻饰五人。前三人中一人奋力向前，一人将其团抱后拽，一人则已匍匐倒地。中间一柱，刀已击插柱中。柱后一人慌忙逃离，另一人做惊慌状。画像动势强烈，画面扣人心弦，表现的是荆轲刺秦王的历史故事。

东十图像。位于东壁南侧，自南向北刻饰六人，第一人漫漶不清；第二人在弄丸表演；第三人举臂踏步起舞；第四人执长绸，双腿腾空呈一字形，舞姿刚劲轻捷；第五人身体后仰，双腿劈叉，与第四人保持呼应姿势；第六人处于边缘，以优雅的舞姿使画面保持平衡。画面表现了舞乐杂耍的生动场景。

　　东十一图像。位于东壁南侧，图像自南至北刻五人：第一人独自手舞足蹈；第二人在相叠十二案之上倒立表演；第三人手举盘状物，与第二人注视呼应；第四人踏跳七盘舞；第五人跪地屈膝，左臂伸向一带柄环状器物。表现的仍是舞乐杂耍场景。

　　东十二图像。位于东壁南侧，图像上部有七个连续纹样的帷幔，其下饰刻六人：第一人侧身向北，注目招呼着中间的表演者；第二、三、四人为表演中心，第二人在耍接三剑，第三人与第四人分别持剑棍厮打；第五人跪地握锤击器，似蓄势待发、欲一跃而起，更增强了紧张气氛；第六人表演台上陪衬。图像表现了激烈搏斗的勇武场面。

　　前室北壁有 13 幅图像（图 25）。

图 25　浙江海宁汉画像石墓前室北壁 CAD 图

　　北一图像。位于北壁门楣，自东至西饰刻图像：一执幢举剑骑士、嘉禾、田地、天马、朱雀、瑞木、朱雀、嘉禾、天鹿，似猴的动物、青龙、嘉莲、白虎。图像中青龙、白虎、朱雀、天马、天鹿等瑞兽，有嘉禾、瑞木、嘉莲等瑞物，错落有致，形成了祥瑞气氛。

　　北二图像。位于北壁门楣，图像表现 18 个人物及蛇、神木的形象，可分为四组。第一组自东至西，依次有五人，面西持刀，与昂首曲身的蛇搏斗，似表现高祖斩蛇的故事；第二组，在苍劲虬曲的神木下，有二人交谈；第三组有六个人物，动势各异；第四组五个人物，生动活泼，似为拳勇打斗的场面。

北三、北四图像。北三位于北壁西侧门柱，北四位于北壁东侧门柱，图像形式与南三、南四相同。

北五图像。位于前室至后室通道西侧，画像分上下两部分。上部，一戴冠着宽袖长服之人面向后室，在提勺添加灯油。下部，仍为一戴冠着宽袖长服之人，面向后室，做跪迎之状，其后有侍从执扇侍候。上下两部分上方均细致刻饰帷幔。

北六图像。位于前室至后室通道东侧，图像亦分上、下两部分。所表现的人物皆戴冠着长服。上部分有两人，前面一人面向后室走去，后面一人举烛缓步走向后室。下部分亦刻两人，前面一人持镜向后室走去，后面一人举扇端立。两幅图像刻饰在前室至后室的通道壁面，图像造型生动细腻，表现与墓室主人最贴近的私密空间。

北七图像。位于北壁西侧，图像刻饰二人在相向行走，表现了现实的生活场景。

北八图像。位于北壁西侧，图像分上下两部分。上部分刻饰三人，旁边两人侧身面向中间正面人物，交谈甚欢。下部分刻饰二人，东起一人举臂执一鼗鼓，在西起长袖大袍的老者面前起舞。在图像的上部与东侧，用卷云连续纹样装饰，表现了现实生活的各种活动。

北九、北十一图像。位于北壁东侧与西侧，为两个不同形式的直棂窗。东侧直棂窗四周窗棂高长于宽，西侧直棂窗四周窗棂长短于宽，两个直棂窗的位置左右对称，细部则呈现不同的变化。

北十图像。位于北壁东侧，图像刻饰柱斗形象，柱斗造型内刻饰卷云纹样图案。

北十二图像。位于北壁西侧，图像刻饰罩窗形象，罩窗周围刻饰卷云纹样图案。

北十三图像。位于北壁东侧，卷云纹样图案，用直线勾边框。

前室西壁有 11 幅图像（图 26）。

西一图像。位于西壁门楣，图像自北向南刻有比肩兽、马、兔、玄武、

图 26 浙江海宁汉画像石墓前室西壁 CAD 图

飞燕、鹿、朱雀、虎、朱雀、朱雀、动物、华盖、六足兽、山产玉璧、石函、比目鱼、双瓶、蚌生明珠、灵芝草。马、兔、玄武、飞燕、鹿、朱雀、比目鱼、蚌生明珠是祥和之物。玉璧、石函、双瓶、灵芝草有瑞吉之意。以众多的生灵表现祥瑞的图像。

西二图像。位于西壁门楣，尚能看到的人物 23 人，可分为两组：北边一组 11 个人，相对为静态，但姿势各异，第八人帽插羽翎；第 11 人帽上似有角状装饰。后边一组，显然为动态的人物画面，可分为四小组。北起第一组三个人物，二人匍匐于马步双手舞长巾的人物，俯就与张扬，关系和谐。第二组三个人物，北起一人侧身拱手向南，中间一人似羽人形象，亦侧身拱手西行，南起一人做迎合状。第三组三个人物，北起一人似为羽人，与下部一人同拱手侧身向西，南起一人做迎合状。第四组三个人物，北起一人舞长袖侧身向南，中间一人侧身跪地向南，南起一人上部漫漶不清，似在做迎合状。整个图像动静结合，人物造型富于变化，表现了人与神共处的和谐关系。

西三、西四图像。西三位于西壁南侧门柱，西四位于西壁北侧门柱，画像形式与南三、南四图像相同。

西五图像。位于西耳室南壁，在东下部仅残存一双腿分立之人。

西六图像。位于西耳室北壁，仅下部残存三人，一人与两小孩面对，上面刻有帷幔。

西七图像。位于西耳室内壁，南上角为人物图像。

西八图像。位于西壁南侧，图像自北至南刻六人，前三人为一组，后三人为一组。北边一组三人，身体姿势与面部朝向、手势位置比较默契，似随音乐节奏起舞。南边一组三人，北起一人似向中间一人踏拍走步，中间一人与南起一人动势相对。

西九图像。位于西壁南侧，图像横宽中部由卷云连续纹样、竖直中部由直线边框分割成四个小的画面，南部两个小画面上下亦饰有卷云连续纹样。南部上边画面两人，做武打表演；下边画面二人，相对起舞。北部两个小画面的上幅，有四人在座榻上交谈，一人面北，三人面南。下幅刻五人，亦在座榻上，正面端坐一人，与对面一人坐一榻，有一人立在榻前，南下角座榻有二人。图像表现了踞座与乐舞的场面。

西十图像。位于西壁北侧，图像自北向南刻四人，第二人戴假面，在进行假面表演。

西十一图像。位于西壁北侧，与西九图像一样，横宽中部由卷云连续纹样、竖直中部由直线边框分割成四个小的画面。北部两个小画面边饰纹样与西九画像南部两个小画面对称。北部上边画幅三人，下边画幅三人，每组人物有和谐的对应关系。南部两个画面，上边画幅有三人在座榻上交谈，下边画幅有两人，座榻前有案，正在宴饮。

2. 画像砖图像

画像砖是海宁汉画像石墓的重要组成部分，它以文字与图案为内容，装饰在墓道、前室、后室的壁面及顶部。砖材构件中长方形画像砖与楔形、刀形画像砖用于墓道、前室与后室上部壁面与墓顶，画像砖正面与背面为浅绳纹与叶脉纹图案，侧面为3个连续的长方形纹饰，两端为几何形纹样，中间为卷草叶纹。楔形画像砖在窄端的侧面纹饰，可分为三个格段，两端格段内有"天"字样的文字，中间格段内为钱纹。刀形画像砖薄侧面的纹饰是三组正方形排列，里面均有对角线交叉纹样。画像砖有规律地砌筑，使每块砖的单独纹样形成了连续的整体图案。它们出现在墓壁的上部与顶部，在不同的图案部位显示不同的装饰功能（图27）。

海宁汉画像石墓在画像石墓和画像砖墓中具有典型意义，其丰富生动的内容与形式组成了汉画图像的奇异世界（图28）。

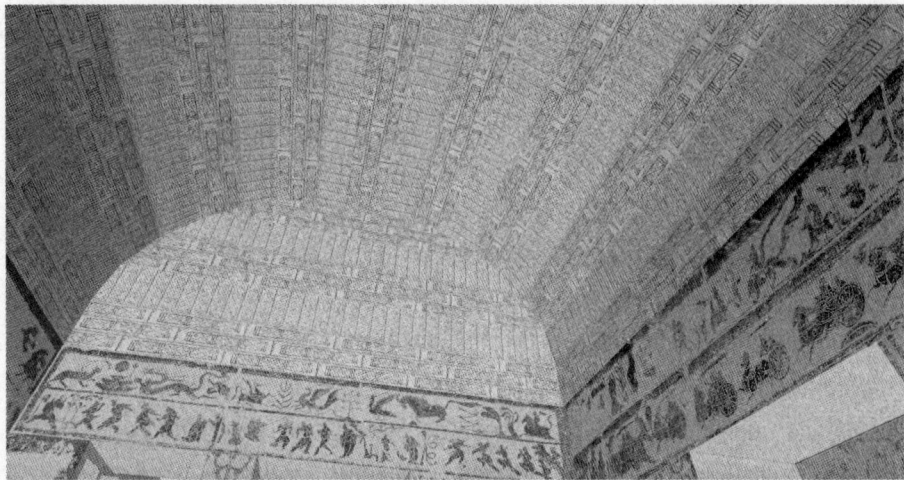

图 27　浙江海宁汉画像石墓前室墓顶 CAD 图

图 28　浙江海宁汉画像石墓后室 CAD 图

（三）汉墓壁画

汉墓壁画图像完美，在河南、山东、河北等地区发掘出了数十座汉壁画墓，其中河南地区数量较多，图像特点明确。

西汉中期的柿园壁画墓，位于河南永城芒砀山西汉梁国王陵。它是多室崖洞墓，由墓道、甬道、主室、耳室、过道组成。其主室长 9.9 米、宽 5.5 米、高 3 米，墓壁雕琢精细。顶部与西、南壁绘制有青龙、白虎、朱雀

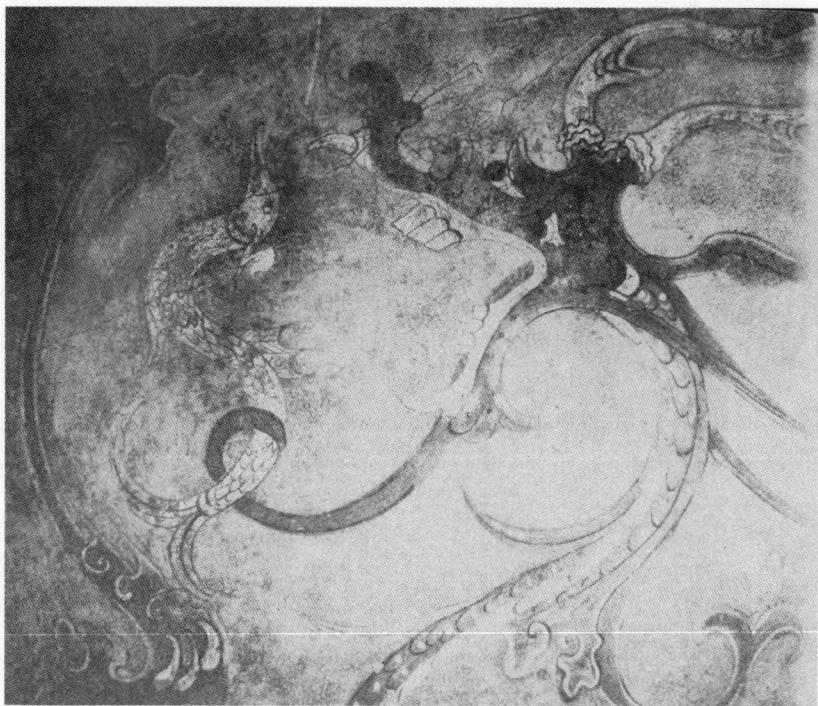

图29　河南永城柿园汉墓壁画局部（照片）

等动物形象与灵芝、荷花、云朵、菱形图案等内容。其中巨龙长 5 米许，具有强烈的动势。整个壁画色泽绚丽、富丽堂皇（图 29）。另外在陵区的其他崖洞墓中也有大型彩绘壁画。

西汉中晚期的河南洛阳卜千秋壁画墓在洛阳老城西北。墓室由墓道、主室与左右耳室三部分组成，以大型印花空心砖砌筑。主室长 4.5 米、宽 2.1 米、高 1.86 米，墓底距地表 13 米，主室剖面是上窄下宽的六边形。墓顶由西汉早期的平顶改为平脊斜坡，一则为增大的墓室承受更多的压力，二则为壁画的绘制提供更大的位置与空间。壁画分布于主室前壁墓门上额、墓顶平脊与后壁三个部位。墓顶以 20 块空心砖造砌，上面绘制升仙图像。图中依次绘出女娲、月亮、持节方士、二青龙、二泉羊、朱雀、白虎、仙女、奔兔、猎犬、卜千秋夫妇、伏羲、太阳、黄蛇等人神鸟兽形象。其中男墓主持弓乘龙、女墓主捧鸟乘三头凤，在仙翁仙女的引导以及各种神兽的护卫下，祥云缭绕，遨游升仙。另外在墓主室前壁上额绘制人首鸟身举翼飞舞图像，后壁绘制猪头方相氏及青龙、白虎图像（图 30）。

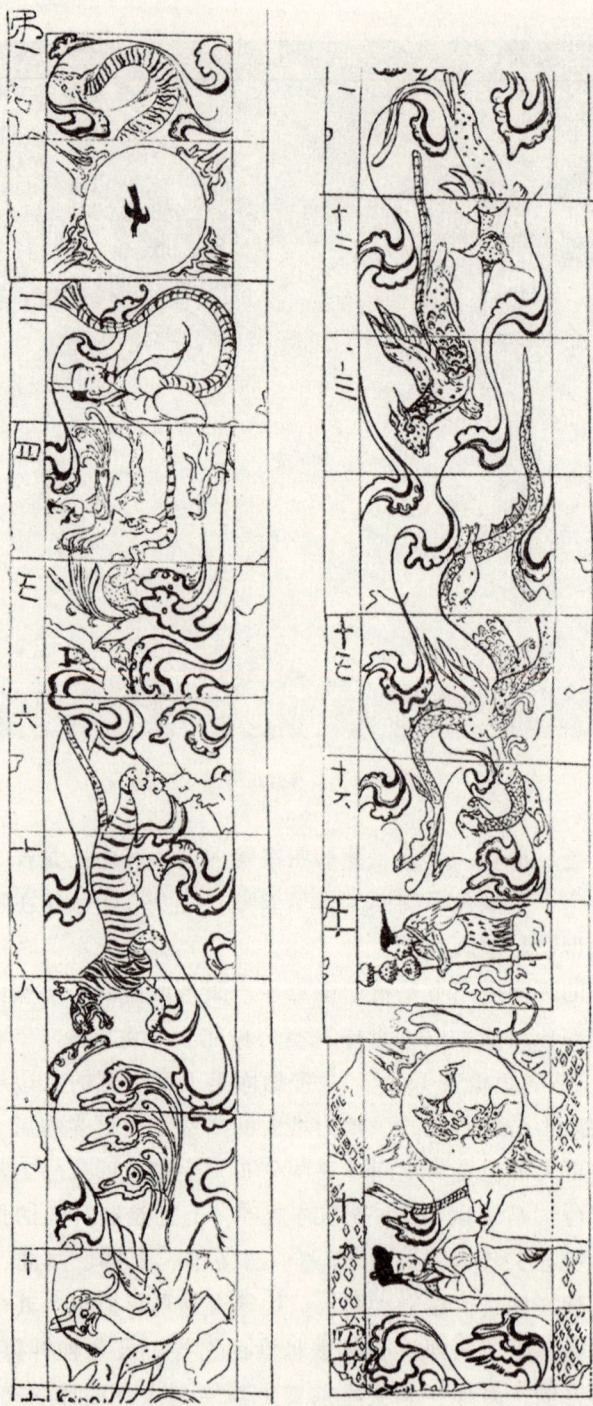

图30　河南洛阳卜千秋汉墓壁画(摹本)

图 31　河南洛阳浅井头汉墓神人壁画局部（照片）

　　西汉中晚期河南洛阳的浅井头壁画墓，是由墓道、墓室与耳室组成的洞穴式空心砖墓。墓室平面呈 T 形。空心砖有三种花纹：柿蒂及圆点纹、卷云纹、松树纹。顶券绘制朱雀、伏羲、太阳、白虎、双龙、怪人、蟾蜍、神人（图 31）、月亮、女娲、祥云图像刻于 21 块砖上。表现出生动的天空景象。

　　西汉中晚期的河南洛阳烧沟 61 号壁画墓，由墓道、主室与南北 T 字形耳室、后室组成。主室长 6.1 米、宽 2.35 米、高 2.3 米。在墓门内的门额、隔墙、后壁均绘有壁画（图 32）。其分布位置为：门额上壁绘制羊头及虎吃女魃图像。前室墓顶平脊绘星象图像。隔梁上正面绘二桃杀三士与赵氏孤儿图像。其上以彩绘雕砖作大傩舞蹈图像。隔梁上背面以彩绘雕砖做乘龙登天图像。后室后壁绘大傩宴饮图像。墓室壁画以彩画、雕刻等形式构成，表现内容以天上、人间的丰富形象展开。

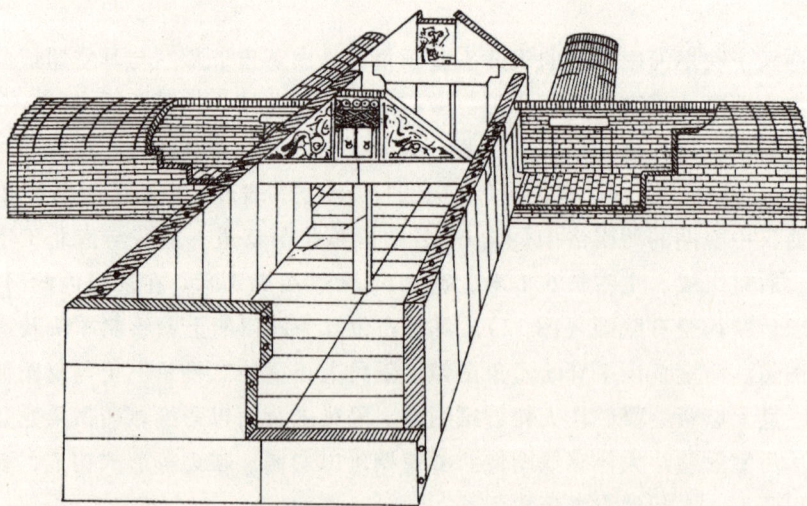

图 32　河南洛阳烧沟 61 号汉墓墓室结构示意图

西汉中晚期的河南洛阳八里台汉墓壁画砖，今美国波士顿博物馆珍藏。图像位于原墓室前山墙，由四块空心砖构成，分别为一块方形砖、两块三角形砖、一块方形横额砖。砖厚 13.5 厘米、画高 73.8 厘米、长 240.7 厘米。画面中间上部的方形砖上有陶塑彩绘羊头，三角形砖与横额砖有生动图像，其中长 240.7 厘米、宽 35 厘米的横额砖上绘有 24 人，有谒拜、恭立、提剑、执戟、跪拜的各种人物形象，姿势生动（图 33）。左端五人，中一老妪。侧立三女，其一身背婴儿。另外横额砖以长卷式壁画表现了人物活动的连续场面。

从西汉中期到晚期，壁画墓的形制与题材内容及绘制位置有明显的变化。汉代始以崖墓或砖石墓改变以前的土圹墓，墓形结构与装饰手法不断创新。西汉中期偏前的永城柿园墓，为崖洞墓构造，在主室平顶及两侧石壁上绘制壁画，气势宏大。西汉中晚期的卜千秋墓、浅井头墓为砖券结构，壁画

图 33　河南洛阳八里台汉墓人物壁画局部（照片）

绘于墓顶平脊与前后壁的上额处，或平脊的两侧斜坡上，已有扩大墓室表现空间的主导意识。而烧沟 61 号墓、八里台墓则进一步利用砖券结构造成的空间变化，在墓室隔梁的前后额与横梁上设计画面，并考虑不同形状砖的组合使用。另外以立体的陶塑彩绘羊头代替平面图形表现。西汉时期壁画的题材内容也不断地丰富与变化。永城柿园墓表现出简单的神奇物象，卜千秋墓与浅井头墓已表现出墓主人升仙时在空中行进的生动场景。烧沟 61 号墓墓顶升仙为主题的画面，已被日月星辰图像代替，在升仙、打鬼的内容中又特别强调打鬼题材。另外开始出现"二桃杀三士"、"赵氏孤儿"等历史故事内容，更贴近了实际生活。

　　新莽时期的河南洛阳金谷园壁画墓，为石门砖室墓。该墓由墓道、前室、后室（图 34）、东耳室与墓道耳室组成。主室南北长 7 米、东西宽 6 米、高 3.1 米。结构仿地上建筑，前室四壁绘梁架枋柱，后室由门柱与柱栌斗承托，后室顶部由条形空心砖做平脊斜坡，四角与左右各壁以长方形空心砖为

图 34　河南洛阳金谷园汉墓前室（照片）

柱，下有楔木。另外以色彩绘制梁架、柱子、门窗、挑檐。前室在穹隆顶及四壁上绘制壁画。穹隆顶绘太阳与彩云图像，后室平脊绘日像、太一阴阳、后土制四方、月像图像。后室西壁绘太白白虎、岁星苍龙、荧惑黄龙、箕星飞廉图像。后室东壁绘东方句芒、西方蓐收、凤鸟凰鸟图像。后室北壁绘南方祝融、北方玄冥、水神玄武、天马辰星图像。

　　新莽时期的河南洛阳偃师辛村壁画墓，由墓道、前室与耳室、中室、后室三部分组成。墓顶为平脊斜坡，墓室以空心砖透雕、立柱、上额形成隔栏，并将其间隔为三部分。上部以长条空心砖扣成弧券式的顶。墓室剖面呈八边形。壁画绘制在两道隔栏上额与前堂左右两壁上。两耳室门外北侧绘二执椠戟门吏图像，前室与中室隔栏上梯形门额中绘方相氏、左绘常羲擎月、

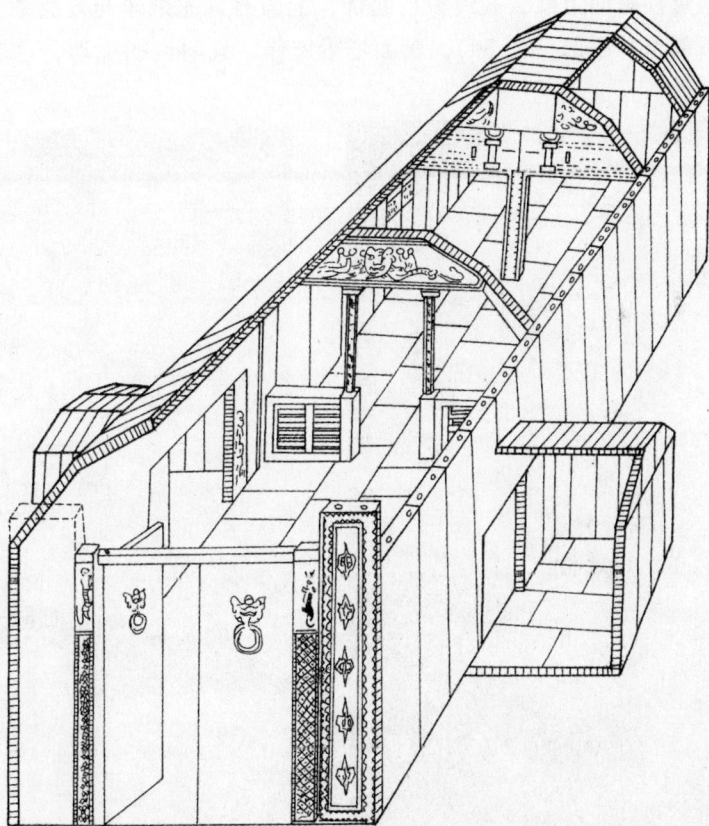

图35　河南洛阳偃师辛村新莽墓墓室结构示意图

右绘羲和擎日图像。中室西壁南幅庖厨图像、北幅六博宴饮图像。中室东壁南幅宴饮舞乐图像、北幅宴饮图像,中、后室之间的横额绘西王母、凤鸟、凰鸟及青龙、白虎图像。该墓图像细节表现深入生动,中室东壁宴饮图像,把醉态女主人形象表现得淋漓尽致。新莽时期壁画图像具有明显的过渡性特点,墓制构造进一步完美,更利于壁画的绘制(图35)。

东汉前期的河南洛阳道北石油站壁画墓。该墓由墓道、前室与西耳室、中室与东、西耳室、后室组成。中室为小砖穹隆顶墓,平面正方形,长2.54米、宽2.36米、高1.46米。壁与顶衔接处以赭红色彩绘带分为上下两部分。在中室穹隆顶部饰以红云底纹,南幅乘车驾龙图像、北幅乘车驾鹿图像、东幅羲和擎日图像、西幅常羲擎月图像。在前室与中室间甬道东西壁各绘一立人像,似为神荼、郁垒。中室下部东西二壁有弓X图像与恭立男子图像。在穹隆顶画面上红云底纹流畅起伏,上面有驾龙乘车与驾鹿乘车,羲和擎日与常羲擎月图像(图36),画面场景宏伟,气韵流畅生动,色彩艳和美

图36 河南洛阳石油站汉墓常羲擎月壁画

图37 河南洛阳唐宫路玻璃厂
汉墓贵妇壁画(摹本)

丽，是东汉初期阴阳五行观念的具体反映。

东汉中晚期的河南洛阳唐宫路玻璃厂壁画墓。该墓主室东西长7米、南北宽3米、高2.9米，甬道、墓顶、墓壁都有壁画，由于损坏严重，现只保留有东壁与南壁、北壁的某些部分。尚有夫妇宴饮、贵妇（图37）、侍女、车马出行图像。壁画的色彩华丽明快，表现了墓室主人华贵的生活场景。

东汉中晚期的洛阳东郊机车工厂壁画墓。该墓南北长19.2米、东西宽16.6米、圹口至墓底深6.54米。其墓门、前室、中室及甬道都有壁画。现存有前室南壁东侧立姿男像、西侧立姿男像（图38）；前室东壁南侧立姿男像、北侧立姿男像；前室西壁南侧立姿男像、北侧立姿男像；券拱正面人物为骑马图像；西耳室甬道北壁车马图像；中甬道下部云气图像；中甬道西壁瑞兽图像；中室北壁舞伎图像；中室南壁杂耍人物图像。中室东壁侍女供盘图像；中室北壁卷拱飞鸟图像。

图38 河南洛阳东郊机车厂汉墓立姿男像壁画（照片）

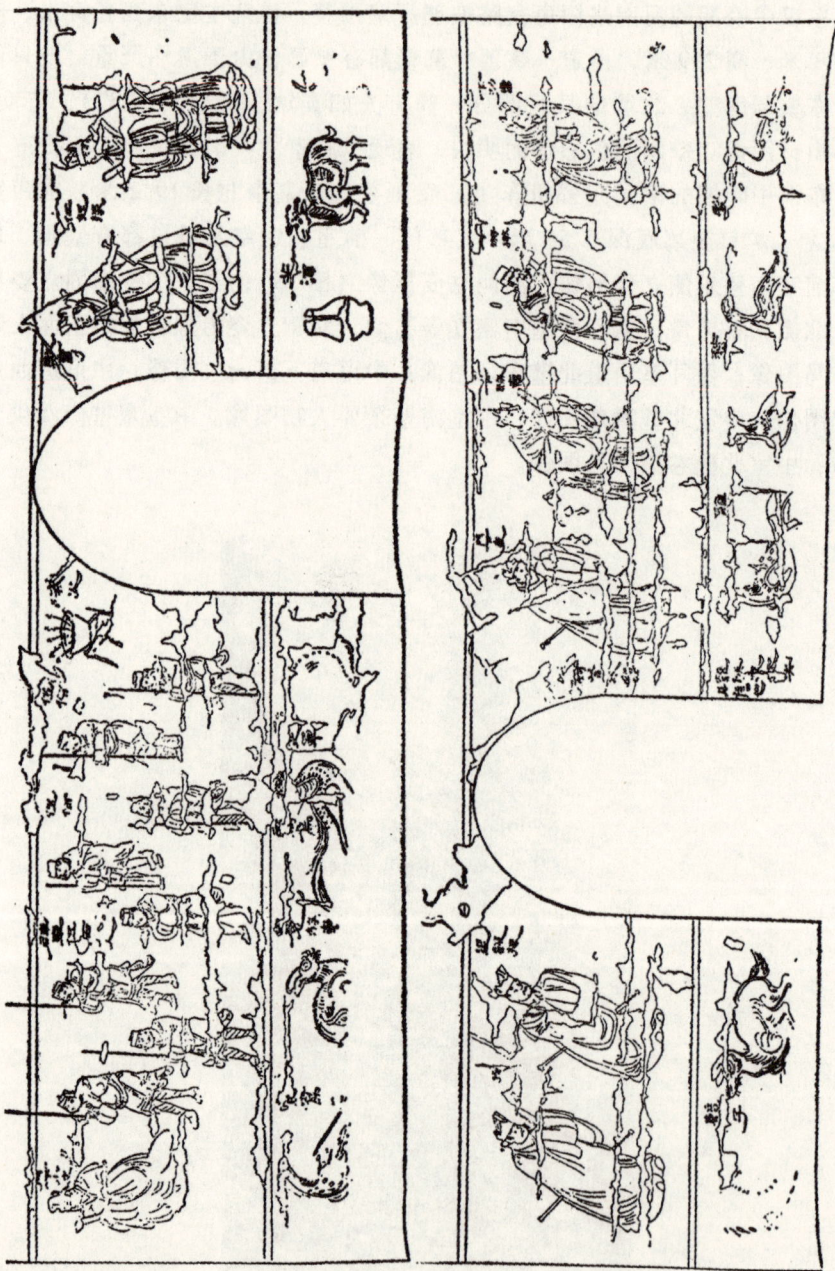

图39 河北望都2号汉墓壁画（摹本）

东汉时期谶纬学说与阴阳五行思想盛行，在人们的思想意识中，天上与人间密不可分。日月同辉等天界图像与车马出行、宾主宴饮、舞乐百戏、庖厨劳作等现实生活图像共置一壁，极其自然。

东汉末期至曹魏时期的洛阳朱村壁画墓，由墓道、墓门、甬道、墓室及耳室组成。东西长 8.48 米、南北宽 3.1 米、高 3.26 米。东、南、北三壁残存三幅壁画。北壁的墓主夫妇宴饮图像、南壁的车马出行图像、东壁的瑞鹿图像，有浓郁的生活气息。

河南汉墓壁画给我们描绘出一个五彩缤纷的汉代世界。其他地方的汉墓壁画图像亦有丰富内容，河北望都 2 号汉墓壁画表现墓主人生前地位的属吏、祥瑞等图像，有鲜明的艺术风格（图39）。

二 汉代园林遗存

汉代园林遗存已发掘且较为典型者，是南越国宫苑遗址。

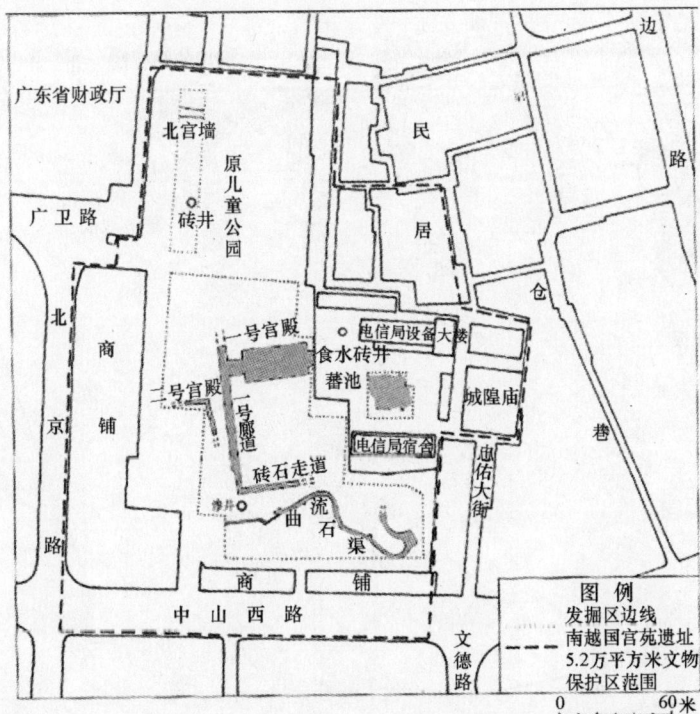

图40 广东广州南越国宫苑遗址位置图

南越国宫苑遗址位于广州市旧城区中心（图40），遗址主要有南越国时期的大型石砌水池——蕃池与曲流石渠。

蕃池现已显露的遗迹平面近方形，池壁平面呈梯形，上大下小。上部东西现长24.7米、南北现宽20米，下部池底东西现长11.3米、南北现宽9.65米。水池最深约2.5米。池底用自然石块和碎石不规则平铺。池底的东北角有一向西南倾倒的叠石柱，由长约0.35米、宽约0.23米、厚约0.06—0.07米的长方形石块叠砌而成（图41）。由池底散落的大量石质、砖质和陶质建筑材料可推知，水池周边应有石栏杆护栏或大型建筑。

曲流石渠残长160米，其北端与蕃池的木暗槽连接，西端尽头相接一出水木暗槽。渠体是由挡墙、渠壁和渠底三部分构成，剖面呈倒"凸"字形，高0.54米—0.63米。渠壁的石块和石板多为砂岩，石板上密铺一层河卵石，多为灰黑色，呈东高西低走势，渠水是自北而南再向西流的（图42）。石渠

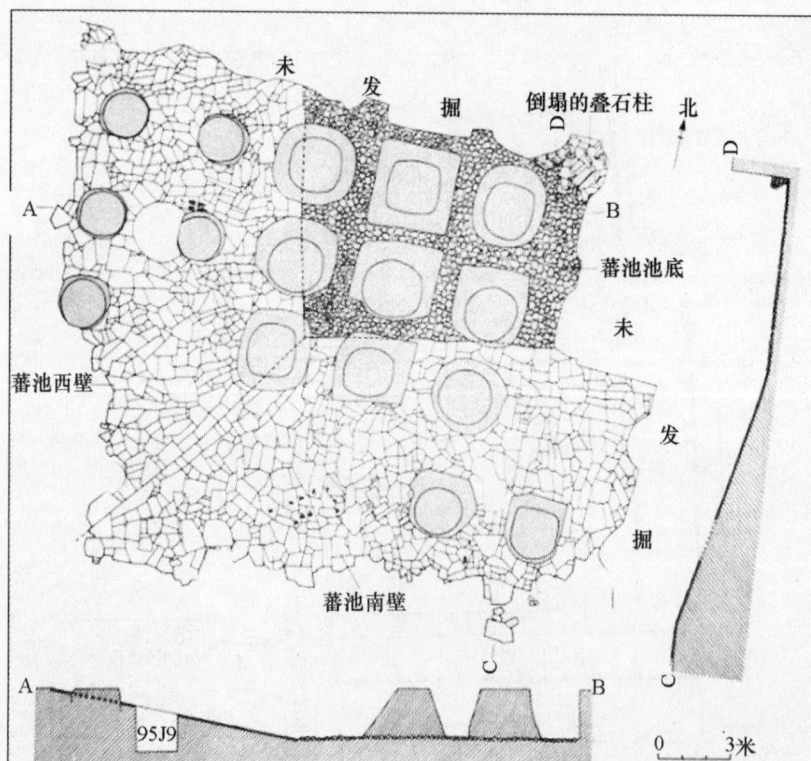

图41　广东广州南越国宫苑遗址蕃池示意图

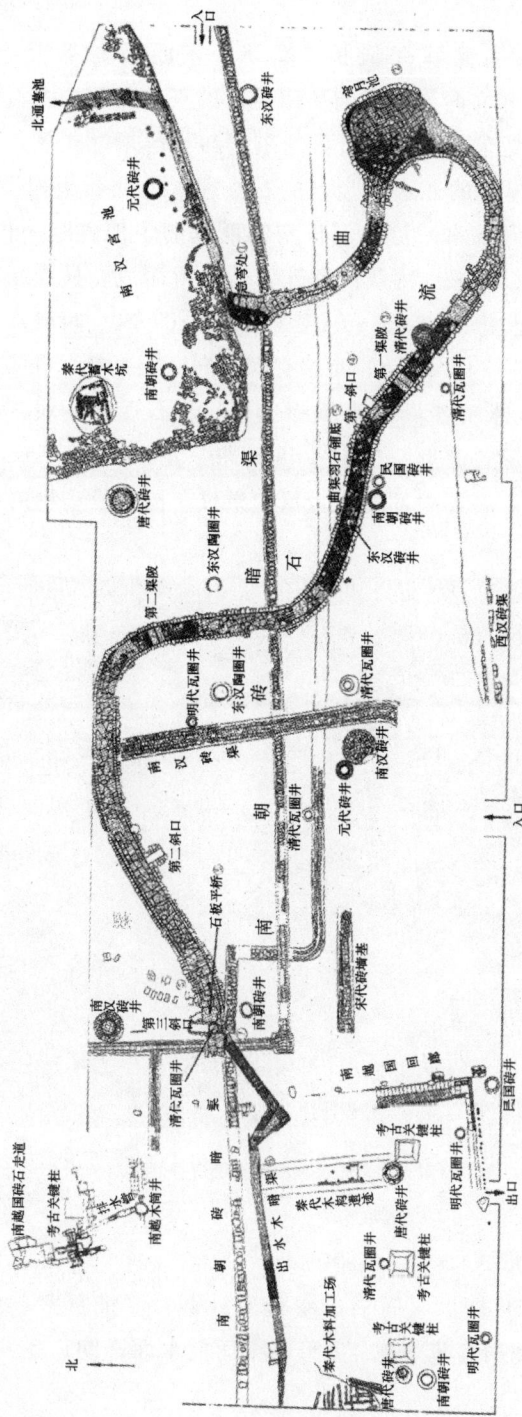

图42 广东广州南越国宫苑遗址曲流石渠平面图

东端有弯月形石池，南北残存最长 7.2 米、东西最宽 5.75 米、残存深
0.43—1.75 米。池内竖立两列东北与西南走向的灰白色砂岩大石板，将石池
分隔成 3 间。每间均是东窄西宽。石板的东端与石池东壁相靠，西端与石池
西壁留有 1.9—2.15 米宽的通道。竖立的石板埋入池底石板面下，深约 0.2
米，石板下还垫有圆形枕木。池内石板南北两侧的中部各竖一根八棱石柱，
通高 1.65 米、柱径 0.24 米，用灰白色砂岩石打凿而成，柱面平整，顶部有
一圆形凸榫。石柱，凸榫高 0.02—0.04 米、径 0.07 米。两根八棱石柱的中
心间距为 4.54 米（图 43）。石渠的西端有南北向石板平桥，在石渠南、北渠
壁上垒砌一层高 0.26 米的步石与平桥相连接。步石现存 8 块，呈弯月形向
东北延伸。步石平面呈长方形，长 55—58 厘米，宽 29—52 厘米、厚 7 厘米，
用砂岩石块打凿而成。石渠中发现有大量的果核、树叶及动物的骸骨等。

图 43　广东广州南越国宫苑遗址曲流石渠弯月形石池（照片）

（一）园林水面形式

蕃池水面平静、广阔。《尚书·泰誓上》载："惟宫室、台榭、陂池、
侈服。"[1] 蕃池是南越国宫苑之池，方形的平面使水面开朗、完整，规则的水

① 李学勤：《十三经注疏·尚书正义·泰誓上》，北京大学出版社 1999 年版，第 271 页。

面与王家宫殿和谐存在。

蕃池的水与石渠相连，水通过木暗槽引入，从北而南，再折东经过弯月形石池，逶迤向西而去。平面呈"几"字形。狭长曲折的水体姿态模拟了自然溪流，丰富了曲流石渠的空间结构形式，与蕃池结合在一起，达到了曲直有变，动静结合的效果。方池和曲流石渠共同构成了南越国宫苑园林丰富的水体景观。

曲流石渠是目前发现的最早的宫苑曲水遗迹。石渠虽然曲折迂回，但整个石渠除了在弯月形石池处将水面放大外，其余宽度基本相当，驳岸的石块也规则一致，砌筑齐整。渠的截面呈梯形，除转折部分外基本相同。通过这些手法，形成较为规则的渠体，与蕃池形体保持一致。

蕃池与曲流石渠水面形式方、圆结合，达到了点、线、面相济的园林形式空间效果。

（二）园林材料质地形式

在南越国宫苑的园林营造中，大量地运用了石质材料。如铺砌在蕃池池壁池底的冰裂纹砂岩石板、叠砌在曲流石渠渠壁的砂岩石块、密铺在渠底的河卵石，均增加了园林的审美情趣与视觉效果。冰裂纹砂岩石板、规整的砂岩石块、圆形的河卵石在水光下形成质地美的对比。曲流石渠渠底的大型卵石，呈"之"字形摆置。当水流经石块时会产生声音，并受阻挡而分流迂回向前，不同的水波纹使水面更具动感。水底密铺的灰黑色卵石与之相映衬，波光粼粼，清莹澄澈（图44）。

在渠道转弯处的弯月形石池，水体相对开阔，形成缓慢平稳的水面。池中竖立两列石板及两根八棱石柱，柱顶上有打磨过凸榫，表面光滑，显示水面建筑与水的质地美对比。蕃池池壁池底铺砌的冰裂纹砂岩板均经过加工，石板间的接缝处，呈不规则状，但也都经过打凿，使石板间接缝较为紧密。这一独特的铺装方法，加强了形式美感。作为传统技法，现今依然被园林工程广泛采用。

在蕃池与曲流石渠中养殖有鱼、龟鳖等动物，变化的动物材质视觉效果丰富了形式美感。

（三）园林建筑形式

从蕃池池底散落的石板、石门楣、八棱石柱、"万岁"字纹瓦当等建筑材料，可以推断池边有园林建筑。《水经注·泿水》："佗因冈作台，北面朝汉，圆基千步，直峭百丈，顶上三亩，复道回环，逶迤曲折，朔望升拜，名

图44 广东广州南越国宫苑遗址曲流石渠（照片）

曰朝台。"[1] 南越王赵佗好筑台，受中原文化的影响，南越国对水上建筑的营造可能模仿汉制，判断当时的蓄池建筑物，有可能就是仿照中原"一池三山"的模式。

根据曲流石渠的弯月形石池建筑遗迹推测其上应有建筑存在，不少研究者对其建筑形式进行了探讨。或认为是一个供帝王后宫歇息赏水赏龟的凉亭；或认为是一个池上舞台；或认为是一造型独特的曲桥。笔者所指导的硕士研究生孙婷婷在其学位论文《南越国宫苑园林的造型艺术》中对该建筑做出推测，认为其底部由目前考古发现的两列石板及两根八棱石柱组成。石柱上的凸榫是与上部构架连接的方式。并做出了弯月形石池建筑的平剖面图，对其形式进行复原设想（图45）。

---

① 郦道元：《水经注》，时代文艺出版社2001年版，第283页。

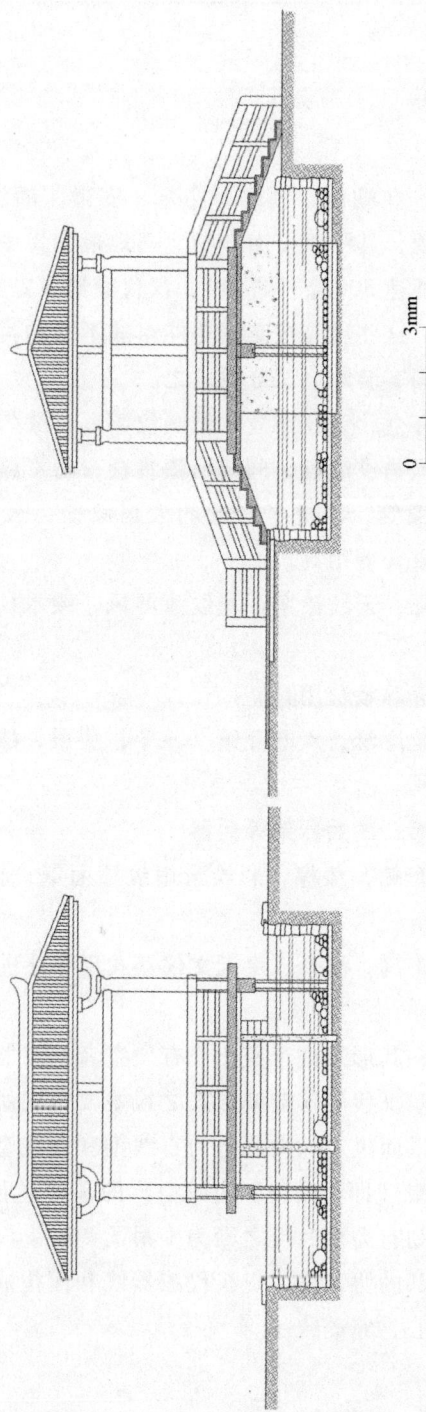

0 _____ 3mm

图 45 广东广州南越国宫苑遗址曲流石渠弯月形石池建筑复原立面图

三　汉代的器物遗存

（一）漆器

汉代漆器出土丰富，在湖南、湖北、广东、安徽、浙江、河北、山西、新疆、北京等地都有发现，其中以湖南、湖北两地最为集中，仅在湖南长沙马王堆汉墓出土的漆器就达 500 余件之多①。汉代漆器有完美而实用的造型，也有华贵而富丽的装饰。这些用具按实用功能组成不同的类别，而每个类别的漆器又有相异的图像图案装饰，试分类述之。

有漆耳杯，云纹漆杯盒，云纹漆卮，锥画纹漆卮，漆勺，云纹漆匕，凤纹漆盒，云纹漆平盘，狸猫纹漆盘，椭圆形漆食奁，粉彩漆圆奁，锥画纹漆奁，漆盂，漆豆形器，漆箕，漆虎子，七豹大扁漆壶，云纹漆钫，云纹漆锺，云纹漆鼎，云纹漆匜等餐用具。

云纹漆几，龙纹漆几，云纹漆案，龙纹漆屏风，漆木杖，漆笥，漆床及漆兵器架等家具。

梳，匣，篦，簪，奁等妆奁用具。

七弦漆琴，二十五弦漆瑟，六空漆箫，漆竽，漆磬，漆鼓，漆博具，骰子，彩绘漆砚等娱乐用具。

漆弓，漆盾，漆矢箙，漆兵器架等兵器。

云纹漆鼎，四层漆套棺，漆樽，彩绘云虚纹漆面罩，长方形粉彩漆奁，漆木俑等礼仪用具。

漆舆，漆轮等交通工具，漆升、漆天文仪器式盘等计量及天文的仪器。

1. 形态

漆器具有实用功能，其形态富于变化。有研究者把漆器的形态归纳为几何形的线、面、体变化。汉代漆器造型形态之线主要由线所组成的轮廓及线与线相交构成的相互关系而决定。大致分为直线型和曲线型。汉代漆器造型形态之面是在分析固有型（即直线型、曲线型）的基础上形成的，若面与面的交界线明显，则为刚劲有力型，反之则为平滑柔和型。汉代漆器造型形态之体旨在探索整体与局部的协调统一。汉代漆器线和面构成独特，在整体形式和细节处理上别具匠心、完美统一。②

---

① 参见何介钧、张维明《马王堆汉墓》，文物出版社 1982 年版，第 42 页。

② 笔者指导的硕士研究生杨昌在其学位论文《汉代漆器的造型形态研究》中提出这一观点。

　　长沙马王堆 3 号汉墓出土的长方形粉彩漆奁（图 46），高 10 厘米，长 48.5 厘米，宽 25.5 厘米。漆奁内放置贵重的漆缬纱冠，因此对漆奁进行了精心设计。从三视图的角度观察（图 47），盖呈盝顶状，多采用直线相交形式，直线具有刚毅、坚定的特点，明显的直线会增强整体造型形态的刚性。另外，长方形粉彩漆奁面与面相交存在直面与直面相交，直面与曲面相交两种形式。因而形成的长方形的奁体造型形态庄重、稳静（图 48）。

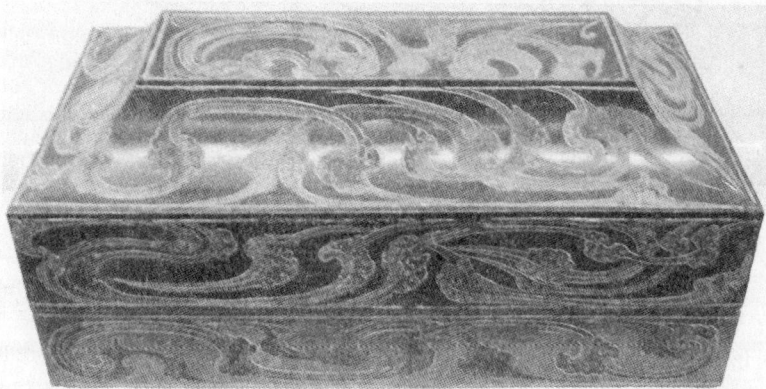

图 46　湖南长沙马王堆汉墓粉彩漆奁（照片）

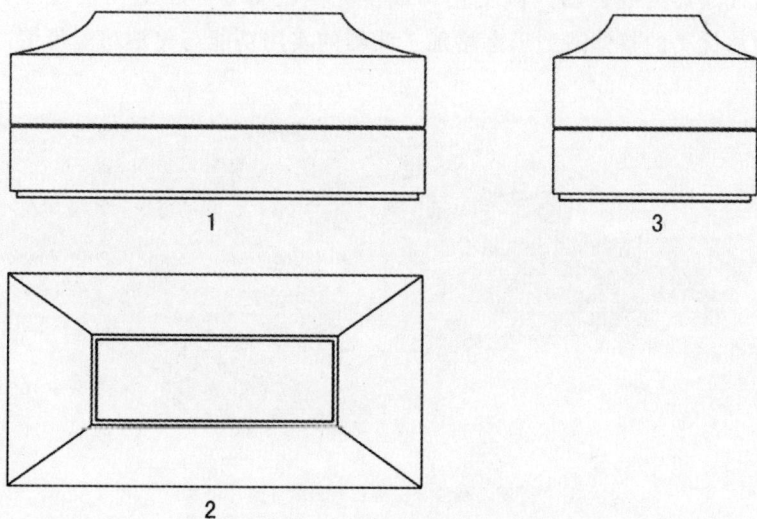

1

3

2

图 47　湖南长沙马王堆汉墓粉彩漆奁三视图

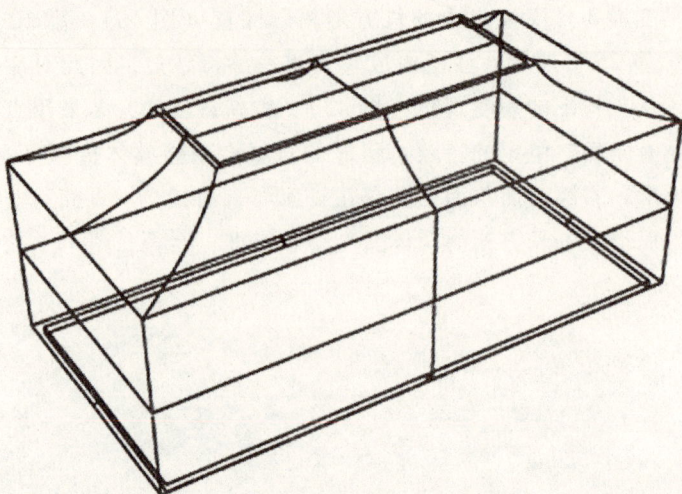

图 48　湖南长沙马王堆汉墓粉彩漆奁线形透视图

　　马王堆 1 号汉墓出土的云纹漆匜（图 49），长 28 厘米，宽 23 厘米，造型为瓢形，有舀水、盛水洗手之用。云纹漆匜多用流畅的曲线连接形成，增强了整体形态的柔性（图 50）。且云纹漆匜直面与曲面相交，曲面与曲面相交，形成的造型流畅、实用（图 51）。

　　汉代漆器的线、面、体变化构成了完美的形态，凸显出流线型风格特点。简洁优美的整体造型形态增加了漆器的实用功能与美学功能价值。

图 49　湖南长沙马王堆汉墓云纹漆匜（照片）

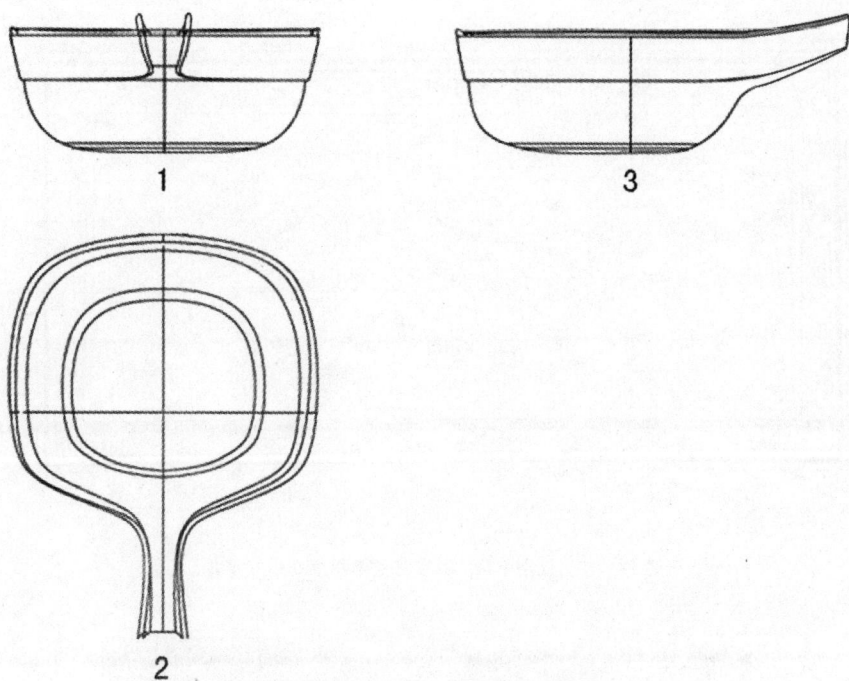

图50　湖南长沙马王堆汉墓云纹漆匜三视图

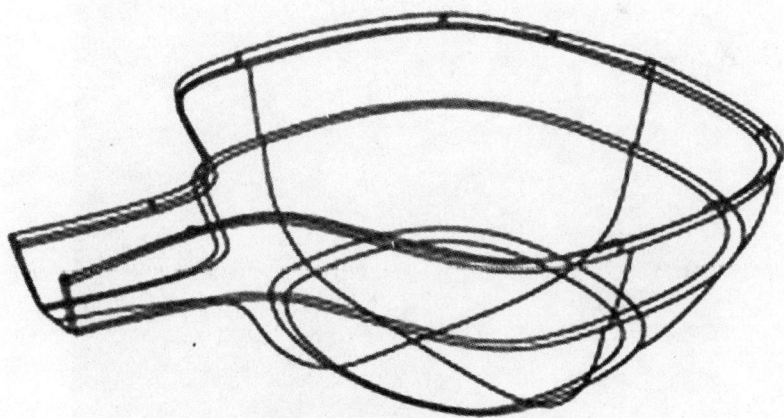

图51　湖南长沙马王堆汉墓云纹漆匜线形透视图

图 52   江苏仪征烟袋山汉墓漆笥盖描金龙纹（摹本）

图 53   朝鲜平壤乐浪王盱墓 "永平十二年" 漆盘西王母图像（照片）

2. 装饰

汉代漆器纹样生动流畅，工整细丽。常用龙凤纹、云气纹、花草纹和各种几何形纹进行装饰，也使用近于写实的兽形、鸟形、鱼形、人物形象等图纹。

西汉时的漆器，图纹富丽而繁复。西汉早期漆器花纹使用漆绘、锥画、堆漆等方法，湖北荆州高台 M1 汉墓出土的漆盘，以漆绘与锥画的方法制作。西汉中晚期在上述方法中又增添了填漆、戗金与描金银的方法，江苏仪征烟袋山汉墓出土的漆笥盖，上面的龙纹图案漆绘后又进行了描金（图 52）。

东汉时的漆器纹样出现了人物故事图像，朝鲜平壤乐浪王盱墓出土的"永平十二年"漆盘有西王母形象（图 53）。

（二）堆塑罐

堆塑罐出现在东汉，盛行在汉末到南北朝时期的江浙地区，对长江中下游地区产生了影响。

堆塑罐又称"谷仓罐"与"魂瓶"，其造型俭朴。开始是在陶瓷谷仓罐主体上堆塑四个或者若干个小罐，形成塔式罐的造型。之后，又堆塑众多活泼自然的动物、人物与建筑等形象，集中反映了汉代的艺术特点与社会生活。堆塑罐已出土有一定数量，2000 年有文章统计："饰有佛教造像的魂瓶有八十余件。"[1] 近年来还有不少新的发现。

堆塑罐由工匠们在制作陶瓷坯胎时，用手捏、贴、塑出人物、动

图 54　浙江省博物馆藏堆塑罐（照片）

---

[1]　阮荣春：《佛教南传之路》，湖南美术出版社 2000 年版，第 30 页。

物、楼台亭阁形象，然后施釉和烧制。堆塑形成的图像造型具有强烈的视觉影响力，是空间艺术的一种形式。堆塑罐造型典雅，俭朴大方，内容洗练，构思巧妙。图像形式极具艺术魅力（图 54）。

堆塑罐上动物图像中鸟的形象较多，反映了汉代人对鸟的喜爱与崇拜。堆塑罐中各种姿态的鸟，或在罐盖中央，或在罐口周围，或在阁楼亭台，或在罐肩部。根据空间安排的需要，鸟常常穿插堆塑在不同地方，以生动的艺术造型出现。堆塑罐中熊、羊、狗的形象也经常出现，表现汉代人的向往和追求。人物表现也是堆塑罐上的主要题材。浙江省武义县博物馆藏一件堆塑罐（图 54），罐口部位的人物形象、眼睛、眉毛和鼻子清晰有神，身着汉服，[①] 周围的四小罐上堆塑着形态生动的动物造型，灵活有趣。浙江省博物馆馆藏的一件堆塑罐，主体罐子上面四个小罐，两个罐体之间的罐腰部，堆塑的熊头形象极为生动，熊头两旁又有两个小熊头相偎，耐人寻味。[②] 鄞县文物管理委员会收藏的一个堆塑罐，"大罐和五个小罐组成，上部有五个小罐，中间一个大而高，外围四个较小，小罐间堆塑着羊、龟、飞鸟、狗、人物等，形象生动，强烈地表现出五谷丰登的喜悦心情，是一件难得的佳作"[③]。

陶瓷的发展与社会生活需求息息相关。堆塑罐是汉代陶瓷的一种形式。"有目的地利用某种陶瓷工艺材料，运用一定的工艺加工技术，通过对形体、空间、构件等形式的确定和处理，创造出有一定用途和意味的器物形态和样式"[④]。浙江历来重视青瓷发展，"浙江上虞县首先烧制成功成熟的接近现代水平的瓷器"[⑤]，青瓷首次装烧成功是在上虞。上虞在此时期已经成为我国早期瓷器的生产中心。青瓷以当地优质的高岭土作胎，在胎表施以含有二价铁元素的石灰釉，用 1200 摄氏度以上的高温烧成，青瓷胎质铁钛含量较低，呈灰白色，烧成的胎坚不吸水，透光青莹。青瓷以青绿色为主色调，釉层均匀、平整，富有光泽，清新宜人，追求天然青釉韵味。堆塑罐表现出青瓷天然釉色所显示的色彩美感，堆塑罐施青釉，青釉也叫青瓷色釉，是自然的颜色，素净于感官，表现出汉代人的精神享受和

① 李刚：《青瓷风韵》，浙江人民美术出版社 1999 年版，第 93 页。
② 参见浙江省博物馆藏品集《浙江七千年》，浙江人民美术出版社 1994 年版，第 65 页。
③ 徐定宝：《越窑青瓷文化史》，人民出版社 2001 年版，第 22 页。
④ 杨永善：《陶瓷造型艺术》，高等教育出版社 2004 年版，第 5 页。
⑤ 乐梅新、叶宏明：《浙江陶瓷发展史略》，浙江省硅酸盐学会印 1985 年版，前言。

向往。

上虞驿亭谢家岸后头山M11东汉墓出土的堆塑罐（图55）通体施釉，釉色青中泛绿，显现青瓷美感。上虞驮山M30墓出土的堆塑罐，胎灰质地坚硬，露胎处为褐红色，主体罐与小罐上腹以上施淡青釉，釉色青黄，为稍早期釉瓷，具有青瓷的审美特点。

（三）铜镜

汉代是铜镜的兴盛时期，其图像异常丰富。西汉时期，草叶纹镜、星云纹镜、日光镜、昭明镜、规矩镜、四乳四螭镜在各地出现。这些镜面的主题纹饰开阔、强烈，内容异常丰富。其严整布局、神秘纹饰及吉祥铭文，显现出汉代人的宇宙世界。汉代河南洛阳、浙江绍兴，以及全国各地，逐渐形成一些制镜中心。

图55　浙江上虞驿亭谢家岸后头山
M11东汉墓堆塑罐（照片）

西汉中叶以后浙江绍兴逐渐发展，至东汉成为全国制镜的一个中心。绍兴出土的铜镜，西汉时期多为昭明镜、日光镜、四乳四螭镜。东汉时期发展为画像镜和神兽镜，在全国独树一帜，凸显出汉画图像的别致美感。绍兴画像镜又分为车马画像镜、神仙画像镜和历史故事画像镜，也有建筑画像镜，它们的图像极为生动。

车马画像镜图像一般为车马，也有仙人和羽人。其中的车马形象生动，马有多匹不等，马车的顶盖造型有卷棚式的，也有四坡形的。其造型与其他地方画像石、砖上的顶盖明显不同，而与海宁汉画像石马车顶盖颇为相似，说明了其地域风格特点。

神仙画像镜中西王母图像多为主要位置，西王母画像镜出现在东汉中期和后期，可分为三种：一是西王母车马画像镜；二是西王母群仙画像镜，三是西王母瑞兽画像镜①。其图像多采用四分法处理：西王母、东王公为两组，车马或者龙虎、群仙为两组。西王母、东王公身边多有羽人、仙人，玉兔相侍，羽人姿态多变，活泼可爱。西王母、东王公形象端庄，充满神韵。还有的画像镜中，西王母站立执巾，展身起舞，衣服随风摆动，两侧有仙鹤神鸟相伴，极富生活气息。

历史故事画像镜图像，多表现伍子胥被赐剑自刎的情节。画面分成四组，每组内容相互连贯，表现了脍炙人口的伍子胥故事。图像中有榜题进行说明，伍子胥举剑自刎情节，有榜题"忠臣伍子胥"，还有榜题："越王"、"范蠡"、"越王二女"、"吴王"。画像镜周铭"驺氏作镜四夷服，多贺国家人民息，胡虏殄灭天下复，风雨时节五谷熟，长保二亲得天力，传告后世乐无极"，用文字进一步阐释了图像主题（图56）。

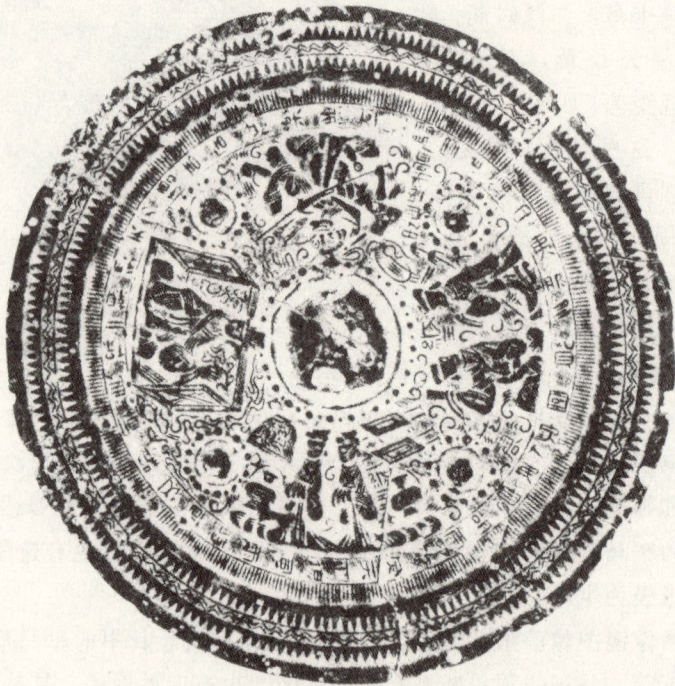

图56 浙江绍兴漓渚出土东汉吴王、伍子胥画像镜（照片）

---

① 参见王士伦《浙江出土铜镜》，文物出版社1987年版，第10页。

图 57　浙江上虞出土屋舍、人物画像镜（照片）

上虞出土的东汉屋舍、人物画像镜，图像有三组，分别为楼阁和动物、楼阁和人物、人物对坐楼阁下，楼阁双层，前有栏杆。以铜镜图像表现了汉代建筑（图 57）。

（四）木雕

汉代木雕遗存均出土于汉代墓葬中，呈现出简约的图形样式。

湖南长沙马王堆汉墓出土彩绘木俑 174 件，有男侍俑、女侍俑、奏乐俑、辟邪俑等类型。其中的女侍俑身材苗条，彩绘出长袍式样，两臂贴身握手向前，表情虔诚而谨慎（图 58），反映了西汉早期的木雕形态。甘肃磨嘴子 20 号汉墓出土的立马木雕造型洗练，神态生动（图 59）。青海西宁彭家寨出土的镇墓兽木雕造型凝重，有强烈的爆发力（图 60）。它们表现了西汉晚期至东汉早期的木雕形象。云南昆明小板桥羊甫头出土的木雕形象丰富，鹰爪木祖、猴头木祖、猪头木祖（图 61）、兔头木祖、鹿头木祖、牛头木祖、人头木祖、水鸟戏鱼木祖以及跪坐女俑造型夸张，并饰以与形体协调的彩绘，显现了西汉时期不同地域的木雕特点（图61）。甘肃武威磨嘴子26号汉墓出土的东汉时期的立马木雕，与磨嘴子20号汉墓出土的立马木雕比较，已较为工细，表现手法趋于写实，与生活中所用之马较为接近（图62），显示出同一地域木雕形象的时代变化特点。[1]

图58　湖南长沙马王堆汉墓女侍俑（照片）

---

① 湖南长沙马王堆汉墓木俑、云南昆明小板桥羊甫头木雕，资料来源于张正明、邵学海主编《长江流域古代美术·漆木器》，湖北教育出版社2002年版，第170—181、246—256页；甘肃磨嘴子20号汉墓立马木雕、青海西宁彭家寨出土的镇墓兽木雕、甘肃武威磨嘴子出土的立马木雕，资料来源于张朋川《中国汉代木雕艺术》，辽宁美术出版社2003年版，第16、19、22页。

图 59 甘肃武威磨嘴子 20 号汉墓立马木雕（照片）

图 60 青海西宁彭家寨出土镇墓兽木雕（照片）

图 61　云南昆明小板桥羊甫头出土猪头木雕（照片）

图 62　甘肃武威磨嘴子 26 号汉墓立马木雕（照片）

（五）彩陶

汉代彩陶的器形、纹饰、图案有鲜明特色。湖南长沙马王堆汉墓出土的彩绘陶钫，器形平唇鼓腹、高方圈足、肩饰铺首，以红、黄、绿及灰色绘出立凤与凤纹、波浪纹、四蒂纹、云纹等图案（图63）。河南洛阳出土的彩绘陶壶器形多样，图案与色彩表现富于变化，有卷云纹饰彩绘陶壶、黑地锐角

图63　湖南长沙马王堆汉墓彩绘陶钫（照片）

图 64   河南洛阳铁站线出土西汉翼虎相戏纹彩绘陶壶（照片）

云饰彩绘陶壶、翼虎相戏纹彩绘陶壶（图 64）、铺首衔环凤彩绘陶壶等。①
这些陶壶有赤、褐、绿、青、蓝、黄、橙等色，结合陶壶的束腰形体，用丰
富多变的纹样敷彩表现，最后使彩绘陶壶达到富丽堂皇的效果。马王堆汉墓
和洛阳出土的陶器表现了西汉时期的彩陶特点。

　　在汉墓中出土有大型的陶俑、陶建筑、陶动物、陶器物，它们的形体表
现与设色装饰紧密结合，取得了完美的艺术效果。

————————

　　①　关于彩陶壶的命名，参见洛阳博物馆《洛阳汉代彩画》，河南美术出版社 1986 年版，第
66—69 页。

四　汉代服饰遗存

汉代服饰上承春秋战国和秦朝，下启魏晋南北朝和隋唐，奠定了汉民族长期以来对服饰图像的审美及表现的基础。在整个服饰发展进程中起着十分重要的作用。汉代服饰图像包括服饰款式和服饰上绣绘的图案、纹样两方面内容。

依据功能类型的不同可以将汉代服饰种类分为冠、深衣、裙与下衣、履。这些服饰特点可从汉代艺术遗存中进行分析。

（一）冠

冠主要满足装饰作用。《淮南子·人间训》曾云："冠履之于人也，寒不能暖，风不能障，暴不能蔽也。"① 但它可以标明身份。冠有多种命名。

湖南长沙马王堆 1 号汉墓出土的两个着衣木俑，其所戴之冠形长而扁平，形如鹊尾，可视为长冠的冠形（图 65）。

从湖南长沙马王堆 1 号汉墓出土的戴长冠着衣木俑摹本看长冠图像，正面图长冠居中，从而增加了头部造型的体量；侧面图长冠上面形体拉长，下面形体收紧，增加了头部造型的形态感（图 66）。木俑用墨绘冠两侧的系带，增加了面部肃穆的神情。

湖南长沙马王堆 3 号汉墓出土一件以漆缅制成的漆沙武冠（图 67）。这件漆沙武冠在出土时盛放在漆奁之内，漆奁依武冠

① 高诱注：《诸子集成——淮南子》，中华书局1954 年版，第 312 页。

图 65　湖南长沙马王堆 1 号汉墓戴长冠着衣木俑（照片）

造型而做，因此，是目前出土武冠保存最完好的一件。武冠的质地和图像样式有待进行深入研究。

图 66 湖南长沙马王堆 1 号汉墓戴长冠着衣木俑（摹本）

图 67 湖南长沙马王堆 3 号汉墓漆沙武冠（照片）

（二）深衣

湖南长沙马王堆 1 号汉墓出土了 12 件深衣（图 68）。同时也出土了许多彩绘木俑，穿着不同款式、不同面料质地的深衣，使我们对深衣图像增加了直观的了解。

图 68 湖南长沙马王堆 1 号汉墓深衣（照片）

汉代主要流行直裾和曲裾两种深衣。马王堆 1 号汉墓出土的深衣，曲裾占 9 件，直裾 3 件。[①] 曲裾深衣一般用于女式服装。其中一件深衣，以印花敷彩纱为面料，素绢为里，以丝绵敷内。[②] 深衣形制的每一部分都有"深"的含意，"深衣"的谐音可为"深意"。体现了对礼制的表现与追

[①] 参见湖南省博物馆、中国科学院考古研究所《长沙马王堆一号汉墓》，文物出版社 1973 年版。

[②] 参见黄能馥《中国美术全集·工艺美术编 6》，文物出版社 1985 年版，第 73 页。

求。《礼记·深衣》云："古者深衣，盖有制度，以应规、矩、绳、权、衡。短毋见肤，长毋被土。续衽钩边。"① 深衣和礼仪有着密切关系。

（三）裙与下衣

马王堆1号汉墓出土的绛紫绢无缘女裙（图69），用四片上窄下宽单层素绢缝成，梯形状，长87厘米、上宽143厘米、下宽158厘米，裙子无缘边和纹饰。② 甘肃省武威磨嘴子汉墓出土的女裙，可惜一出土，在现场已粉化。③ 马王堆出土的裙子，保存完整，面料色泽和制作工艺，清晰可辨，呈现出形式美感。

图69　湖南长沙马王堆1号汉墓裙子（照片）

关于长裤，湖北省江陵马山墓出土有棕红色女式长裤（图70）。裤子连同腰在内长116厘米，裤筒以棕红色绢为面，绣有凤鸟花卉图纹，用深黄色绢为里，中间夹有丝绵。汉代人所穿的裤可分为腰、腿、口缘三部分，中缝两边对称，后腰臀开口，不闭合。长裤的图形，臀部宽，裤口小，富有形式

① 李慧玲、吕友仁注译：《礼记》，中州古籍出版社2001年版，第344页。
② 参见黄能馥《中国美术全集·工艺美术编6》，文物出版社1985年版，第73页。
③ 参见甘肃省博物馆《武威磨嘴子三座汉墓发掘报告》，《文物》1982年第12期。

感（图71）。

　　（四）履

　　湖南长沙马王堆1号西汉墓出土有一双青丝履①（图72）。江陵凤凰山西汉前期墓出土的有锦缘素丝履、锦缘素麻履。② 湖北江陵凤凰山167号汉墓出土有锦缘素麻履。③ 湖北江陵凤凰山168号汉墓出土有尖翘头方履麻鞋。④ 山东临沂汉墓出土有平头麻履鞋。⑤ 甘肃武威汉墓出土有平头麻履鞋。⑥ 汉代的履式样、色彩、制作面料都非常丰富，造型样式实用而美观。

　　马王堆出土的青丝履，全长26厘米，头部宽7厘米，后跟深5厘米。其鞋帮浅直，鞋头翘起，"履面以丝缕编织而成，平纹织法，纬线较粗，织纹有明显的方向性。色为菜绿。履底用麻线编织，平纹，浅绛色，衬里裹绛紫色。垫平纹组织"⑦。青丝履鞋方口，实用，结实，耐穿，图像形式完美。

　　该墓出土的数双汉履中，不仅有丝履，还有大量造型各异的麻履如尖翘头方履麻鞋、圆形麻履、素锦缘麻履等。山东临沂汉墓及甘肃武威磨嘴子汉墓出土有平头麻履，其形制以质地坚韧的麻布制成，长28厘米，宽9厘米。

图70　湖北江陵马山汉墓长裤（照片）

　　① 湖南省博物馆：《长沙马王堆1号汉墓·下集》，文物出版社1973年版，图版107。

　　② 凤凰山167号汉墓发掘整理小组：《江陵凤凰山167号汉墓发掘简报》，《文物》1976年第10期。

　　③ 同上。

　　④ 纪南城凤凰山168号汉墓发掘整理小组：《湖北江陵凤凰山168号汉墓发掘简报》，《文物》1975年第9期。

　　⑤ 临沂市博物馆：《山东临沂金雀山九座汉代墓葬》，《文物》1989年第1期。

　　⑥ 甘肃省博物馆：《甘肃武威磨嘴子汉墓发掘》，《考古》1960年第9期。

　　⑦ 黄能馥：《中国美术全集·工艺美术编6》，文物出版社1985年版，第73页。

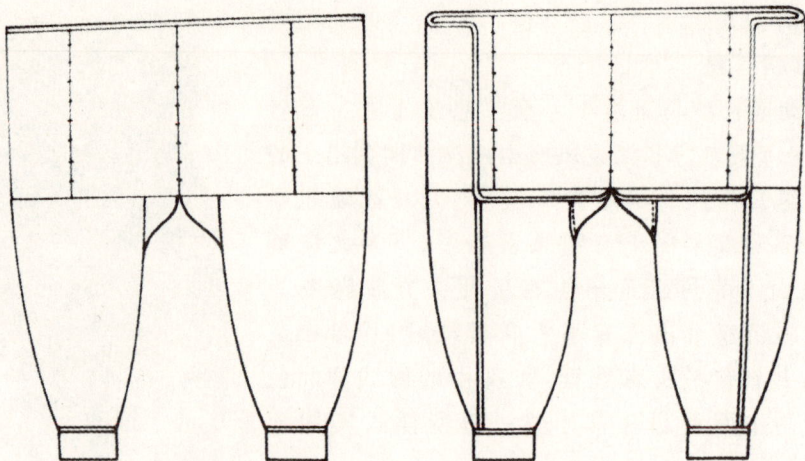

图 71　湖北江陵马山汉墓长裤款式结构图

图 72　湖南长沙马王堆 1 号汉墓青丝履（照片）

　　汉代，丝织技术提高，丝织品使用增加，开始以丝帛作履。一些富庶人家，奴婢侍妾也穿着丝履。

　　汉代服饰图案的装饰题材主要以植物、动物、几何纹、汉体铭文等为主。

　　植物类装饰图案在汉代服饰中较为多见，湖南长沙马王堆汉墓出土的茱萸纹绣绛色绢，①其上绣有茱萸形象，树形有规律地变化，呈现流动有序的

---

　　①　参见黄能馥《中国美术全集·工艺美术编 6》，文物出版社 1985 年版，第 70 页。

图案形体。并把茱萸主体绣绘以墨绿色，枝头绣绘以朱红的花苞和浅褐色的叶片。造型和色彩完美统一，达到了实用并具有形式感的图面效果（图73）。

汉代的动物类服饰图案以龙纹、鸟纹居多，也有少部分其他图案，或写实或抽象，别具特色。几波纹、雷纹、方格纹、八角纹等纹样在汉代服饰中经常使用。

文字纹样在汉代服饰中有所应用。新疆北大沙漠出土一件汉代"万事如意"锦袍，① 用饰有"万事如意"字纹和变体卷云纹的经锦裁制。在衣襟右下缘镶缝一块"延年益寿大宜子孙"锦（图74）。

汉代服饰的装饰图案题材丰富，工艺精美，造型多变，色彩装饰强调明快、醒目、艳丽，汉代服饰的装饰图案具有特定的象征意义。

汉代服饰的整体风格肃穆凝重、质朴大方，其制作精密，具有大气、明快、丰富、多变的格调。

图 73　湖南长沙马王堆汉墓茱萸纹绣绛色绢（照片）

---

① 参见黄能馥《中国美术全集·工艺美术编6》，文物出版社1985年版，第76—77页。

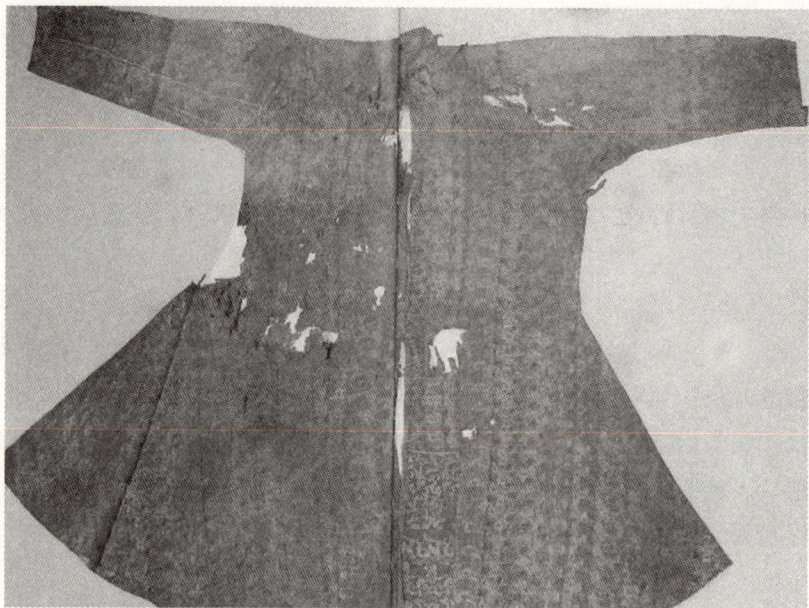

图 74 新疆北大沙漠出土的汉代"万事如意"锦袍（照片）

五 汉代绘画遗存

（一）汉代帛画

帛画以帛绢为载体绘制画作。湖南长沙马王堆 1 号汉墓 T 形帛画（图75），马王堆 3 号汉墓 T 形帛画，马王堆 3 号汉墓张挂在棺室东、西两壁的帛画与东边箱 57 号长方形漆奁内的帛画，山东临沂金雀山 9 号汉墓帛画（图 76），甘肃武威 4 号、23 号、54 号汉墓帛画，广东广州南越王墓西耳室帛画，均呈现出缤纷多彩的图像。

湖南长沙马王堆 1 号汉墓、3 号汉墓 T 形帛画，图像绘制有日、月、扶桑、蟾蜍、玉兔、蛇身人首神、飞人、升龙、墓主人、侍从、走兽、水族、爬虫等。为了表现墓主人的升天场面，这些图像"无不披上神话的外衣，被构造成一个既严密有序又包罗万象的整体。辽阔的现实图景、悠久的神话传说、渺茫的天国幻想，被结合成一个一个琳琅满目、五彩斑斓的图像系列"①。

① 刘晓路：《中国帛画》，中国书店 1994 年版，第 137 页。

图 75　湖南长沙马王堆 1 号汉墓 T 形帛画（摹本）

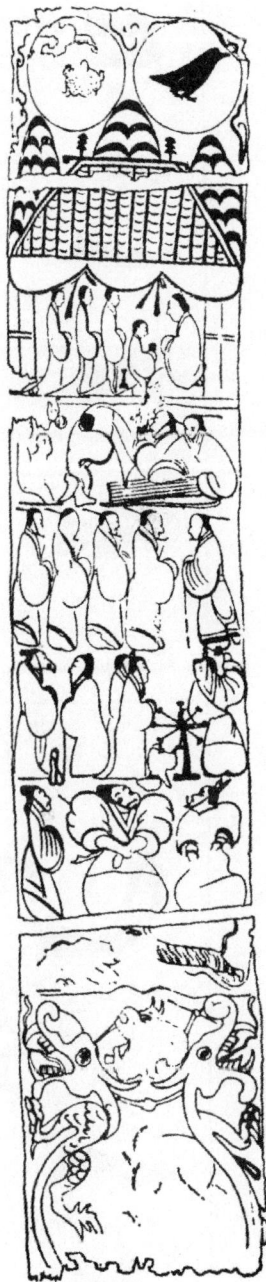

图 76　山东临沂金雀山 9 号

汉墓帛画（摹本）

图77 湖南长沙马王堆3号汉墓导引图像（摹本）

湖南长沙马王堆 3 号汉墓除 T 形帛画外，还出土有丰富的帛画。1992 年由湖南出版社出版的《马王堆汉墓文物》一书，载有车马仪仗、车马游乐、划船游乐、表制、阴阳五行、城邑、卦象、导引等图像。其中导引图像画面分为 4 列，每列 11 个人物，共有 44 人。图像描绘伸展、屈膝、转身、跳跃等运动的姿态，模仿熊经鸟伸、猿呼鹤鸣等动物的运动形象，来说明通过运动可以有效解决的引颓、引聋、引热、引温等病症。使我们能形象地了解汉代引导术的有关动作与具体细节（图 77）。城邑图像画面采用鸟瞰形式，标有尺寸，城楼等建筑以绘画表现，结合于地图制作中，形成了地图图像的特点。

（二）汉代木板画、木简画与木片俑

木板绘画较少见到。1973 年甘肃居延肩水金关出土的西汉木板画，[①]由两块木板组成，两侧以线绳连接。画面中有一树下系一马，旁有二人，还有二人向树上攀缘，树上有鸟（图 78）。1979 年江苏邗江的胡场西汉墓出土有木板画两幅，画有武士对谈与墓主人生活图像。甘肃武威磨咀子东汉墓群 72 号、5 号墓出土了一些木板画。72 号墓出土的木板画，木板上用墨线画一少数民族人物，有须，披发，左衽，穿短袍，袍下部有缘边，并画出针缝的线脚，中系腰带，袍下露出裹腿，着鞋。从此画人物之"披发左衽"的特点，和东汉时期羌族在凉州与汉族共居和活动的情况来看，可能是古代羌族人的形象。5 号墓出土的木板画画面中有女主人和侍女，女主人白衣红裙，侍女红衣红裙，身后有树相衬，[②] 人物形象生动。

在木简上作画，也是一种装饰。1972 年甘肃居延查科尔贴出土的西汉木简画，[③] 简的一面上部画有一吏，下部有一鞍马。简的另一面上部画一吏，下部画一人拱手于胸前。

在湖北江陵凤凰山出土有西汉木片俑，俑用薄木片削成，用墨线勾勒出五官、发式及交领右衽的直裙服式，裙服上用黑与彩色饰以条纹（图 79）。

① 参见张朋川《河西出土的汉晋绘画简述》，载张朋川《黄河上下·美术考古文萃》，山东画报出版社 2006 年版，第 146 页。

② 同上书，第 149 页。

③ 《汉简考述》，《考古学报》1963 年第 1 期。

图 78　甘肃居延肩水金关出土马、人物木板画（照片）

图 79　湖北江陵凤凰山出土西汉木片俑（照片）

第二节　汉画图像的内容

汉画图像系统宏大，不同的艺术形式有不同的图像分类。

汉画像石研究比较深入，研究者对此已有两种大的分类。一类是根据画像石的题材而分，王建中在《汉代画像石通论》中把画像石分为了"生产活动、社会生活、历史故事、远古神话、天文星象、符瑞辟邪、装饰图案"①的类别。另一类是按照汉代宇宙观念进行分类，此说由信立祥在《汉代画像石综合研究》中提出，分为了"天上世界的内容、仙人世界的内容、人间现实世界的内容、地下鬼魂世界的内容"②。

在汉代帛画研究中，刘晓路在《中国帛画》中对马王堆1号墓、3号墓的非衣图像分类为"从上至下分为天上、人间、地下三大部分，或称天国、人间、地府三大部分"③。

汉画像石的分类对于汉画图像研究具有代表性。王建中的依据题材的传统分类，由众多研究者在实践中形成，在社会中得到广泛应用。刘晓路、信立祥的依据观念的分类方法，愈来愈得到研究者的认可与使用。

汉画艺术的宏大图像体系，按照题材与观念的分类特点，本书以有代表性的神灵图像、仙界图像、历史故事图像、人间活动图像进行研究。

一　神灵图像

动物是绘画和雕刻在早期艺术发展过程中的常见题材。远古时期，先民环境恶劣，常与动物为伴，把动物看成他们亲近的存在物，绘制动物形象，涂上色彩，象征并希望自己能在生活中战胜这些动物。他们认为动物和人没有什么区别，与人一样有思想、有感情、有灵魂。且一些动物力大无穷，鸟类又能展翅高飞，被视为神秘神灵，便有了动物崇拜，随之产生了图腾艺术。

远古的浪漫诗情被三代礼乐文化逐渐代替，在中国的南方尚保留着远古

---

① 参见王建中《汉代画像石通论》，紫禁城出版社2001年版，第387—457页。
② 信立祥：《汉画像石综合研究》，文物出版社2000年版，第62页。
③ 刘晓路：《中国帛画》，中国书店1994年版，第124页。

时代的天真与质朴。楚人以图腾崇拜表示对动物的脉脉亲情，表现其神奇特点。老庄的静虚自然、屈原的奇丽激情把艺术创造和自由生命作为至上的追求目标。庄子的"逍遥游"描述着飞天的大鹏："北冥有鱼，其名为鲲，鲲之大，不知其几千里也。化而为鸟，其名为鹏。鹏之背，不知其几千里也。怒而飞，其翼若垂天之云。"[1] 屈原在《涉江》中要"驾青虬兮骖白螭"[2]，形成了玄妙奇丽的楚艺术风格。楚地漆器、丝绸、帛画、青铜器、玉器、木雕等造型艺术中，均有动物装饰的精彩表现。

楚汉浪漫主义是主宰汉代艺术的美学思潮，汉代人在其连续不断的记忆中保留着原始时期的经验，把早期与动物世界的友善关系带到了文明时代。因此，汉画动物图像丰富，神兽、仙灵等生动的图像均由此派生。L. 比尼恩指出："在和谐处理的生活之上，盘桓着一个神话世界，他们似乎过着半神半人的生活，并通过神话和历史、现实和神、人与兽同台演出的丰富形象画面，极有气魄地展示了一个五彩缤纷、琳琅满目的世界。"[3] 汉代艺术以动物图像为主要表现内容，同时对一切生命之物无所不包的同情，有力地表现了人对物质世界和自然世界的征服主题。汉画图像表现了自然界的基本动物，并往往借助自然动物的形态，将其改变得无所不能。凤为展翅的朱雀，马为飞翔的天马，还有虎身生四个戴冠人面的画像，表现以虎代吏守墓的祯祥意愿。动物寄托着汉人的希望，被大胆随意地创造。神灵穷奇、飞廉、天禄、辟邪、麒麟、朣疏与各种龙类，汉画图像均以生动的形象出现。在汉代人的奇异想象中，动物脱离了人间，变成具有自由形象的兽形神，极大丰富了动物的艺术世界。在汉画图像中，龙、凤、虎、龟被汉人视为四灵，赋名为苍龙、朱雀、白虎、玄武，代表着东南西北四方，成为人们生存空间的保护神，在墓室中更是大量出现。

汉画生动地表现了天界、仙界、人间与地下世界的动物图像。河南南阳麒麟岗汉画像石墓动物图像神采奕奕，气魄宏大；山东嘉祥武梁祠的动物图像概括简练，深入细致。显示了长江流域与黄河流域汉画图像艺术风格的差别。河南南阳汉宗资墓的天禄、辟邪石刻，躯体团圆浑实、挺胸欲起，静止的形体内蕴涵着爆发的力量，可以看出它们与河南淅川徐家岭九号楚墓出土

---

① 孙通海译注：《庄子》，中华书局 2007 年版，第 6 页。
② 屈原：《楚辞·涉江》，姚鼐纂集，胡士明、李祚唐标校：《古文辞类纂》，上海古籍出版社 1998 年版，第 672 页。
③ ［英］L. 比尼恩：《亚洲艺术中人的精神》，孙乃修译，辽宁人民出版社 1988 年版，第 4 页。

的镶绿松石怪兽之间的承继关系。山东嘉祥武梁祠的石狮规严威武、神态凝重，装饰风格借鉴了河南安阳殷墟司母戊方鼎纹饰的艺术特点。

祥瑞图像在汉画像石中多有出现。山东嘉祥武梁祠的屋顶图像，图形排列成行，以具有象征意义的动物、植物、器物等神灵图像构成，每个图形旁有榜题刻在竖长条框里，解释图像。如六足兽图像（图80），《宋书》载："六足兽，王者谋及众庶则至。"① 武梁祠六足兽榜题为："六足兽，谋及众则至"，以榜题说明图像意义。玉英、赤黑、木连理、壁流离、玄圭、比翼鸟、比肩兽、白鱼、比目鱼、银瓮、后稷诞生、秬鬯、渠搜献裘、白马朱鬣、泽马、玉胜等图像均排列有序，意义明确。

图80 山东嘉祥武梁祠六足兽祥瑞图像复原图

浙江海宁汉画像石墓祥瑞图像也比较丰富。白羊、麒麟、飞鹿、嘉禾、

① 沈约：《宋书》，中华书局1974年版，第807页。

浪井、嘉莲、田地、玉马、天鹿、青龙、白虎（图81）、比肩兽、六足兽、白马、玉兔、玄武、白象、玉胜、石函、比目鱼、双瓶、蚌生明珠、灵芝等图像都各有特点。

河南南阳与四川的汉画像石、画像砖也有许多祥瑞图像。

图81　浙江海宁汉画像石墓青龙、嘉莲、白虎祥瑞图像（拓本）

祥瑞的出现反映了汉代"天人感应"思想的盛行，天降祥瑞观念是汉代王朝统治的御用工具。汉代人相信，人们的活动遵循了上天的意志，与上天达到和谐统一，上天即通过祥瑞与人世间沟通。葛兆光认为：汉代"在普通和一般的知识与思想水平的人们的心目中，天仍然具有无比崇高的地位，天是自然的天象，是终极的境界，是至上的神祇"[①]。祥瑞图像是上天对人世政治权威的解释，自然多多益善，因此祥瑞图像的内容丰富，形象生动。祥瑞图像的内容也比较广泛，与人类相关联的动物、植物、器物，均可成为创造的素材。在南阳汉画像石中，和谐意识得以集中表现，人和神和谐存在，人与兽和谐存在。人类和动物之间的友善关系，实际代表汉代人的意识中物体与事物处在和谐的境界中。汉代人的和谐意识，进一步促进了祥瑞形象的创造。

祥瑞图像简明生动。罗利认为："在唐代以前的绘画中，由于艺术家关心的是事物本质，其结果是表意的图像而非叙述性的形似。这种视觉表现的心理学基础乃是人们试图把理念形象化时都会体验到的。"[②] 对中国早期绘画原则与形式，罗利进行了直觉的描绘。巫鸿结合武梁祠祥瑞图像进行了具

　　① 葛兆光：《中国思想史（第一卷）·七世纪前中国的知识、思想与信仰世界》，复旦大学出版社1998年版，第335页。

　　② G. Rowley（罗利），*Principles of chinese painting*，rev. ed. Princeton，N. J.：Princeton University Press，1974：p. 27。

图 82　山东嘉祥武梁祠屋顶比翼鸟图像复原图

图 83　浙江海宁汉画像石墓灵芝草祥瑞图像（拓本）

体分析："在表现比翼鸟的时候，艺术家就仅仅画出鸟的侧影，有两条腿以及一前一后的两个头（图 82）。他在设计这个形象时绝对避免叠压和覆盖，甚至一个孩子看到这张画也明白这只鸟有两个头，一个身子和两条腿（而非四条腿）。"① 用这种概念式的方法，武梁祠表现出了比翼鸟的本质形貌。而

---

① ［美］巫鸿：《武梁祠——中国古代画像艺术的思想性》，柳扬、岑河译，生活·读书·新知三联书店 2006 年版，第 102 页。

浙江海宁汉画像石墓前室西壁的灵芝草祥瑞图像（图 83），灵芝草的根部许多小根生出，表现了生命力的旺盛。茎部分两支，盘旋交叉在一起，显示旺盛生命力的延续。灵芝在茎上分出了五个，它们姿势各异，飘飘欲仙，向上绽放生命的灵气。由此可见，祥瑞图像的具体形式被地域风格所决定。

祥瑞图像广泛地存在于汉画的各种形式中。内蒙古和林格尔汉壁画墓更有数十种祥瑞图像。① 汉画的丰富祥瑞图像一方面如董仲舒所言，是标志"帝王之将兴也，其美祥亦先见"② 的"受命符"③，为建立汉代的政治体系服务。另一方面祥瑞图像以不寻常的图形，展示出汉画神灵图像的魅力。

二 仙界图像

汉画图像的仙界世界中，西王母是主要的神祇，汉画像石、画像砖、汉代铜镜、汉墓壁画等形式呈现出西王母不同版本的丰富图像。因此，本书以西王母和东王公为代表进行仙界图像研究。

（一）西王母

在西王母端坐的图像中，周围有各种形象。顾森认为这些形象"基本含义分为两类。一类表明天空即神灵居处，如日神、月神、蟾蜍（月精即月亮），四灵（主管天之四方之神）等。另一类才衬托西王母的神性，如三青鸟、三足乌、各种神人等。在这众多的形象中，有几个具有特殊的意义，如九尾狐、伏羲、女娲、龙虎座等"④。从而形成了缥缈虚幻的神秘仙界。

境相是艺术形象与形式的统一体，西王母仙界境相有厅堂楼阁与峰顶云端的视觉外在表现形式。

厅堂楼阁境相仙灵围绕建筑活动，汉代都城的巍峨建筑与奇丽园林，各地的楼阁建筑与民间居住环境，均是西王母厅堂楼阁仙界创造的图像来源。河南南阳新野樊集吊窑 M28 汉画像砖墓门楣的升仙图像，为西王母坐在左上部，左下部有墓主乘车马到临双阙，是登临仙界的入口。四川简阳鬼头山出土的石棺，在石棺上双阙形象的中间上部刻榜题"天门"二字，意思非常明

① 参见内蒙古自治区博物馆《和林格尔汉墓壁画》，文物出版社 1978 年版，136—137 页。
② 董仲舒：《春秋繁露》卷五十七，杭州书局 1901 年版，第 4 页。
③ 同上书，卷十六，第 3 页。
④ 顾森：《生命的图式·汉代西王母图像研究之一》，载李砚祖主编《艺术与科学》，清华大学出版社 2006 年版，第 48 页。

确（图 84），墓主人乘车马进入双阙形成的天门，可到达西王母仙界。因此，双阙在画面中占据重要的位置，它体量最大，构造复杂，每个阙均为双层阙。中间两个骑马者是引导墓主登临仙界的仙人，他们以背面形式出现，又反衬出天门双阙建筑的神秘与雄伟。四川荥经石棺升仙图像在宏伟的厅堂建筑中展开（图 85）。中间是天门，天门有掩门的女仙，两旁宽敞的厅堂中朱雀分立，右方西王母端坐，左边是相拥吻别的夫妻，由建筑创造了仙界境相的美。

《汉书》云："西北至塞外，有西王母石室、仙海、盐池。北则湟水所出，东至允吾入河。西有须抵池，有弱水、昆仑山祠。"[1] 西王母和昆仑山，

图 84 四川简阳鬼头山汉代石棺天门图像局部（拓本）

---

① 班固：《汉书·地理志》，中华书局 1962 年版，第 1611 页。

图 85　四川荥经汉代石棺拥抱亲吻图像（拓本）

经过长期的统一认识后联系在了一起。因此，西王母在昆仑山峰顶云端的境相图像神奇玄妙。武梁祠左石室天井石的西王母仙界图像（图 86），画面上半部充满规则有序的祥云，云间端坐着西王母与东王公，祥云中间祠主夫妇分别乘坐规整的有翼轺车，在服饰整齐的有翼仙人护送下到达东王公、西王母端坐的仙界。画面下层有鞍马、轺车、车上下来的人，阙屋及屋里忙碌的人。他们组成横列，形成了峰顶云端的生动情节图像。南阳新野张楼汉画像砖墓西王母仙界图像（图 87），表现得更为自然灵活。西王母微侧身，舒适地坐在昆仑山峰顶的平顶台上，左右有人面虎身兽与羽人相伴，充满自然界中的野性。画面下边的昆仑山被描绘成荒凉的自然山林；重峦透迤相交，遍野覆盖林木。其中有引颈长鸣、悠然自得的凤鸟，有惊慌失措、飞速跳跑的小獐，更有匿身于荒林、伺机跳出的猛兽。西王母仙界的峰顶云端境相给我们创造了一个奇幻迤丽的自然天地。它体现了大道无形与原始混沌的思想。

西王母仙界呈现完美的表现形式，根据不同的主题，作出不同的画面安排，形式产生有意义的情境。阿道夫·希尔德勃兰特认为情境"可能是稳定的或者是经受着变化的。这在研究我们对实际存在的形式的印象时是至关重要的，因为许多事物被结合在一特定的情境中，我们只知道它们是某种合理规定的知觉形式。在情境中的任何变化也改变不了实际形式"①。在表现过程中，图式是图像的外在表现形式。自由与平衡的两种图式形成了西王母仙界境相的外在风貌。

----

① ［德］阿道夫·希尔德勃兰特：《造型艺术中的形式问题》，潘耀昌译，中国人民大学出版社2004 年版，第 17 页。

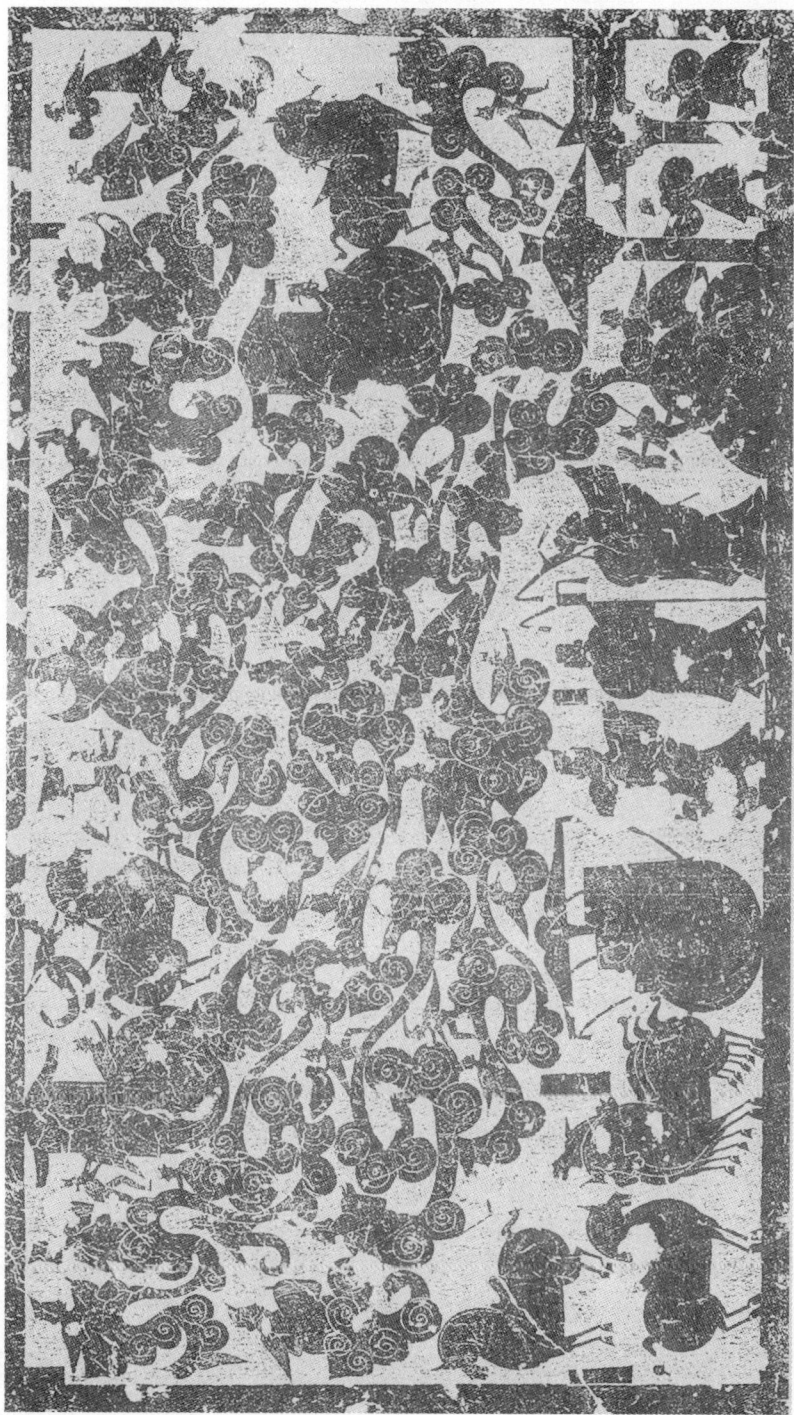

图86 山东嘉祥武梁祠左石室天井右室西王母仙界图像（拓本）

图 87　河南南阳新野张楼汉画像砖墓西王母仙界图像（拓本）

　　自由图式形成时间较早，并贯穿于各个时期。此类图式中，西王母图像居于画面左中部与右中部。河南南阳魏公桥汉画像石中西王母仙界图像（图88），西王母半身侧面于画面左中部，右中部为捣药的玉兔，而中间是载着蟾蜍图像的圆月。山东嘉祥洪山村出土的祠堂西壁西王母仙界图像（图89），西王母居于左中部，仙人、蟾蜍、三足乌、九尾狐等图像分别列于两旁。山东嘉祥武梁祠左石室天井石西王母仙界图像，东王公居中，西王母居右，二者形成的视觉中心位置在画面的右中部。陕西绥德四十里铺汉画像石墓门楣西王母仙界图像（图90），西王母居画面右中部。江苏徐州沛县栖山石椁西王母仙界图像，西王母坐仙阁，居画面左隅。西王母仙界图像位于有树木射鸟、建鼓、墓祭等图像画面的左中部。

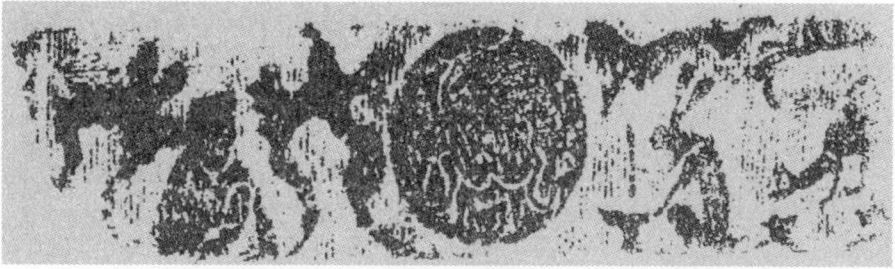

图 88　河南南阳魏公桥汉画像石西王母仙界图像（拓本）

图 89　山东嘉祥洪山村祠堂西壁西王母图像（拓本）

图 90　陕西绥德四十里铺汉画像石墓门楣西王母仙界图像（拓本）

　　在视觉艺术表现时，1:1.618 比例的横长画面被称为黄金比矩形，① 以此画面表现宽阔的空间。也有心理学家在比较众多美术作品后，认为画面要取得视觉中心的左右和谐，垂直二分线的黄金分割，可能是在中点与 2/3 点之间的唯一合适区域。② 居于左中或右中部的图像，更容易产生形式美感。因此，在画面左半部与右半部是安排主要图像的合适区域。鲁道夫·阿恩海姆认为在画面中"出现在右侧的那些物体总是显得鲜明而又突出"③。在视觉感知中，画面右半部的印象产生得比较迅速，图像感觉比较强烈。然而由于在位置上的对称关系，画面左半部相对的视觉中心也同样承担更多的重力。因此，西王母的主要图像一般选择了画面的左中部与右中部这个最佳位置。

　　自由图式形成在西汉晚期至东汉初期，常把西王母显示在具有微妙感情变化的活动中，多表现西王母 3/4 侧面到全侧面之间图像，且与仙界的其他图像有密切的呼应关系，形成叙事性的情节。

　　平衡图式在东汉初期逐步形成。这种图式中，西王母常以正面图像刻制在画面的中部，形成画面的平衡中心，左右两旁安排西王母仙界的其他形象，使画面平衡。

　　山东长清孝堂山石祠西山墙西王母仙界图像，西王母居中正面端坐，侍从与仙灵分列两旁，形成比较规范的有序排列。端坐中间的西王母与山墙三角形状的顶点，形成了画面的中心轴线，显现出平衡图式的稳定。山东嘉祥武梁祠西山墙上的西王母，面部与帽式、羽翼、衣服、椅座对称统一，两旁的侍从与仙灵在山墙三角形状内规矩排列，显示出西王母的威慑力量。山东沂南汉画像石墓的墓门立柱西王母仙界图像，显然借鉴了武梁祠平衡图式的处理方法。西王母端坐在昆仑山上，面部的五官、头上戴的胜、肩上的翼、身体各部与捣药的玉兔、昆仑山的山体对称统一（图 91）。山东微山两城出土画像石西王母仙界图像，西王母居中端坐，其面部、身体各部、肩后的云气、伏羲、女娲的蛇躯之身及尾连的二鸟都保持了对称关系。陕西神木大保当汉画像石墓，西王母仙界图像出现在墓门的门柱上面，在画面中西王母微侧面向墓门端坐，下面是弯曲的石圃，两旁有玉兔、蟾蜍、神鸟。画面以平

---

　　① 参见吴士元编译《谈构图》，黑龙江人民出版社 1984 年版，第 26 页。

　　② 参见［美］弗拉基米尔·L.科内奇尼：《论"黄金分割"》，耿焱译，载李砚祖主编《艺术与科学》卷二，清华大学出版社 2006 年版，第 159 页。

　　③ ［美］鲁道夫·阿恩海姆：《艺术与视知觉》，滕守尧、朱疆源译，中国社会科学出版社 1984 年版，第 35 页。

衡图式处理（图92）。河南南阳汉画像石也出现了西王母正面端坐的图像，西王母在画面中部稍左座上端坐，两旁有羽人与仙灵。

图 91　山东沂南汉画像石墓墓门立柱
西王母仙界图像（拓本）

图 92　陕西神木大保当汉画像石墓
西王母仙界图像（照片）

武梁祠西王母仙界平衡图式规范。在西山墙的三角形画面中，西王母正中端坐，以身体的中线划分，两边的衣饰对称，形成画面的中轴图像。西王母座位左右图形均齐处理，建立起中轴图形的稳定感。相接的两边图形，左方有四个有翼仙人和龙，右方有三个有翼仙人和玉兔捣药。再接着左方有九尾狐，右方有蟾蜍和三足乌，两旁图形都进行均齐变化，视觉形象稳定，完美统一（图93）。四川郫县新胜2号墓2号石棺西王母仙界图像，平衡图式相对自由，画面中西王母坐龙虎座居中稍右，因右方昆仑山体高大，稍靠右以取得画面均齐。同时龙虎座上的华盖从右上伸出左方，另外画面上层横列的帷幔左方大于右方，整体取得平衡效果（图94）。在平衡图式中具有不同的变化。

图93　山东嘉祥武梁祠西壁西王母图像（摹本）

图94　四川郫县新胜2号墓2号石棺西王母仙界图像（拓本）

（二）东王公

在追求阴阳和谐的汉代社会，对西王母的崇拜，导致与其相匹配的东王公出现。《吴越春秋·勾践阴谋外传》载：越王勾践"立东郊以祭阳，名曰东皇公。立西郊以祭阴，名曰西王母"①。在汉画图像中，西王母与东王公构成左右相对、阴阳相配的态势。如山东嘉祥武梁祠西山墙的顶部是西王母图像，与之相对的东山墙顶部是东王公图像。山西离石马茂庄汉画像石2号墓的西王母、东王公形象，第一组是墓门两侧门相对图像，左刻西王母，右刻东王公，二者分别坐于华盖垂饰的天柱之上。第二组是前室南壁图像，西王母居左，东王公居右。

　　浙江绍兴出土的周氏神人车马汉画像镜（图95），西王母与东王公相对而坐，东王公戴高冠，长髯，有二侍者和五羽人。"在汉镜中凡有西王母，则必有东王公与之相伴。……这也是汉人所谓'阴阳互倚'五行观念在家庭伦理生活中追求'完整'的一个表现。"② 东王公的出现显然削弱了西王母的独尊地位。

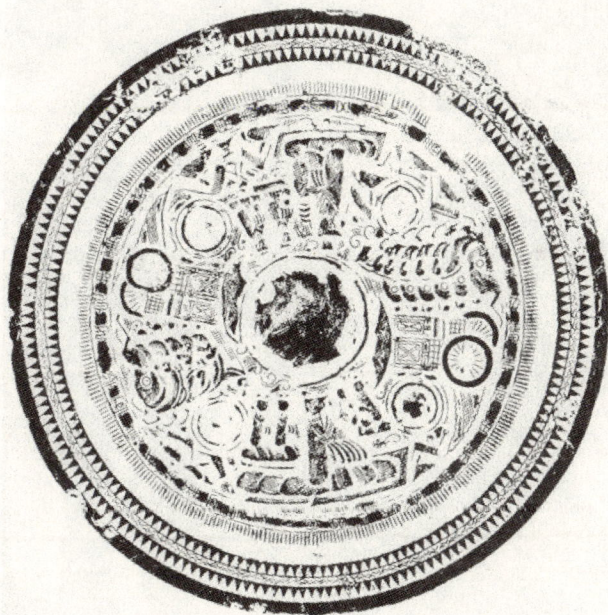

图95　浙江绍兴出土车马汉画像镜东王公图像（拓本）

---

① 赵晔：《吴越春秋》，徐天祜注，江苏古籍出版社1986年版，第119页。
② 刘道广：《略论汉、宋铜镜纹饰中的西王母故事》，《东南大学学报》2000年第1期。

图96　山东郯城马岭山出土汉
画像石东王公图像（拓本）

图97　山东沂南汉画像石墓
东王公图像（拓本）

山东郯城马岭山出土的汉画像石图像，东王公戴山形冠式（图96）。孙机认为："起初东王公戴高山、进贤之类高冠，装束和世俗的诸侯王差不多。后来东王公改戴山字形冠，或即《仙传拾遗》所称东王公'冠三维之冠'的三维冠。这种冠式是识别东王公的标志之一。"①日本学者小南一郎推测："这种山形冠，可能与前引《仙传拾遗》讲到的东王公的帽子'三维冠'有联系。这个'维'可以认为指连接天地的绳子。"②戴山字形冠、三维冠，均是身份的象征。汉代服饰制度，天子冕服上有山形纹，东王公的山形冠则代表了其在仙界的地位。

山东沂南汉画像石墓图像，东王公与西王母相对分别坐在山形座上（图97），这种坐式有某种象征意义。巫鸿认为："山字为一山三峰的象形，而形象四维的仙山便以此为基本结构，如昆仑有阆风、悬圃、昆仑三峰（或三重），蓬莱有方丈、瀛洲、蓬莱三山。"③关于昆仑三峰，《十洲记》有载："昆仑，号曰昆崚……上有三角，方广万里，形似偃盆，下狭上广，故曰昆仑山三角，其一角正北，干辰之辉，名曰阆风巅；其一角正西，名曰悬圃堂；其一角正东，名曰昆仑宫。……西王母之所治也，真宫仙灵之所宗。"④关于蓬莱三山，《史记·封禅书》说："自威、宣、燕昭使人入海求蓬莱、方丈、瀛洲。此三神山者，其传在渤海中，去人不远。"⑤昆仑三山和蓬莱三山分别被认为是西王母和东王公的住所，因此他们分别要坐在昆仑三峰和蓬莱三山上。在画像石中山形座是象形表现，按照"山"字形状三个山头高高矗立，山头的底部弯曲相连，创造了整体形象，再在上面刻饰卷云纹和山纹，使山形座形体具有昆仑三峰和蓬莱三山的细部形象。山形座形象完成后，座中又加一白虎，加强了象征意义的表达。

山东滕县西户口出土的汉画像石图像，东王公端坐在双龙座上（图98），二龙相向交尾托起东王公。汉代人认为东王公居蓬莱三山在东方，

---

① 中国历史博物馆考古部：《中国历史博物馆考古部纪念文集》，科学出版社2000年版，第211页。

② ［日］小南一郎：《中国的神话传说与古小说》，孙昌武译，中华书局2006年版，第123页。

③ ［美］巫鸿：《礼仪中的美术——巫鸿中国古代美术史文编》，郑岩、王睿编，郑岩等译，生活·读书·新知三联书店2006年版，第245—247页。

④ 东方朔：《十洲记》，上海古籍出版社1990年版，第7页。

⑤ 司马迁：《史记》，裴骃集解，司马贞索引，张守节正义，中华书局1982年版，第349页。

图 98   山东滕县西户口出土汉画像石东王公图像（拓本）

东方有苍龙；西王母居昆仑三峰在西方，西方有白虎。龙与虎成为东王
公、西王母视觉表现的形象符号。东王公多为双龙座，西王母多为龙虎
座，双龙座则明确表现了东王公与龙的关系。它的形象表现，通常是二龙
呈现动态或者静止状态，东王公端坐其上，形象地表现了东王公的神采。

　　陕北汉画像石墓出土了不少东王公、西王母在天柱上的图像，黄家塔
3 号汉画像石墓墓门图像上，东王公与西王母端坐在天柱之上（图 99），
天柱弯曲，分为数层，表现了天柱之高。对于天柱，《十洲记》曰："此乃
天地之根纽，万度之网柄矣。是以太上名山，鼎于五方，镇地理也。号天
柱于珉城像网辅也。"① 天柱能连地通天。《神异经》也曰："昆仑之山有
铜柱焉，其高入天，所谓天柱也。围三千里，圆如削，下有回屋，方百

---

① 东方朔：《十洲记》，上海古籍出版社 1990 年版，第 8 页。

图 99　陕北绥德黄家塔 3 号汉画像石墓东王公、西王母图像（拓本）

丈，仙人九府治之。上有大鸟，名曰希有，南向，张左翼覆东王公，张右翼覆西王母。"[1] 天柱之上，有东王公、西王母等仙人，是汉代人成仙所向往的地方。

　　山东嘉祥宋山 3 号祠堂画像中东王公图像，东王公凭几而坐（图 100）。汉以前人们习惯席地而坐，凭几是身份的象征。《西京杂记》卷一云："汉

---

　　① 陈梦雷：《古今图书集成·神异典》，中华书局 1984 年版，第 21 页。

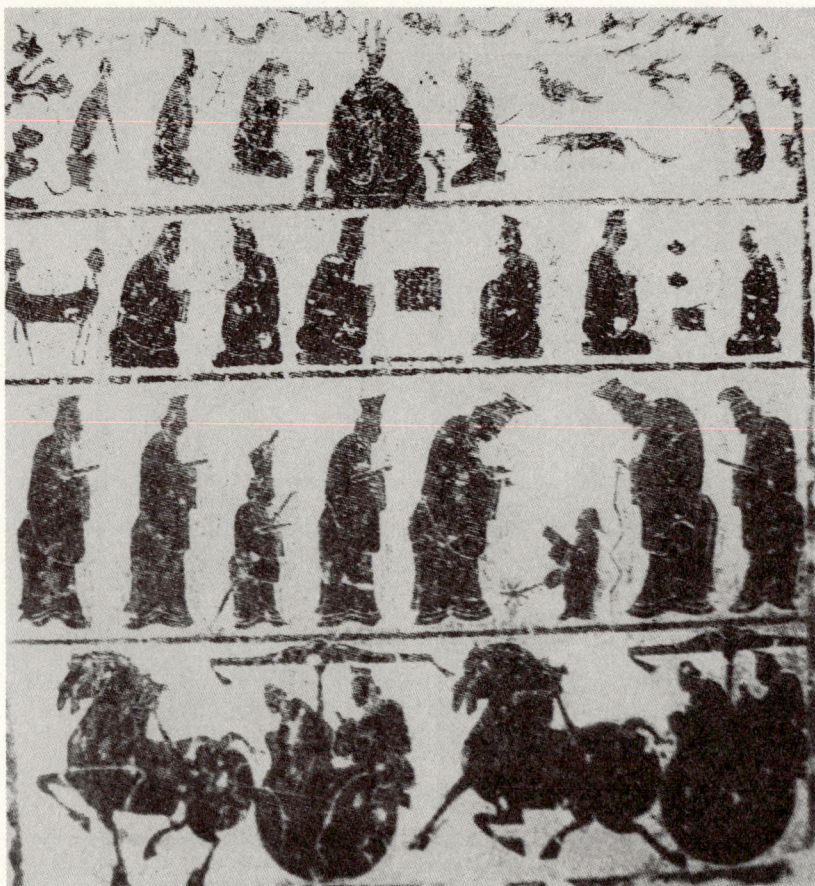

图 100　山东嘉祥宋山 3 号祠堂东王公图像（拓本）

制天子玉几，冬则加绨锦其上，谓之绨几。公侯皆以竹木为几……不得加绨锦"①，依东王公的神界位置，所凭之几应为"绨几"。凭几图像意在表明东王公的重要身份。

在陕北汉画像石图像中，东王公、西王母的头顶饰有华盖，华盖是东汉时期贵族等级的象征。《后汉书·何进传》记载有中平五年（188）灵帝讲武于平乐观，目的在于"威压四方"的一次活动："起大坛，上建十二重五采华盖，高十丈，坛东北为小坛，复建九重华盖，高九丈，列步兵

---

① 刘歆：《西京杂记校注》，葛洪辑，向新阳、刘克任校，上海古籍出版社 1991 年版，第 9 页。

骑士数万人，结营为阵。天子亲出临军，驻大华盖下，（何）进驻小华盖下。"① 画像石将象征天和尊贵地位的华盖赋予东王公，体现了东王公在仙界中的地位。

汉代人的成仙追求，使东王公图像丰富多彩。头上所戴之冠有山形冠，下面所用之座有山形座、双龙座。东王公在天柱之上生活，具有明显的仙界主神特征。在山东的东王公图像前面还有凭几，是一种有等级划分的绨几。陕北、晋西北的东王公头上有华盖，以显示其与西王母至高无上的地位。东王公的旁边多是仙禽异兽，他们存在的缥缈仙界，神秘地连接着天界与人间。

东王公主神角色确立后，汉代人对之寄予了更多的希望。陕北、晋西北墓门上的东王公图像具有辟邪功能，将打扰死者的鬼魅之类拒于墓门之外，保护墓主人的地下世界。汉代铜镜背面常刻有"寿如东王公"等颂扬东王公功绩的铭文，汉代人希望东王公能赐予长寿，与东王公关系密切。

三　历史故事图像

汉画图像的人伦教化作用是通过历史故事体现的，图像选择了历史故事中的精华内容。山东嘉祥武梁祠图像表现了许多历史故事。巫鸿认为武梁祠"展示出三种根本的人际关系和相应道德标准——臣之忠，子之孝，妻之贞"②。武梁祠画像表现列女故事的有梁高行、鲁秋胡妻、鲁义姑姊、楚昭贞姜、梁节姑姊、齐义继母、京师节女、钟离春图像。表现孝子义士的故事有曾子、闵子骞、老莱子、丁兰、伯瑜、邢渠、董永、蒋章训、朱明、李善、金日磾、三州孝人、羊公、魏汤、颜乌、赵徇、原毂图像。表现忠臣故事的有蔺相如、范雎图像。表现刺客故事的有曹沫劫持齐桓公、专诸刺杀王僚、荆轲刺秦王、要离刺庆忌、豫让刺杀赵襄子、聂政刺韩王图像。武梁祠的历史故事图像比较集中，反映了丰富的生活。汉画图像表现社会，具有极为丰富的历史故事图像，它们均以鲜明的主题与多变的形式出现。荆轲刺秦王是出现较多的一个图像，形式与情节具有代表性，我们以荆轲刺秦王图像进行分析。

---

① 范晔：《后汉书》，李贤等注，中华书局 1965 年版，第 1518 页。
② ［美］巫鸿：《武梁祠——中国古代画像艺术的思想性》，柳扬、岑河译，生活·读书·新知三联书店 2006 年版，第 184 页。

　　荆轲刺秦王的图像在武梁祠有 3 幅。其他地域的画像石及一些地方的画像砖上，也有荆轲刺秦王的生动图像。

　　早期的荆轲刺秦王图像出现在河南南阳唐河针织厂汉画像石墓北主室西壁上（图 101）。在方形画面上只表现荆轲、秦王、秦舞阳三个人物。图像中身份决定服饰，表现了秦王的华贵、荆轲的随意与秦舞阳的简陋。画面选择了荆轲刺秦王故事中的"刺杀"情节，荆轲跨步举匕刺向秦王，动势敏捷。飘拂的紧身衣服增加了动感的力度。秦王仰首躲开荆轲的匕锋，慌忙拔剑举出应付，而身着的华贵饰装长服曳地，形成稳定的静态身体力量，来承接荆轲的动势力量，使二人的图形处于平稳状态。画面的左部，秦舞阳惊慌失措，面容恐骇。其惊慌的图像与荆轲、秦王刺杀搏斗的图像形成鲜明对比，同时在画面图式上取得了平衡。

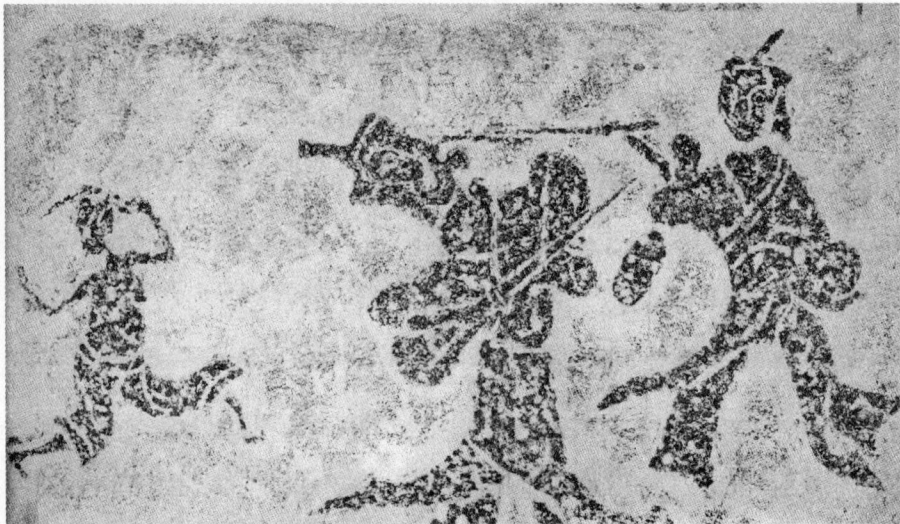

图 101　河南南阳唐河针织厂汉画像石墓荆轲刺秦王图像（拓本）

　　山东嘉祥武梁祠西壁的荆轲刺秦王图像（图 102），有荆轲、秦王、秦舞阳 3 人和装有樊於期首级的匣盒。在长方形的画面上，荆轲居右，秦王居左，他们在画面的右中与左中构成位置。右中的荆轲被秦王的侍卫紧抱，极力挣脱侍卫的紧抱，侧身向秦王掷匕。荆轲与秦王侍卫组成画面的右中视觉中心。左中的视觉中心是铜柱，秦王侧身以面向铜柱，与铜柱共同组成了左中的视觉图形。在画面中间的上部，秦舞阳面向秦王，跪拜在地，下部则是装有樊於期首级的匣盒。整个画面为菱形构图，秦王、荆轲、秦舞阳、装有樊於期首级的匣盒分别为菱形的四个端点。端点之间有作用力的连贯性能，左右两端点位置成为表现秦王与荆轲故事的主要图像，上下两端点位置形成表现秦舞阳与装有樊於期首级匣盒的故事次要图像，形成了图像的生动变化。武氏祠左石室第四石的荆轲刺秦王图像（图103），人物除了荆轲、

图102　山东嘉祥武梁祠西壁荆轲刺秦王图像（拓本）

图103　山东嘉祥武氏祠左石室荆轲刺秦王图像（拓本）

秦王、秦舞阳外，又增加了秦王的侍医夏无且与侍卫。画面中部的铜柱上插着荆轲掷的匕首，与右边的装有樊於期首级的匣盒，被荆轲扯掉的秦王断袖，共同组成了画面的中间图像。画面分成两部分。左部为掷匕的荆轲与抱着荆轲的秦王侍医夏无且，右部为秦王、秦王侍卫与秦舞阳三人。画面以三角形的图形视觉特点形成对比，显示出荆轲义举力量的强大。武梁祠前石室第十一石荆轲刺秦王图像（图104），在武氏祠左石室荆轲刺秦王人物图像的基础上，又增加了秦王的三个侍卫，增加了人物之间的冲突。荆轲在铜柱右方，扬手投出匕首，匕首刺中铜柱。秦王侍医夏无且紧抱荆轲不让他追秦王，秦舞阳吓得跪在樊於期的首级匣盒前面。荆轲右方，一个手执剑盾的侍卫正在赶来。柱子左方，秦王转身躲匕，后边一个侍卫匍身手持剑盾赶来。秦王左边，两个执戟侍卫惊倒在地上。柱子左方地上，有一双秦王逃跑时脱落的鞋。画面努力形成荆轲与秦王两个主要矛盾图像的对立与统一，同时又加以辅助图像对主要图像进行烘托。

图104　山东嘉祥武氏祠前石室荆轲刺秦王图像（拓本）

　　陕北绥德出土的墓门荆轲刺秦王图像①（图105），画面中间为插有匕首的铜柱，右方有荆轲与抱着荆轲的秦王侍卫，还有秦舞阳与装有樊於期首级匣盒的图像，左方有秦王与侍卫图像。陕西神木大保当M16汉画画像石墓②门楣下层中间的荆轲刺秦王图像（图106），画面中间有插着匕首的铜柱，右方有荆轲与秦王侍卫、秦舞阳与装有樊於期首级匣盒，左方有秦王与侍卫。画面右方表现两人隔铜柱踞坐、一吏侍棨戟端立，上面两只飞鸟翔行的图像。

---

　　①　参见李贵龙、王建勋《绥德汉代画像石》，陕西人民出版社2001年版，第146页。
　　②　陕西省考古研究所、榆林市文物管理委员会办公室：《神木大保当——汉代城址与墓葬考古报告》，科学出版社2001年版。

图105　陕西绥德汉画像石荆轲刺秦王图像（拓本）

图106　陕西神木大保当 M16 汉画像石墓荆轲刺秦王图像（照片）

神木大保当的墓葬考古报告推测为表现燕太子丹易水相送的场面。① 同时画面左方表现了两个宫中舞伎图像，似在表现秦王宫的殿堂场景。这样画面形成了一个较为完整的荆轲刺秦王故事画像，从燕太子丹易水送行，到荆轲刺秦王在秦王宫的展开过程，以及秦王宫的殿堂宫室环境，形成了时间空间顺序的表现。陕西神木大保当的画面中荆轲刺秦王图像比较生动，具体细节表现深入。

　　浙江海宁汉画像石墓前室西壁荆轲刺秦王图像（图107），人物有荆轲、秦王、秦舞阳、秦王侍医夏无且、抱着荆轲的秦王侍卫 5 人和装有樊於期首级的匣盒，与武氏祠前石室荆轲刺秦王图像相同。但对于图像表现的图式极为重视。画面仍选取武梁祠所使用铜柱居中的构图方法，安排荆轲与秦王两旁侍卫、秦舞阳在右部，秦王与其侍医夏无且、樊於期首级匣盒在左部。人物图像的位置与武梁祠前石室也基本相同。但图式明显不同，加强了图像的相互平衡关系的表现，画面充满具有视觉意义的变化形式。

　　山东沂南汉画像石墓中室西壁荆轲刺秦王图像（图108），画面中部为插有匕首的铜柱，两边只有居右的荆轲与居左的秦王两个人物。形成荆轲刺秦王的符号象征图像。象征符号根据"掷匕"情节而形成图像，选择矛盾冲

────────────

　　① 参见陕西省考古研究所、榆林市文物管理委员会办公室《神木大保当——汉代城址与墓葬考古报告》，科学出版社 2001 年版，第 118 页。

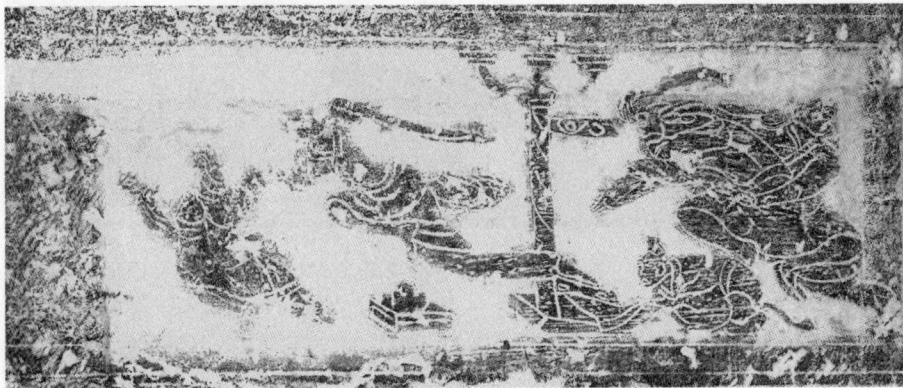

图 107　浙江海宁汉画像石墓荆轲刺秦王图像（拓本）

图 108　山东沂南汉画像石墓荆轲刺秦王图像（拓本）

突的代表人物——荆轲与秦王，两人居于铜柱两边，共同构成了荆轲刺秦王
的象征图形。这种符号象征图形各地不一。四川乐山麻浩 1 号汉代崖墓享堂
壁面的荆轲刺秦王图像（图 109），画面由仿木结构建筑的石立柱分为三格，
中间一格正中为插有匕首的铜柱，两边右为荆轲，左为秦王，只是右方还有

抱着荆轲的秦王侍卫，两边左格是秦王的两个侍卫，右格是秦舞阳与装有樊於期首级的匣盒。左右两格图像与中格分隔开，其意在突出掷匕的主要图像。四川江安出土的魏晋石棺荆轲刺秦王图像（图110），则只有插有匕首的铜柱、荆轲与秦王二人。荆轲刺秦王图像经过一定时期的发展，最终以最简练的符号象征图形出现。

图 109　四川乐山麻浩 1 号汉代崖墓荆轲刺秦王图像（照片）

图 110　四川江安出土魏晋石棺荆轲刺秦王图像（拓本）

四　人间活动图像

汉画的人间活动图像反映了汉代人的生活与思想，表现了他们的希望与追求，对汉画图像研究有着重要的意义。兹以射鸟图为例。

人向树木射鸟图像主要出现在画像石、画像砖上，有三个主要图形：树、树上鸟（或猴）、射鸟之人，随着演变不断融入次要图形，有自由式和

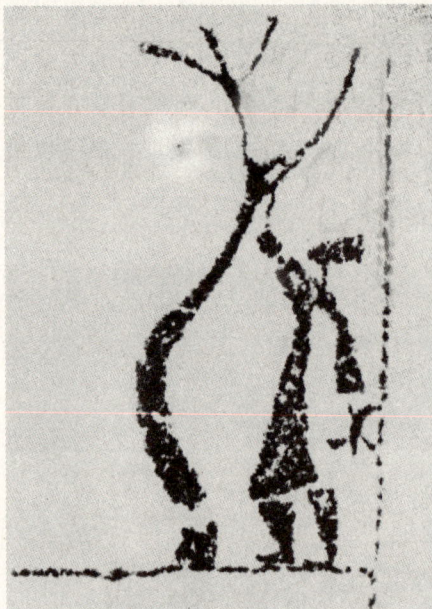

图 111　河南南阳新野樊集 M11 汉画像
砖墓树木射鸟图像局部（拓本）

规则式两种形式。

自由式人向树木射鸟图像出现较早。河南南阳新野樊集汉画像砖墓①有多幅人向树木射鸟图像。M11 墓的图像，画面中一树下立一人，一手往树上捉鸟，一手提一鸟，图形比较简单（图 111）。M28 墓的人向树木射鸟图像出现在墓门的中间门柱与右西门柱上方（图 112），两个门柱由两块相同图形的画像砖组成，射鸟图像的画面有树，树上有鸟，树下右面一人弯腰射弓，左面一人举手指鸟。M40 墓的射鸟图像与此相同，该图可以视为西汉早期人向树木射鸟的标准图形。其构成形式比较简单，呈现出一种生动的形式，内容简洁，具备三个必要

图 112　河南南阳新野樊集 M28 汉画像砖墓墓门图像（拓本）

---

①　关于新野樊集汉画像砖墓群的时期，参见河南省南阳地区文物研究所《新野樊集汉画像砖墓》，《考古学报》1990 年第 4 期。

元素：树的造型随意自然，较少树叶；树上有鸟若干；树下有一人仰射，或一人一手指向树上，或一人手提着一只落鸟。这时画像砖已进入批量生产时期，画师工匠在制作画像砖时已形成较为一致的格式，射鸟图像格式也相应固定。

河南郑州出土的画像砖上面有模印的射鸟图像（图113），画面上有树、鸟与射鸟之人，下面似乎还有一个鸟笼。根据郑州向阳画像砖墓西汉晚期的画像模印特点，这块射鸟图像的画像砖也可确定在西汉晚期，说明射鸟的基本图形在不同地方得到使用，并开始扩充图形。在其他地方的人向树木射鸟图像中，树上增加猴子和其他动物，树下增加马及马车，射鸟人数逐渐增加到两人、三人或者更多。

图113 河南郑州出土汉画像砖树木射鸟图像局部（拓本）

山东微山两城出土的永和二年（137）画像石树木射鸟图像（图114），树上增加了羽人与人首鸟身形象。鸟的图形也有所变化，近似于凤鸟，上方刻"蛮鸟"、下边刻"鸟生"、左上角刻"山雀"。树下有鸟及两男一女三

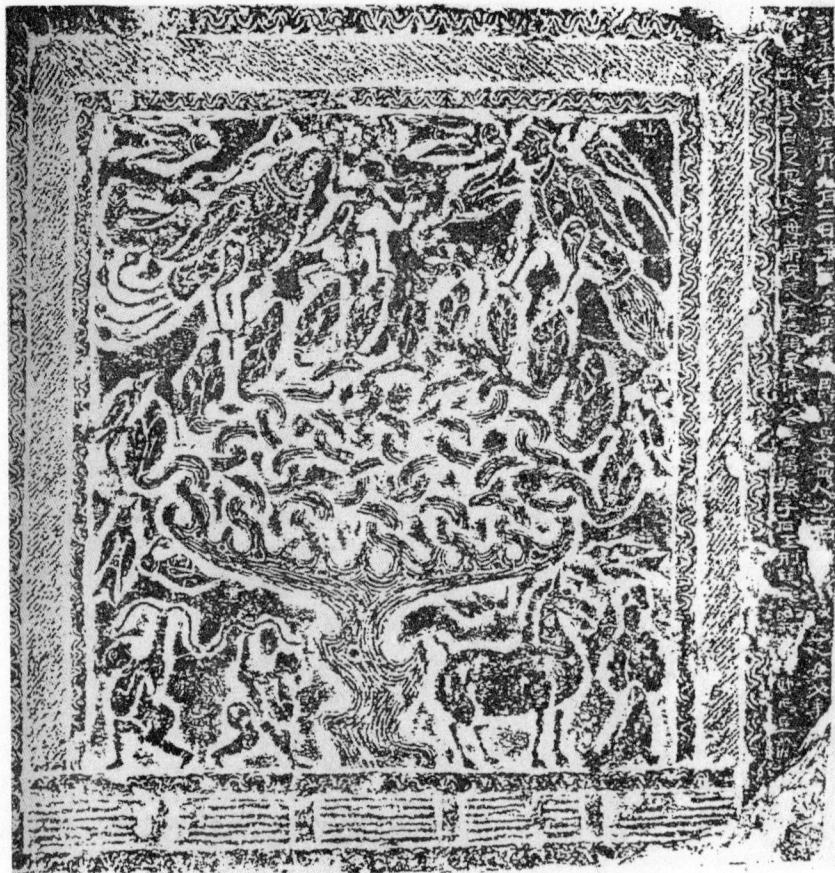

图114 山东微山两城出土永和二年画像石树木射鸟图像（拓本）

人，左边两个仰射的男子分别有榜题"长卿"、"伯昌"，右边马前有立的女子，有榜题为"女黄"，画面人物表现了相呼应的情节联系。而山东邹城大故县村出土的汉画像石树木射鸟图像（图115），画面上树的根部为双虎相连的形状，两旁有二人弯弓仰射，树上有口衔连珠的凤鸟，还有左右的三个羽人，其射鸟图像显得丰富起来。

在固定的简单形式中，河南南阳唐河出土的东汉画像砖进一步把树木射鸟图像生动地表现出来，赋予自然的魅力：树干自然扭曲、射弓之人扭曲，两个扭曲之形相互并列。图形均为下面粗放的 S 形线状扭曲，与上面细致的S 形线状连接。树的根部与人的腿部同为三角形，增强了两个图形的稳定性。

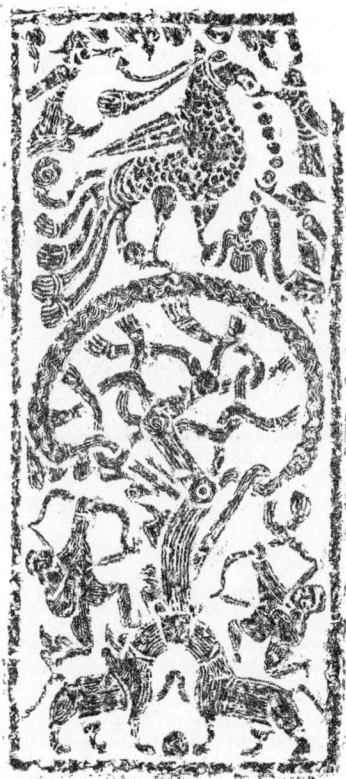

图 115 山东邹城大故县村出土汉画像石树木射鸟图像局部（拓本）

图 116 河南南阳唐河出土汉画像砖树木射鸟图像局部（拓本）

图 117　河南南阳出土汉画像石
树木射鸟图像（拓本）

　　这幅图中，树干左上伸去，扭曲了两次，又舒展地展开枝丫，组成了一个交叉的自然转折形状。弯弓之人身体侧转，拉弓之手臂与身体也呈现交叉的自然转折形状。两个形象排列在一起组成生动的画面（图 116）。南阳出土的另外一块东汉画像石，则表现了射鸟图像更为完美的画面形式：画面竖高 1.51 米、横宽 0.31 米，上下伸展；S 形树贯穿其中，树干上枝丫疏朗，生长自然，几个姿态各异的鸟栖居在树枝上；下面树干的弯曲处，一高髻长袍之人弯腰侧身举弓射箭，他两腿有力着地，腰身弯曲扭动，把力量聚集在两臂拉开的弓矢上，头部侧转仰看树上的鸟（图 117），生动地表现了人向树木射鸟图像。

　　四川新津宝子山东汉崖墓石函的人向树木射鸟图像，[①] 横长画面选取了比较集中的形象主题，树干交错由中间向两边弯曲延伸，两只凤鸟与较小的 12 只鸟分布于枝间，着长袍之人弯弓搭箭在中间射鸟。画面表现自由随意。

　　江苏徐州西汉晚期栖山画像石椁墓的椁壁上，有规则的人向树木射鸟图像，这是最早出现的此类图像。画面上树的 S 形树干呈放射性均匀展开，树上的鸟栖于枝头上，树下两边的射弓与提鸟之人相对而立。这种规则性的画面形式在山东等地得到发展。微山两城的人向树木射鸟图像，树干居画面中央，树枝呈现有规律的交错，相互盘绕，整体成为圆形。树枝上部的树叶，又组成了圆弧形线，与树枝构成的圆形取得一致。树干左下部是两个持弓之人，右边是侍立女子与马。树叶上部有两个大鸟相向而立，形成极为规则的画面。东汉晚期的山东嘉祥武梁祠前石室后壁

────────────

　　① 高文：《中国画像石全集·四川汉画像石》，山东美术出版社、河南美术出版社 2006 年版，图版说明第 62 页。

小龛后壁的人向树木射鸟图像（图118），画面上树干粗壮有力，苍劲多姿，枝条规律性勾连与交叉，规范造型的树叶填补其中，并与树枝一起组成了圆形树冠。树冠两边，左有飞翔的鸟群，右有居阁楼的弓射之人，整个图像概括统一，简明大方，富于装饰感。东汉晚期，规则式树木射鸟图像主要分布在祠堂后壁上，与墓祭内容紧密结合，成为其重要组成部分。

图118　山东嘉祥武梁祠前石室后壁小龛后壁树木射鸟图像（拓本）

　　人向树木射鸟图像反映了汉代人的生命繁衍意识。求子是图像的思想追求之一。山东微山两城出土的汉画像石树木射鸟图像（图119），画面中心是两棵枝干相交的大树。树下有射鸟、端坐之人，中间有马、羊及射下之鸟。树端有13只猴子相立，还有飞鸟数只。在画面上猴与马一起出现，有长寿或长生之意。

　　马与树的结合在人向树木射鸟图像中经常出现。河南洛阳西汉中期出土的画像砖有两马对称的图像，画面中部为树，两边有两匹长翅的天马相对而立。此图应视为人向树木射鸟图的另一种表现形式。树木射鸟图像不少是和西王母图像接连出现的，表现了汉代人升仙永恒的生命观念。河南南阳新野樊集 M28 画像砖墓的树木射鸟图像（图 120），最上层是人向树木射鸟图像，紧接着下层是西王母踞坐、羽人跪拜、玉兔捣药的形象。山东邹城大故县村出土画像石的人向树木射鸟图像，凤鸟口衔连珠，三羽人围侍其旁，应该为西王母仙界的象征图像。祠堂中的人向树木射鸟图像多出现在后壁中央位置，与跪拜者等共同表现墓祭场景。在汉代祠堂中，墓祭是最主要的活动，后壁的墓祭图像非常重要，把人向树木射鸟图像与其设置在一起，表现了祠主升仙的生命永恒。这类人向树木射鸟图像，树的形式基本一样，只是射鸟人的位置发生了变化，有的在树下，有的在屋檐上，还有的在车顶上，他们与树上的鸟更加接近，几乎触手可及，与墓祭的楼阁组成一个完整的图像。

　　人向树木射鸟图像象征着祠堂或墓室的主人子孙后代绵延兴盛，家族和睦稳定，官爵不绝，福荫万代，具有浓郁的汉代民俗特点。

图 119　山东微山两城出土汉画像石树木射鸟图像（拓本）　　图 120　河南南阳新野樊集 M28 汉画像砖墓树木射鸟图像（摹本）

第二章

汉画图像的研究

第一节　民间的汉画图像

艺术的发展来自社会生活。常任侠认为："汉画艺术，它正是铁器时代发达时期中，劳动人民的精力所表现的成果。"[①] 汉代人宏大的思想境界与生死观决定了汉画的综合表现形式，而丧葬的实用功能又促进了汉画图像的广泛传播。

汉代人对汉画图像的视觉经验与认识，也往往来自他们观赏、墓祭的直接参与，修造祠堂与墓室建筑成为汉画图像交流的主要场地。马丁·鲍尔斯认为："在葬礼极盛的汉代，制作和展示画像本身就是一种宣传教育方式，而这种宣传教育和自我表现，不但通过特选的题材也通过画像的风格。"[②] 墓葬建筑修造过程具有开放性，推动了汉画图像的交流。

一　祠堂功能与特点

祠堂是地上建筑，是举行墓祭的地方。祠堂由死者的家属建造，以表达生者对死去先辈的哀思。东汉时期的祠堂规模宏大，流行的石构建筑祠堂图像丰富。祠堂是家庭祭祀的中心，丧葬之事逐渐由家庭私事演变为一种社会习俗，具有公共性的特点。祠堂一般面向大路，前有松柏，有石雕碑刻、楼阁亭榭，周围盖有絮祀者居住的冢舍。这些建筑设施的美观和实用功能增强了祠堂的公共性作用。

[①]　常任侠：《东方艺术丛谈》，新文艺出版社 1956 年版，第 16 页。
[②]　［美］巫鸿：《国外百年汉画像研究之回顾》，《中原文物》1994 年第 1 期。

　　祠堂图像在墓祭与开放的过程中，与社会产生共鸣。

　　现存的山东长清孝堂山石祠堂图像丰富，其面阔 4.14 米，进深 2.5 米，通高 2.64 米，人们可以进入观看（图 121）。

图 121　山东长清孝堂山汉代石祠（照片）

　　山东嘉祥宋山魏晋墓出土的永寿三年安国祠堂画像石的题记较长，完整而详细地记录了该祠堂图像的建造过程、画面特点。题记最后为："唯诸观者，深加哀怜，寿如金石，子孙万年。牧马牛羊诸僮，皆良家子，来如堂宅，但观耳，无得滦画，令人寿；无为贼祸，乱及孙子。明语贤仁四海士，唯省此书，无忽矣。"① 为了防止图像受到人为损坏，提示"牧马牛羊诸僮"要珍爱图像，不得随意刻画。题记在中间的行文中，生动描述了图像的艺术特色："台阁参差，大兴舆驾。上有云气与仙人，下有孝友贤人。"② 对图像画龙点睛，让观者释读图像意义。同时题记也记述了祠堂与图像的建造雕刻过程："以其余材，造立此堂，募使名工，高平王叔、王坚、江胡、栾石、连车，采石县西南小山阳山。琢砺磨治，规矩施张。"③ 告知有一个以高平王叔为首的"名工"队伍在修造祠堂，雕

---

　　① 济宁地区文物组、嘉祥县文管所：《山东嘉祥宋山 1980 年出土的汉画像石》，《文物》1982 年第 5 期。

　　② 同上。

　　③ 同上。

刻画像石。可见图像的交流有两个渠道，第一是图像与祠堂观者进行共鸣互动，产生影响。第二是工匠队伍把祠堂图像的艺术形式与表现手法带到其他地方的画像石制作中，进行艺术交流。

北魏郦道元的《水经注》以水系为线索，记述了众多的汉画像石建筑。如在《水经注·济水》中记述了朱鲔墓、李刚墓的石祠、石阙与图像，《水经注·潍水》中记述了尹俭墓的石阙、石祠与图像，《水经注·泚水》中记述了樊重墓的石祠与图像。由此可见，汉代祠堂室内有一定空间，壁面、天井等处皆雕刻有图像，人们可以自如观望。

山东嘉祥武梁祠屋顶上祥瑞征兆、山墙上仙人境界、墙壁上的人类历史图像相映成趣。正如巫鸿所说："武梁祠画像是中国艺术史上最精彩的一部'图像历史'。"[①] 自汉代起，武梁祠图像的宣教功能就显现了出来，一直绵延至今。

图 122　四川忠县汉代墓阙（照片）

---

① ［美］巫鸿：《武梁祠——中国古代画像艺术的思想性》，柳扬、岑河译，生活·读书·新知三联书店 2006 年版，第 230 页。

汉代的神庙阙和墓阙（图 122）、石碑等画像石图像，与汉代石祠堂一样起到民间文化交流的作用。

二 墓室功能与特点

汉代人认为地下墓室是存放尸体、羽化成仙的地方，因此对其极为重视。汉画像石、画像砖、汉代壁画墓往往在墓主人健在时就开始修造，有的墓主人亲自设计墓室，并对建造过程进行监管。在这个过程中，汉画图像可以起到交流作用。墓主人入葬时，会举行葬礼。陪葬的器物在入葬前会在葬礼过程中展示。东汉时期，宦官赵忠耗巨资为父建造墓室，冀州刺史朱穆治罪其墓奢华，把墓掘开，陈尸出土。包华石在研究中认为："虽然赵忠没有向当地公众描述墓葬内部设施及图像的册子，但是当地每个人都了解那里的奢华，这充分体现出有机会观看该墓室的人的意见及传播这些意见途径的畅通。"① 说明汉代墓室情况的社会透明性。在陕西旬邑发现的东汉壁画墓中，墓门外东、西两壁为"王力士"图像，力士外侧朱书"诸观皆解履乃得入"、"诸欲观者皆当解履乃入观此"②。有"解履乃得入"的文字提示要求，说明这个墓室经常有观者。由此可以看出墓室具有一定的开放性，墓主人、亲友等人在最后封墓之前可以进入墓室。汉画像石、画像砖、汉代壁画墓的汉画图像虽在墓室之中，但仍不失观赏之用。

三 "雕文刻画"现象

在画像石、画像砖的生产过程中，汉画图像得到了广泛的交流与传播。

在修造祠堂、墓室建筑过程中，墓主人、家庭成员及友人起到了作用。而墓葬建造者的作用也不可忽视。他们具体参与画像石、画像砖的生产过程。山东东阿芗他君祠堂石柱的题铭中，有"使师操篆"③ 的记载。画像石的画师工匠在操作技艺，虽然这些画师工匠的制作受到画像石主人的影响，但是他们的自我与社会知识积累的创造性在画像石中发挥出来，创造了画像石艺术，并在上面留下了他们的名字。如芗他君祠堂的画师工匠"荣保、代

---

① 王茵薇：《艺术与公众——美国学者包华石的汉画像石研究》，载李砚祖主编《艺术与科学》卷三，清华大学出版社 2006 年版，第 20 页。

② 陕西省考古研究所：《陕西旬邑发现东汉壁画墓》，《考古与文物》2002 年第 3 期。

③ 陈直：《汉芗他君石祠堂题字通考》，《西北大学学报》1979 年第 4 期。

盛、邵强生"①，安国祠堂的画师工匠"王叔、王坚、江胡、连车"等人。这些队伍对画像石建筑精心制作。

画像石建筑制作大致需要从设计与选料、石料加工、绘稿、雕刻与敷色、组装几个步骤：首先进行画像石墓的设计与选材，根据设计要求对选来的石料进行加工；其次由画师在打磨平整的石面上绘出图像底稿；再次，雕刻工匠们用各种工具与技法进行雕刻，然后由画师敷色；最后组装。"作制连日，工夫无极，价钱二万七千。"② 一座画像石建筑需花费大量时间、人力、财力方能完成。从最初的设计、采石与加工、绘画、雕刻到组装的各个环节，要求严格，需要一支画师工匠队伍精心制作。有种现象引起学界的注意，"山东、徐州等地不同地点出土的汉画像石，存在出自一人之手的现象，说明当时可能有专门从事汉画像石雕刻工匠群的存在"。③ 可见画师工匠队伍已形成较大规模，他们可能有图像样本，或许有刻好的画像石样石，供墓主人及家人选择。施工过程中分工明确，有可能形成师徒传承的关系，将这一技艺代代相传，在这一领域形成了较深的影响。

山东嘉祥武梁祠堂当年立的"从事武梁碑"中记述："良匠卫改，雕文刻画，罗列成行，揲骋技巧，委蛇有章，垂示后嗣，万世不亡。"④ 碑文说明武梁祠的建筑与雕刻由"卫改"的良匠队伍现场完成。"垂示后嗣，万世不亡"，说明武梁的家人希望图像从雕刻之日起，通过其建造和竣工后的开放性特点产生永久的影响。

如同山东嘉祥一带活跃着"良匠卫改"的画师工匠队伍一样，根据研究，在河南南阳、浙江海宁等地均有一些雕刻画像石技术精湛的画师工匠队伍，在承担画像石建筑的设计与雕造任务。⑤ 画像石建筑的制作一般也在现场进行。河南南阳唐河冯君孺人汉画像石墓"在距墓顶之上约一米高的填土中，有一层厚10厘米—15厘米的碎石，石质与墓室画像石的石质相同"⑥。浙江海宁汉画像石墓"西边小墓中发现所堆放的石块与主墓石质

---

① 陈直：《汉芗他君石祠堂题字通考》，《西北大学学报》1979年第4期。

② 济宁地区文物组、嘉祥县文管所：《山东嘉祥宋山1980年出土的汉画像石》，《文物》1982年第5期。

③ 徐州博物馆：《江苏徐州市清理五座汉画像石墓》，《考古》1996年第3期。

④ 洪适：《从事武梁碑》，洪适《隶释》卷六，中华书局1985年版，第74—75页。

⑤ 参见黄雅峰《海宁汉画像石墓研究》，浙江大学出版社2008年版，第88页。

⑥ 南阳地区文物队、南阳博物馆：《唐河汉郁平大尹冯君孺人画像石墓》，《考古学报》1980年第2期。

相同，据此推断，海宁汉画像石墓可能是在原地加工后，碎石放进了西边小墓。"① 画像石多是在墓地现场雕制的，然后再进行建筑组装。河南密县打虎亭汉画像石墓"是在墓室券砌之前，根据画像的布局与内容，在墓外进行雕刻预制的，然后再按部位砌在墓内各部位。"② 南阳麒麟岗汉画像石墓三个主室的盖顶石，各用大小不等的数块石材筑造，其丰富生动的黄帝暨日月神、伏羲、女娲、高禖图像，需平放雕制才能完成。这些复杂的图像雕刻往往旷日持久，来往观赏的人次会很多，艺术由此产生影响。武氏诸祠从东汉桓帝末至灵帝初年，历时久远，会产生更大的影响。画像石制作中，不同的画师工匠队伍会相互学习，同一个画师工匠队伍也会把制作方法带到邻近地方，形成一个地区的图像风格。画师工匠技术的不断提高，对图像的传播与交流起到一定推动作用。

汉画像砖则是制好后，直接在墓室进行砌筑。河南襄县茨沟发掘的一座有东汉纪年的墓葬，在墓室拱顶拐角两侧，上下均有刻着"左行"、"右行"字样的两行文字砖，显然是防止砌筑墓室时错位而专门生产的。③ 在汉代已有制砖瓦的手工业，官办的砖瓦作坊与民间的砖瓦作坊出现了，制砖工匠民间已经称为"甓师"④。画像砖在作坊生产，也接受定做，进行销售。黄明兰在对画像砖作坊考古发掘进行研究时指出："在汉河南县城内南部，烧造陶器和空心砖的作坊在洛阳东站南路中段西侧一带，我们在这里发掘了几十座窑址。画像空心砖则是作为一种专门的圹（墓）砖在洛阳畅销于市。"⑤ 作坊制作销售画像砖，在当时已经出现商品化倾向。"例如弋射收获画像砖（图 123），先后出土者共有六七方之多，均为一模所制；又如讲学画像砖，一出青杠包第 3 号墓，一出小羊子山第 2 号墓，但模则完全相同。"⑥ 四川广汉、彭县、德阳等地收集的画像砖，"是批量生产，具有商品性质，并不是完全为某一墓主专门制作"⑦。汉画图像处在不断的艺术交流状态中。因为在

---

① 黄雅峰：《海宁汉画像石墓研究》，浙江大学出版社 2008 年版，第 86 页。
② 河南省文物研究所：《密县打虎亭汉墓》，文物出版社 1993 年版，第 336 页。
③ 参见河南省文化局文物工作队《河南省收集的古代花纹小砖和文字砖》，《文物》1965 年第 5 期。
④ 参见湛轩业、傅善忠、梁嘉琪《中华砖瓦史话》，中国建材工业出版社 2006 年版，第 180 页。
⑤ 黄明兰：《洛阳汉画像砖》，河南美术出版社 1986 年版，第 5 页。
⑥ 冯汉骥：《四川的画像石及画像砖》，《文物》1961 年第 11 期。
⑦ 四川省博物馆：《四川彭县等地新收集到一批画像砖》，《考古》1987 年第 6 期。

图 123　四川省博物馆藏收获弋射汉画像砖（拓本）

制作过程中，画像砖的首要工序是制模。要精心设计图像，确定图像的题材与刻制方法，把图像雕刻在木模上。这个工序中要借鉴使用以往的图像，并进行一定的创新。在以后的翻制泥坯、入窑烧制过程中，不断加工图像。在制作工序中图像得到更清晰的认识与表现。同时，销售环节及售后异地使用，都会扩大汉画图像的交流和影响。

　　"雕文刻画"在汉代广为流行，段拭指出："为装饰坟陇而建造祠堂石阙，为装饰祠堂石阙而作画像雕刻；画像、雕刻特别盛行于东汉，这种双重的奢侈风气是其主要原因。"① 以厚葬奢侈为诱导，汉画像石、画像砖艺术迅速发展，成为记录图像交流的主要载体。

_____

① 段拭：《汉画》，中国古典艺术出版社1958年版，第10页。

四　铜镜的制作与应用

铜镜与古代人的关系密切，"夫以铜为镜，可以正衣冠；以古为镜，可以知兴替；以人为镜，可以明得失"①，在生活中不但具有实用价值，其内容丰富的图像还可起到欣赏与教育作用。汉代铜镜艺术在同时期青铜器中占有重要位置。郑午昌认为："汉代金属器之遗传者，如钟鼎罄洗之类，皆有画饰。但不及竟鉴制作之妙。汉竟鉴之属，自尚方制作者外，多系私家所出。一竟之微，而所绘事物，至穷天人动植之妙且美。故即就竟鉴，即可考见当时绘画之遗型。"② 前面已经对汉代全国的一个制镜中心——绍兴的车马画像镜、神仙画像镜、历史故事画像镜进行了分析，可以看到汉代铜镜图像精美，内容丰富。铜镜已发展成一般商品。汉镜铭文中出现有许多"尚方"铭及纪氏铭。"尚方"是汉代为皇室制作御用物品的官署，铜镜铭文中大量出现的"尚方作镜真大好"、"尚方作镜四夷服"等字句表明尚方制作的镜精良与广为流传。纪氏铭反映民间铸镜业发展良好，其"王氏作镜真大好"、"朱氏明镜快人意"、"田氏作镜四夷服"等铭文，既标明了制作者的姓氏，也宣传了镜的质量。汉代的铜镜普及使用，汉画的图像广泛交流（图124）。

铜镜虽小，但工艺复杂。罗振玉认为："刻画之精巧、文字之瑰奇、辞旨之温雅，一器而三善备焉者莫镜若也。"③ 在汉代铜镜的制作过程中，铸造铜镜用泥范，制泥范要刻出图像，在制作的过程中图像可以进行借鉴和交流。铜镜铸成后，需要在表面涂反光材料。按照青铜器的鎏金工艺，以金粉和汞的合剂涂于青铜器表面，烘烤后汞蒸发，金就在铜器表面附着，呈现夺目的光彩。汉代铜镜制作讲究，在生活的实用和审美中图像艺术广泛交流。

汉代铜镜图像不但在国内广为流传，还对国外产生影响。高仓洋彰指出："从西汉王朝传播到东方世界的最早的铜镜，就是在西汉后期流行的这种花纹装饰比较简单、以铭文为主体的文字镜。"④ 铜镜东渡大海传到了朝鲜和日本列岛。同时对其他国家也产生了影响。

---

① 杨荫楼：《贞观盛世·唐太宗·李世民》，哈尔滨出版社1997年版，第155页。
② 郑午昌：《中国画学全史》，上海书画出版社1985年版，第29页。
③ 罗振玉著，萧文立编校：《雪堂类稿》（乙图籍序跋），辽宁教育出版社2003年版，第82页。
④ ［日］高仓洋彰：《汉代铜镜与东亚世界》，载朱泓《边疆考古研究》第3辑，科学出版社2005年版，第115页。

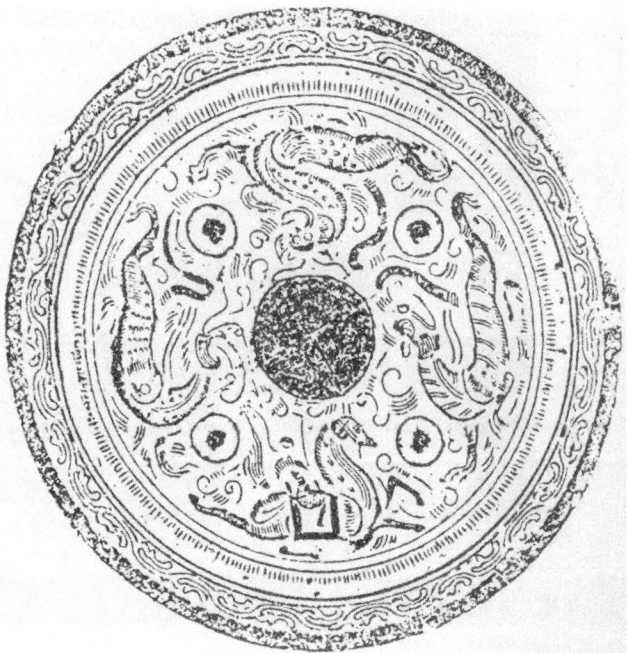

图 124　浙江绍兴出土东汉龙虎骑马画像镜（拓本）

五　书画结合的尝试

书画结合是中国传统美术的重要表现方法，汉画图像已进行了初步的尝试，取得了完美的画面效果。许多汉画图像通过题榜释读展开，由题榜而确定出图像的主题与内容。

山东嘉祥武梁祠图像为了系统地显示武梁的思想追求，多在精美的图像中间或旁边刻以榜题，使武梁祠图像的宗旨更为清晰明确。西壁第三层有表现曾子、闵子骞、老莱子、丁兰 4 幅孝子图像，每幅也都有榜题，其中曾子图像左上方榜题："曾子质孝，以通神明，贯（感）神祇，箸号来方，后世凯式，（以正）抚纲"①，下方隔栏上榜题："谗（言）三至，慈母投杼"（图 125）②。闵子骞图像左上方榜题："闵子骞与假母居，爱有偏移，子骞衣寒，御（车）失棰"③，右上方榜题："子骞后母弟，子骞父。"④ 在这幅图

---

① 蒋英炬、吴文祺：《汉代武氏墓群石刻研究》，山东美术出版社 1995 年版，第 54 页。

② 同上。

③ 同上。

④ 同上。

图 125　山东嘉祥武梁祠曾子图像复原图

像中，闵子骞跪在车后，恳求坐在马车转身朝后的父亲不要休掉虐待自己的继母，其同父异母弟在前面驾驭着马车。图像的榜题一方面介绍了图像人物的身份，另一方面对图像内容进行了概述，榜题增加了图像的艺术感染力。西壁的老莱子娱亲图像，在男翁和老妇所坐的床榻下方横向题有"莱子父、莱子母"六字，点明他们为老莱子的父母，并在图像的上方刻榜题为："老莱子，楚人〔也〕，事亲至孝，衣服斑连，婴儿之态，令亲有驩，君子嘉之，孝莫大焉。"① 说明了图像的主题。同在西壁的丁兰刻木图像，右上榜题刻为："丁兰二亲终殁，立木为父，邻人假物，〔报〕乃借与。"② 东壁的梁节姑姊图像，中间有"长妇儿"、"梁节姑姊"、"姑姊"、"姑姊儿"榜题。图像左侧有榜题为："姑姊其室失火，取兄子往，辄得其子，赴火如亡，示其诚也。"③ 后壁的伯俞伤亲年老图像，中间刻的老妇旁有榜题"榆母"，图像左

---

① 蒋英炬、吴文祺：《汉代武氏墓群石刻研究》，山东美术出版社 1995 年版，第 53 页。
② 同上书，第 53 页。
③ 同上书，第 55 页。

图 126　河南南阳出土汉画像石许阿瞿墓志图像（拓本）

上方榜题刻为："柏榆［伤］亲年老，气力稍衰，笞之［不］痛，心怀楚悲。"①

　　河南南阳东关李相公庄出土的建宁三年许阿瞿墓志画像石（图126），其图像分上下两组，上组为许阿瞿在观看孩童玩耍，下图为舞乐百戏表演。图像中许阿瞿右上方有题榜"许阿瞿"，说明主人身份，左侧有136字的题记："惟汉建宁，号政三年，三月戊午，甲寅中旬。痛哉可哀，许阿瞿身。年甫五岁，去离世荣。遂就长夜，不见日星。神灵独处，下归窈

———————————

① 蒋英炬、吴文祺：《汉代武氏墓群石刻研究》，山东美术出版社1995年版，第57页。

冥。永与家绝，岂复望颜。谒见先祖，念子营营。三增仗火，皆往吊亲。瞿不识之，啼泣东西。久乃随逐（逝），当时复迁。父之与母，感□□□。父之与母，□王五月，不□晚甘。赢劣瘦□，投财连（联）篇（翩）。冀子长哉，□□□□。□□□此，□□土尘，立起□扫，以快住人。"① 题记说明许阿瞿的去世年月、年龄，表现了其父母对许阿瞿的爱怜，及儿子去阴间后的恐惧心理。因此把此文刻在图像旁边，题字与图像共同出现在许阿瞿的祠堂中，委托家族的祖先呵护关照幼小的许阿瞿。图像与文字相互印证，阐释了图像的深刻内容。河南南阳淅川老人仓出土的汉画像砖文字为"永初七年作冢长富贵"② （图 127），河南南阳唐河井楼出土的汉画像砖文字为"千秋万岁"③。文字内容清楚明了，加强了墓室图像的特征表现。

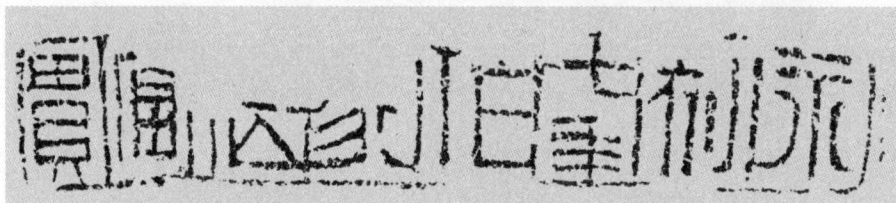

图 127　河南南阳淅川老人仓出土汉画像砖文字图像（拓本）

浙江绍兴出土东汉建安十年铜镜为神兽画像，镜周铭文为："吾作铜镜，幽湅宫商，周罗荣象，五帝天皇，白牙弹琴，皇帝除凶，朱鸟玄武，白虎、青龙、服者豪贵，延寿益年，子孙番，建安十年造。"铜镜呈现出图文并茂的效果（图 128）。

在图像系统中，巫鸿认为汉代有两种视觉表达系统："一个系统以抽象的象征符号和图形图解宇宙，另一个系统则以具体的形象描画宇宙。"④ 汉画图解宇宙，形象性地描画宇宙，其图像与题榜完成了"书画结合"的艺术功能。

---

① 王建中、闪修山：《南阳两汉画像石》，文物出版社 1990 年版，图版 282。
② 赵成甫：《南阳汉代画像砖》，文物出版社 1990 年版，图版 406。
③ 同上书，图版 410。
④ ［美］巫鸿：《礼仪中的美术——巫鸿中国古代美术史文编》，郑岩、王睿编，郑岩等译，生活·读书·新知三联书店 2005 年版，第 645 页。

图 128　浙江绍兴出土东汉铜镜（照片）

第二节　汉画图像与金石学研究

汉画图像在流传过程中，先基于对图像的认识。地面石祠、石阙等的图像人们最早接受，通过文字记录与拓制处理，以史籍文献与拓片形式，汉画图像在社会中流传，并逐渐形成了金石学研究，在学界和民间产生了深远的影响。

一　拓片交流

"画像"一词是宋代金石学家对汉画图像研究的称谓，顾森认为："所谓'画像'，就其本意来说是指拓片上的图像，即平面上的画，并不是指原砖原石。中国对汉代这些原砖原石的研究，几百年基本上是根据拓片来展开的，而且，用拓片作图像学式的研究主要是近一百年来的事。"[①] 汉画拓片是

---

① 顾森：《中国汉画图典》序，浙江摄影出版社 1996 年版。

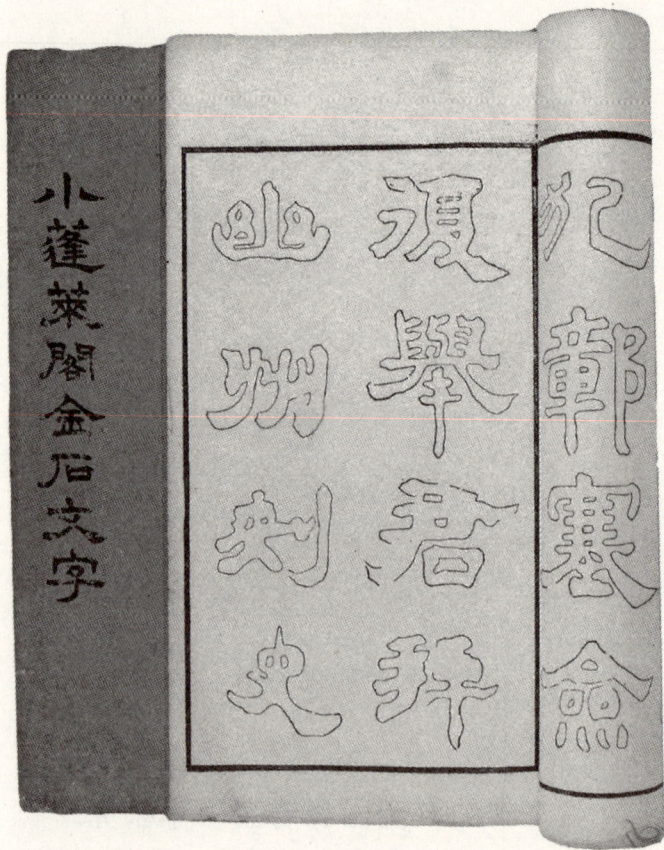

图 129　《小蓬莱阁金石文字》卷本（照片）

汉画图像的间接再现方式，汉画图像借助拓本在社会上交流。汉魏以后，由于纸张的发明和广泛运用，墨拓技术的发明，拓片成为保存金石碑刻资料的方法，拓片形式得以应用。黄沃认为："虽埋石幽壤，陵谷难迁，而石之隐秘，初不可睹，孰若以未干之墨寄之纸上，传十为百，传百为千乎。"① 由于汉画材料不易获取，而拓片容易得到，同时也便于交流，人们对汉画图像主要通过汉画拓片进行鉴赏与研究。

　　汉画图像拓本，是把宣纸受湿后，贴在汉画器物表面，用墨拓制图像。由于拓制技法多样，形成的拓片既复制了汉画图像原貌，又对图面进行了艺术创造，所以拓片成为汉画图像艺术的重要表现形式。

---

　　① 黄沃：《知稼翁集跋》，上海辞书出版社 2006 年版，第 192 页。

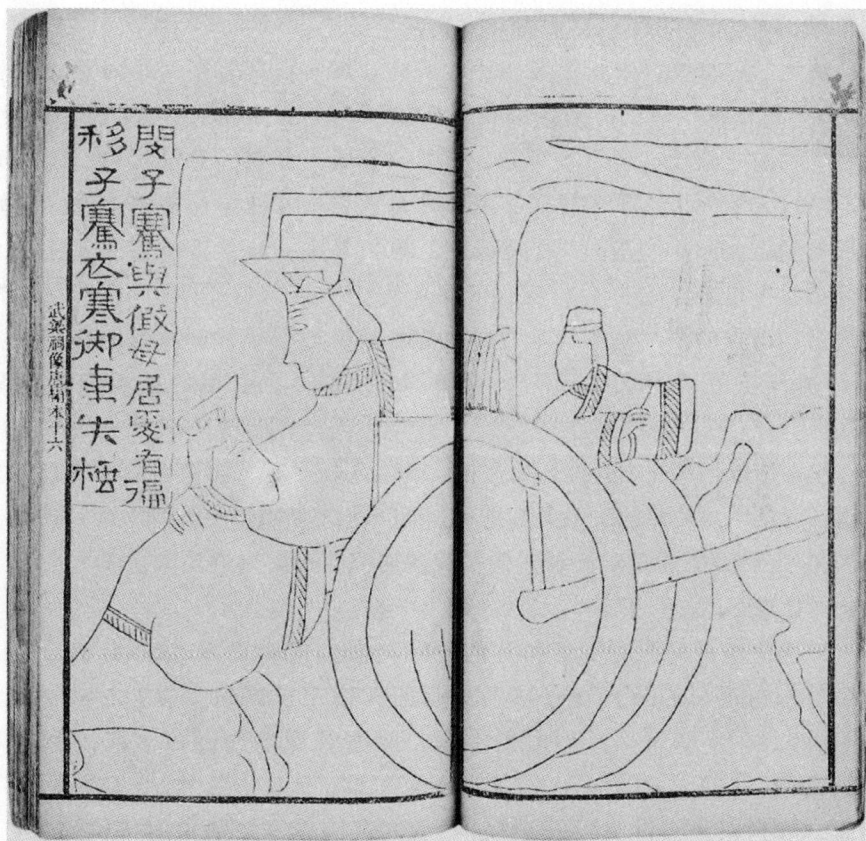

图 130　《小蓬莱阁金石文字》闵子骞图像摹本（照片）

　　关于唐的汉画图像拓片，清有金石学文献的记述。唐代诗人韦应物《石鼓歌》有"令人濡纸脱其文，既击既扫白黑分"[1] 的诗句，描述的即是拓片的艺术效果，说明唐时拓片已经常见，汉画图像拓片应该经常使用。

　　据文献记载，拓片在北宋时已成为商品。至南宋，拓片的流通及交易更趋繁荣，《清波杂志》曾载由于当时对秦汉碑刻需求量比较大，使得商人将拓本从北方带到建安，再流转到长江以南地区以高价卖出。[2] 拓片的广泛流通发展了图像艺术，文人热衷于收集武梁祠等图像拓片，根据拓片来研究汉

---

[1]　马子云：《金石传拓技法》，人民美术出版社 1988 年版，第 85 页。
[2]　参见周辉《丛书集成初编·清波杂志》，中华书局 1985 年版，第 61—62 页。

画图像。

　　清代学者重视对汉画图像拓片的研究。黄易在其著作《小蓬莱阁金石文字》（图 129）中，根据拓片摹写武梁祠堂图像 14 幅。有伏羲、祝融、黄帝、神农、颛顼、帝喾、帝尧、帝舜、夏禹、夏桀、曾母投杼、闵子骞（图 130）、老莱子、丁兰等像。黄易并对武梁祠堂建立保护馆，他在《修武氏祠堂记略》中写道："有堂蔽覆，椎拓易施，翠墨流传益多，从此人知爱护，可以寿世无穷"①，提倡对拓片的"椎拓"与"爱护"，使保护馆成为汉画图像的拓片制作与金石研究的场所，加强了汉画图像的交流。容庚 1936 年出版的《汉武氏祠画像图录和考释》，引用的拓本即为黄易所拓。

　　汉画图像拓片在国外也开始流传。1881 年斯蒂芬·布舍在柏林东方协会展出一套从中国带回的汉画像石拓片，1886 年米勒赠给大英博物馆一套他收集的拓片。② 西方通过对汉画图像拓片的研究，开始用近代考古学方法著录汉画图像遗存。

　　近当代学者对汉画图像拓片的收藏与研究极为重视。1934 年，时任南阳县志馆馆长的孙文青在自己出版的《南阳汉画像汇存》序中写道："十七年，中孚张先生，访拓数十幅，属关君百益选影四十帧，为南阳汉画像集，刊于中华书局，始稍为流布于世。"中孚张先生③为当时的河南著名教育家张嘉谋，"关君百益"为时任河南省博物馆的馆长关百益。《南阳汉画像汇存》编入拓片 145 幅，其中孙文青不仅编入了清晰的拓片，而且还对南阳草店汉墓的图像位置进行了研究（图 131）。鲁迅于1915 年已开始收藏汉画像石拓片并对其进行研究。他认为："只要拓本较可观，皆欲收得。虽与已有者重出亦无害，因可比较而取其善者也。但所谓'可观者'，系指拓工而言。石刻清晰而拓工草率，是为'不可观'；倘石到原已平漫，则虽图像模糊，固仍在'可观'之列耳。"④ 鲁迅对拓工要求严格，对拓片要求质量，收藏拓片有 200 余幅，对之进行了一定程度的研究（图 132）。

　　① 高文：《汉碑集释》，河南大学出版社 1997 年版，第 106 页。
　　② 参见 [美] 巫鸿《国外百年汉画像研究之回顾》，《中原文物》1994 年第 1 期。
　　③ 孙文青：《南阳汉画像汇存》序，广陵书社 1999 年版。
　　④ 《鲁迅文集全编》编委会：《鲁迅文集全编》，国际文化出版公司 1995 年版。

图 131　《南阳汉画像汇存》中的南阳草店汉墓图像位置示意图

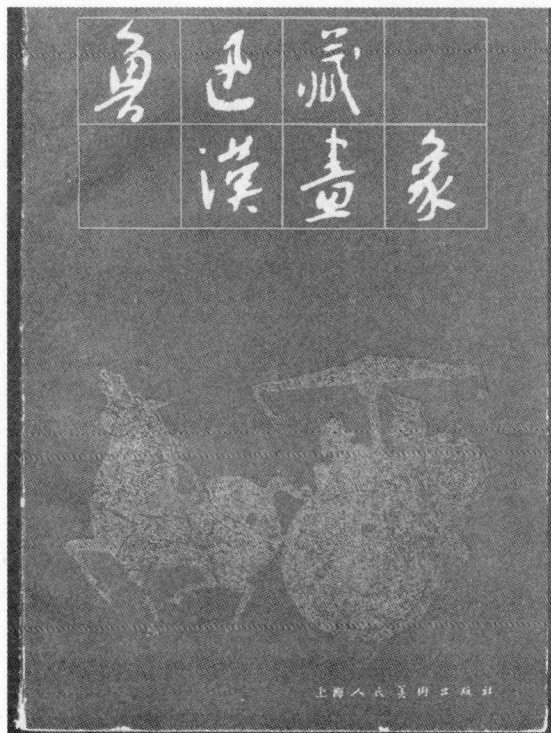

图 132　《鲁迅藏汉画象》封面

拓印造成了印痕美，其概括、简洁、有力的黑白艺术特点形成了汉画图像拓片的视觉审美价值，鲁迅提倡将之应用于木刻创作。汉画拓片不仅保留了原石的精神，而且显示了金石制作之美，现代艺术家从汉画图像拓片中获得了创作灵感。鲁道夫·阿恩海姆在《艺术与视知觉》中认为："凡是那些感官不能把握，然而又以它们的强大力量给人们造成强烈震动的可怕的事物，都是运用黑暗把它们表现出来的。"① 汉画图像拓片强烈的黑白对比效果在艺术创作中发挥着重要的作用。

二　金石学研究

中国古代史籍文献中对于汉画图像的记录，开始是具体的描述，以后是形象的阐述，其与早期的金石学有着密切的关系。

金石学是一门古老的学问。朱剑心认为："金石之学，我国过去考古学之核心也……三代之间，有金而无石；秦汉以后，石多而金少，而金亦无足甚重。故欲究三代之史莫如金，究秦汉以后之史莫如石。"② 汉画的图像与题榜共同诠释出汉代的历史。朱剑心进一步分析曰："金石文字，自成专门独立之学，可不待言。而其裨于他学者，亦有三焉。一曰考订，统经史小学而言；一曰文章，重其原始体制；一曰艺术，兼赅书画雕刻。"③ 就艺术而言，朱剑心指出："金石之文，可以订史，可以补佚"④，"而其书体之美，变化之多，尤为特色"⑤，"又如汉代各种石刻画像，人物鸟兽，宫廷器具，无一不备，别有作风"⑥。汉画图像对汉代历史研究有"订史"、"补佚"之用。

地面上画像石建筑最早为人们所认识。北魏时期的郦道元在《水经注》一书中转引了晋人戴延之《西征记》中的记述："……金乡山，山形峻峭，冢（前有石祠石庙，四壁皆）青石隐起。自书契以来，忠（臣、孝子、贞妇、孔子）及弟子七十二人形象，像边皆（刻石记之，文字分）明。"⑦ 同时他在《水经注》中记录了多个画像石建筑的内容。《水经注·洧水》："洧

① ［美］鲁道夫·阿恩海姆：《艺术与视知觉》，滕守尧、朱疆源译，中国社会科学出版社1984年版，第448页。
② 朱剑心：《金石学》，商务印书馆1930年初版、1955年重印，第13页。
③ 同上书，第4页。
④ 同上书，第11页。
⑤ 同上。
⑥ 同上书，第12页。
⑦ 郦道元：《水经注》，陈桥驿注释，浙江古籍出版社2001年版，第136页。

水……东南流，径汉弘农太守张伯雅墓。茔四周垒石为垣，隅阿相降，列于绥水之阴，庚门表二石阙，夹对石兽于阙下，冢前有石庙，列植三碑，碑云：德字伯雅，河内密人也。碑侧树两石人，有数石柱及诸石数矣（宋本作诸石兽）。旧引绥水南入茔城（疑作域）而为池沼，沼在丑地，皆蟾蜍吐水，石隍承溜。池水南，又建石楼，石庙前，又翼列诸兽。"① 太守墓域果然环境幽雅，图像雕刻生动。《水经注·湆水》记述另一处太守墓地曰："水南道侧有二石楼，相去六七丈，双峙齐竦。高可丈七八，圆柱围二丈有余，石质青绿，光可以鉴。其上鎏栌承拱，雕檐四柱，穷巧绮刻，妙绝人工。题言蜀郡太守姓王，字子雅，南阳西鄂人。有三女无男，而家累千金。父没当葬，女自相谓曰，先君生我姊妹，无男兄弟，今当安神玄宅，翳灵后土，冥冥绝后，何以彰吾君之德。各出钱五百万，一女筑墓，二女建楼，以表孝思，铭云墓楼。"② 蜀郡太守王子雅墓的二石楼"穷巧绮刻，妙绝人工"，画像石雕刻极为精美。

据说武梁祠有唐拓本。王昶《金石萃编》称："右汉从事武梁祠堂画像，传是唐人拓本，旧藏武进唐氏，前有提督江河淮海兵马章，后有襄文公顺之暨其子鹤徵私印。"③ 但容庚在《汉武梁祠画像考释》中认为："所谓唐拓本已不全。"④ 根据顺治九年（1652）《嘉祥县志》载："太子墓石享堂三座没土中，不尽者三尺。"也许所谓的唐拓本是武梁祠露出地面部分所拓图像。容庚又据黄易提供的洪山石崖元人题字所云，在至正四年（1344），昏垫最甚，当时浊浪奔腾，石室尽损，积于盈丈，⑤ 认为该拓本是明代所为。不管是唐拓本还是明拓本，两种结论均反映武梁祠图像的研究深入情况。若是唐拓本意义更为重大，说明进入了画像石的图像拓制研究，已不再停留在晋人对画像石图像的文字记录上。

古物研究在宋代得到发展，金石学家一方面收藏器物，另一方面保存拓本，并进行著录。成书于 1061 年的欧阳修的《集古录》，著录了 424 件拓本，⑥ 也记录了武氏墓地的一些遗迹。

---

① 郦道元：《水经注》，《国学基本丛书本》卷二十二，商务印书馆 1958 年版，第 276 页。

② 郦道元：《水经注》，陈桥驿注释，浙江古籍出版社 2001 年版，第 439 页。

③ 王昶：《武氏祠堂画像题字》，《金石萃编》卷二十汉十六，中国书店 1985 年影印本。

④ 容庚：《汉武梁祠画像考释》，北京图书馆出版社 2004 年版，第 3 页。

⑤ 参见吴曾德、闫修山、萧湄燕《汉代画像石的发现与研究》，载《汉代画像石砖研究·93 中国南阳汉画像国际学术讨论会议文集》，《中原文物》1996 年增刊。

⑥ 陈俊成：《宋代金石学著述考》，自印本 1976 年版，第 1—3 页。

　　沈括的《梦溪笔谈》卷十九记载朱鲔墓："济州金乡县发一古冢，乃汉大司徒朱鲔墓，石壁皆刻人物、祭器、乐架之类。人之衣冠多品，有如今之幞头者，巾额皆方，悉如今制，但无脚耳。妇人亦有如今之垂肩冠者，如近年所服角冠，两翼抱面，下垂及肩，略无小异。人情不相远，千余年前冠服已尝如此。其祭器，亦有类今之食器者"①。沈括以"幞头"的冠式，进行古今比较，得出"千余年前冠服已尝如此"的结论。

　　米芾《画书·唐画》一书云："济州破朱浮墓，有石壁，上刻车服、人物、平生随品所乘，曰'作府君令时'。车是曲辕，驾一马，车轮略离地，上一盖，座一人，三梁冠，面与马尾平对，自执绥，马有裙遮其尾。一人御，又曰'作京兆尹时'，四马，辕小曲，车差高盖下坐，仪卫多有。曰'鲜明队'……"②此文为画家米芾所撰，已注意了图像的形象细节。如"车是曲辕"、"车轮略离地"、"面与马尾平对"、"马有裙遮其尾"等的记述。反映宋代对汉画图像细节的深入研究。

　　赵明诚的《金石录》卷十九跋尾文："左汉武氏石室画像五卷。武氏有数墓，皆在今济州任城，墓前有石室，四壁刻古贤画像，小字八分书题记名，往往为赞其上，文辞古雅，字画遒劲可喜，故尽录之，以资博览。"③赵明诚首次将武梁祠图像公之于世。

　　洪适《隶释》集录和考释了汉魏石刻文字（图133）。《隶续》成书稍后于《隶释》，收录和摹写了石祠、碑、阙上的图像。武梁祠是《隶释》、《隶

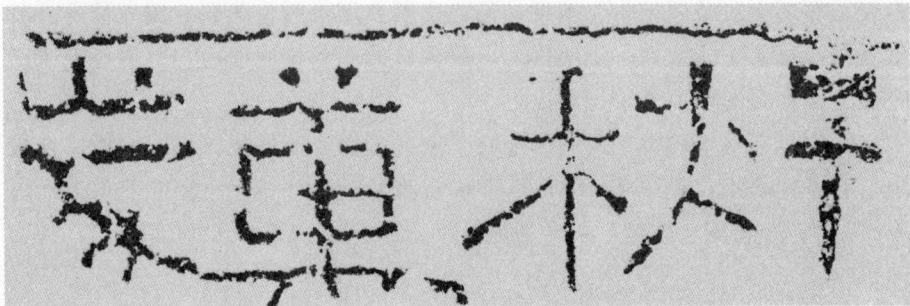

图133　河南南阳唐河井楼出土汉画像砖文字图像（拓本）

---

① 沈括：《梦溪笔谈》，侯真平点校，岳麓书社1998年版，第156页。
② 米芾：《画史》，宝晋山林集拾遗本。
③ 赵明诚：《金石录》，刘晓东、崔燕南点校，齐鲁书社2009年版，第159页。

续》的重要研究对象，《隶释》卷十六对其图像内容进行了描述与考证。在《隶续》中，洪适认为："右武梁祠堂画记，自伏羲至于夏桀，齐公至于秦王，管仲至于李善。及莱子母、秋胡妻、长妇儿、后母子、义浆羊公之类，合七十六人。其名氏磨灭与初题识者，又八十六人。……范史《赵岐传》云岐先自为寿藏，图季札、子产、晏婴、叔向四像居宾位，自画其像居主位，皆为称颂。以献帝建安六年卒，冢在荆州古郢城中。汉水图画于墟墓间，见之史册者如此。《水经》所载则有鲁恭、李刚碑碣，所传则有朱浮、武梁。此卷虽具体而微，可使家至而人皆见之。画绘之事，莫古于此也。"① 巫鸿认为这一评论揭示出宋代学者研究汉画图像的重要观点：通过榜题确定图像的主题；研究传世文献了解画像石建筑的礼仪功能，进行考证式的比较研究。②

　　清代金石学进入了一个新的阶段，著录武梁祠图像的书籍主要有嘉庆五年的黄易《小蓬莱阁金石文字》卷五、嘉庆十年的王昶《金石萃编》卷二十、卷二十一，道光五年的瞿中溶《汉武梁祠画像考》等。这些著述均对汉画图像进行了研究。

　　《修武氏祠堂记略》记载黄易于"乾隆丙午（1786）秋八月，自豫还东，经嘉祥县署，见志载：县南三十里紫云山西，汉太子墓石亭堂三座，久没土中，不尽者三尺石壁，刻伏羲以来祥瑞及古忠孝人物，极纤巧；汉碑一通，文字不可辨。"③ 九月遂清除淤填，发掘出武梁祠 25 块画像石、一对石阙、一方武斑碑、一个刻有"武家林"三字的断石柱。黄易就地建立祠堂，继而又发掘与找回武氏祠的一些画像石与碑刻。把确认为武氏四个祠堂（武梁祠及前、后、左石室）的画像石编上号码，其中 25 块嵌入祠堂的墙壁。"题门额曰'武氏祠堂'，隙地树以嘉木，责土人世守"。并"种植收息，主守祠碑，有谒祠拓碑者，司其启闭、拂拭、茶饮、顿宿之事"④。黄易后在《小蓬莱阁金石文字》中摹写神农、黄帝、伏羲、祝诵、颛顼、喾、尧、舜、禹、桀、曾母投杼、闵子骞、老莱子、丁兰 14 幅图像。黄易对武梁祠画像石一方面发掘，一方面保护陈列，并亲自研究图像。

---

　　① 洪适：《隶续》，袁维春：《秦汉碑述》，北京工艺美术出版社 1990 年版，第 640 页。
　　② 参见［美］巫鸿《武梁祠——中国古代画像艺术的思想性》，柳扬、岑河译，生活·读书·新知三联书店 2006 年版，第 52 页。
　　③ 黄易：《修武氏祠堂记略》，王昶《金石萃编》卷二十，武氏祠堂画像题字，汉十六，中国书店 1985 年影印本。
　　④ 同上。

　　王昶在《金石萃编》按语中提到对武梁祠图像的处理方法："此编虽仿洪氏之例而有不同者，洪氏仅取画缩为上下两列，三石牵连不甚分晰，其所摹人物粗具形迹，与碑参校全失其真。又题字另祥于《隶释》而于碑图但列人名二三字，是画与赞离而为二，观者不能了然，兹悉依碑画赞全摹而于后跋中不重复列。至每石五层，各层之上下界画处有山形水纹枣核等画，虽无关系，亦依样并摹以见古碑刻画之式，皆洪氏所无者。又第二石内有要离、王庆忌一幅，洪氏全佚，今拓所有亦可补前人之阙也。凡洪图分明而今拓已泐者，则阙之以存其真，见石本之逾久而有损也。"① 王昶考察武梁祠图像的原来面貌，及图像之间与环境的相互联系，对洪适图像表现的不足之处提出了纠正意见。

　　瞿中溶的《汉武梁祠画像考》共7卷，1—6卷为武梁祠画像考，第7卷为附图（图133）。瞿中溶根据武梁祠图像把黄帝形象描写为："图像向右立，首回顾，左戴冕，前后各有二旒，皆短如牙。右手平置胸前执巾，左手外出向上指。上衣下裳，衣长三寸，裳长二寸许，衣之下裳之上，当两膝上，各有帔长寸许，裳之下露出两足，似有袜履。"② 并相应完成了摹图。瞿中溶《汉武梁祠画像考》完成于1826年，这个时期是西方图像志的发展阶段，图像志着重探索图像和观念两者之间的关系，从而加强对艺术作品的各种因素的理解。瞿中溶探索武梁祠图像的形式与意义，有其新意。

　　这一时期金石学对于汉画图像研究，其主要著述还有：翁方纲的《两汉金石记》，毕沅、阮元的《山左金石志》，冯云鹏、冯云鹓的《金石索》（图134），容庚的《汉武梁祠画像图录和考释》，王懿荣的《汉石存目》等。主要利用金石学的记录方式，研究汉画图像。金石学研究的深入，记录了当时的汉画图像相貌，也为学界的考证和研究提供了难得的资料。

　　汉画像砖有的刻有文字。如："宜仙宜世弹休之藏，永元六年始造"（图135），清光绪三年四川新繁出土24字的篆文砖，文为："富贵昌、宜宫堂、意气阳、宜弟兄、长相思、毋相忘、爵禄尊、寿万年。"文字内容吉祥，因而在世间流传颇广。③ 光绪末年四川广汉五里巷出土《桑园》画像砖，古

---

① 王昶：《金石萃编》卷二十，武氏祠堂画像题字，汉十六，中国书店1985年影印本。
② 瞿中溶：《汉武梁祠画像考》，北京图书馆出版社2004年版，第83页。
③ 参见魏学峰《中国画像砖全集·四川汉画像砖》，四川出版集团、四川美术出版社2006年版，第44页。

董商在砖侧加刻年号，以欺世出售。① 画像砖图像与金石学研究，清代的四川较为突出。

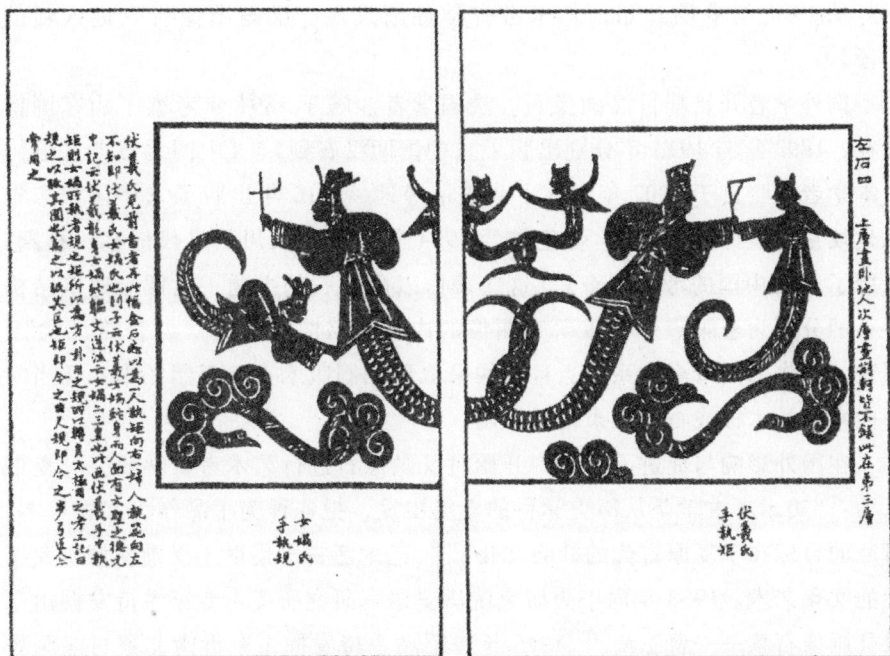

图 134　《金石索》中的两页

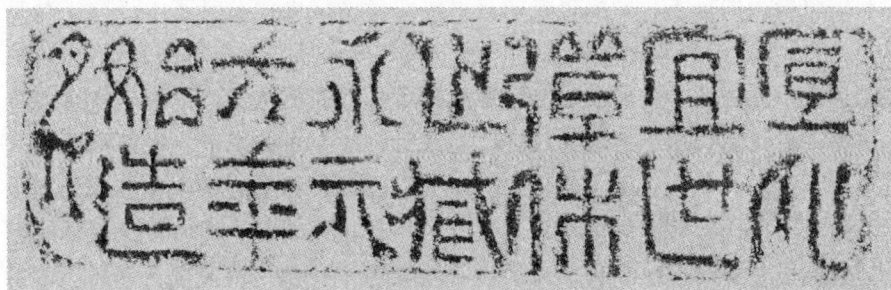

图 135　四川汉画像砖所刻的义字（拓本）

---

① 参见魏学峰《中国画像砖全集·四川汉画像砖》，四川出版集团、四川美术出版社 2006 年版，第 44 页。

第三节　近当代汉画图像艺术研究

从 19 世纪中期开始，艺术考古学逐渐发展，汉画图像研究进入新的阶段。

国外学者开始瞩目汉画像石。法国学者沙畹于 1891 年考察了山东画像遗存，1893 年与 1913 年分别出版了《中国两汉石刻》、《中国北方考古记》。日本学者关野贞于 1907 年考察了武氏祠等地，1916 年出版了《中国山东省汉代坟墓的表饰》。法国学者色伽兰 1914 年调查了四川的汉代崖墓、石阙，出版了《在中国的考古调查》。这些著作以画像石的主题、画像与建筑结构关系的分组为着眼点，注重研究图像的内容，巫鸿称之为 "综合著录式" ①研究。著作的图录全面系统，且图像采取照相制版术直接复制拓本，比当时国内常用的木板或石印图录精美准确。

在国外影响与促进下，国内开始对汉画像石进行艺术考古学研究。夏鼐认为："美术考古学是从历史学科的立场出发，把各种美术品作为实物标本，研究的目标在于复原古代的社会文化。"② 艺术考古学借助于汉画图像研究汉代的文化艺术。1933 年原中央研究院历史语言研究所考古专家主持发掘山东滕县画像石墓——曹王墓。③ 1945 年曾昭燏主持发掘山东沂南北寨村汉画像石墓。1956 年曾昭燏等出版《沂南古画像石墓发掘报告》（图 136），发掘报告的资料翔实，列出专门章节进行艺术价值研究，并附以照片、建筑图、摹本与完整精美的拓本。发掘报告的结束语对沂南汉画像石墓艺术进行了概括总结："沂南墓的建筑，以气魄雄伟、结构严谨见长，但在雄伟之中见精丽，在严谨之中见生趣，表现出建筑艺术达到了相当高的水准。沂南墓画像内容的丰富，可比武氏祠，但雕刻技法比起武氏祠有显著的发展。全部画幅是有机地联系着的，排列在适当的位置上……它们代表着当时绘画和雕刻艺术极高的成就，也代表着我国造型艺术发展的一个重要阶段，即古代优秀传统到此而集大成，并且进一步有了新的创造性风格。"④ 沂南汉画像石墓的考古学

---

① ［美］巫鸿：《国外百年汉画像研究之回顾》，《中原文物》1994 年第 1 期。

② 《中国大百科全书·考古学》，中国大百科全书出版社 1986 年版，第 17 页。

③ 董作宾：《山东滕县曹王墓汉画像石》，《大陆杂志》1960 年第 21 卷第 12 期。

④ 曾昭燏、蒋宝庚、黎忠义：《沂南古画像石墓发掘报告》，文化部文物管理局 1958 年，第 68 页。

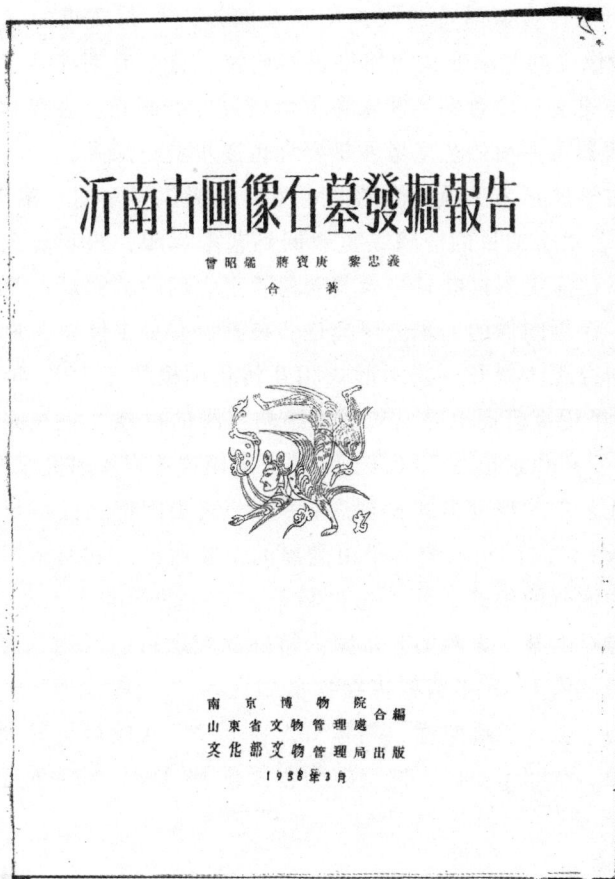

图 136　曾昭燏、蒋宝庚、黎忠义《沂南古画像墓发掘报告》封面

探索，最后形成重要的艺术研究成果。

此后，运用艺术考古学方法研究汉画像石，推动了汉画图像研究的深入进行，出现了一系列有价值的研究成果。土居淑子的《古代中国的画像石》、① 蒋英炬、吴文祺的《汉代武氏墓群石刻研究》、② 信立祥的《汉代画像石综合研究》、③ 王建中的《汉代画像石通论》④ 从不同方面对汉画像石的

① 　［日］土居淑子：《古代中国的画像石》，同朋舍 1986 年版。
② 　蒋英炬、吴文祺：《汉代武氏墓群石刻研究》，山东美术出版社 1995 年版。
③ 　信立祥：《汉代画像石综合研究》，文物出版社 2000 年版。
④ 　王建中：《汉代画像石通论》，紫禁城出版社 2001 年版。

艺术功能进行探讨。黄明兰的《洛阳汉画像砖》、① 赵成甫的《南阳汉画像砖》② 对汉画像砖的艺术形式和风格进行研究。这个时期汉画图像的发掘报告和考古研究论文也注意到了艺术考古学研究的着眼点。在汉代青铜器、陶器、玉器、漆器等方面的艺术考古学研究也逐步走向深入。

艺术考古学探索为汉画图像的艺术史研究提供了素材。温克尔曼指出："一部合理的艺术史的目的应该是重新回到艺术起源，跟随着艺术的发展和变化到达艺术的完美阶段并且记录其衰落直至它们的消亡。"③ 随着艺术考古的研究深入，汉画图像的艺术史研究逐步展开，并集中体现在画像石上。

国外的研究逐步展开，艺术形式相互转化的概念于 1915 年由沃尔夫林提出，④ 其弟子柏克豪夫也提出从 "二维与三维的再现" 视角来研究中国的古代艺术。⑤ 罗利和索珀在 20 世纪 40 年代运用这些观念研究汉画像石艺术，罗利认为汉代艺术的视觉形式是理念化的。⑥ 索珀则把武氏祠与朱鲔祠雕刻风格进行比较："武氏祠画像乃是由受雇的工匠所刻，其所运用的表现方法沿袭当时广为流行的模式；其工艺技巧是公式化的而非个人的。与之相反，朱鲔祠的画像石由某个卓越的艺术家为特殊的纪念目的所刻，两者由此形成了鲜明的对照。"⑦ 1942 年费慰梅在论文中认为，朱鲔祠堂石刻的特点在于运用透视技巧，引入三维空间，刻画出人物个性。武氏祠与孝堂山祠石刻表现了二维平面、空间感缺乏，造型较为程式化。⑧ 1961 年时学颜在论文中指

---

① 黄明兰：《洛阳汉画像砖》，河南美术出版社 1986 年版。

② 赵成甫：《南阳汉画像砖》，文物出版社 1990 年版。

③ ［德］温克尔曼：《古代艺术史》，载常宁生《艺术终结了吗?》，湖南美术出版社 1999 年版，第 102 页。

④ 瑞士学者沃尔夫林以文艺复兴和巴洛克艺术为主要研究对象，归纳出艺术形式的五对概念：线描与图绘、平面与纵深、封闭的形式和开放的形式、多样性的统一与同一性的统一、清晰性和模糊性。参见［瑞士］H. 沃尔夫林《艺术风格学》，潘耀昌译，辽宁人民出版社 1987 年版。

⑤ L. Bachhofer（柏克豪夫）． "Die Raumdarstellung in derchinesischen Malerei des ersten Jahrtausends n. Chr." in Muchner Jahrbuch der Bildenden Kunst. vol. 3. Trans. H. Joachim into English. MS in the Rubel Art Library. Harvard University. 1931：p. 1。

⑥ Ibid.，pp. 24—28。

⑦ A. Soper. " Life—motion and the Sense of Space in Early Chinese landscape painting. art. " Art Bulletin30. 1948. No. 3：p. 175. （索珀在此之前就已提出这个观点．见：A. Soper. " Early Chinese Landscape Painting. " Art Bulletin 23. 1941. no. 2：n11.）

⑧ W. Fairbank. "A Structural Key to Han Mural Art. " Harvard Journal of Asiatic studies 7, No. 1, p. 53. （又见：W. Fairbank. Adventures in Retrieval. p. 90.）

出汉画像石"竭力在二维的平面上创造出令人信服的现实中的形象"[①]。2005 年巫鸿《武梁祠——中国古代画像艺术的思想性》一书指出："形式主义研究者从武氏祠画像本身入手……这个模式使得这些学者能够把汉代画像系统而有序的组织起来。不过，这种方法论的最大危险在于它预设了一种'普遍进化模式'的存在，并由此将中国艺术史转变成西方艺术史的等同物。"[②] 在书中巫鸿重新探讨了武梁祠石刻的图像内容、图像的设计程序及其思想内涵。[③] 费慰梅认为该书是巫鸿"融合中国传统学术和西方艺术史方法论的一种尝试"[④]。汉画图像的艺术史研究在深入过程中。

　　国内的汉画图像研究进展较慢。鲁迅在 20 世纪前期通过汉画图像与德国版画比较，探求其中国艺术特征："尚有二小野心。一、拟印德国版画集，此事不难，只要有印费即可。二、则印汉至唐画像，但唯取其可见当时风俗者，如游猎、卤簿、宴饮之类，而着手则大不易。"[⑤] 1936 年宗白华对汉画图像进行艺术史分析曰："商周的钟鼎彝器及盘鉴上的图案花纹进展而为汉代壁画，人物、禽兽已渐从图案的包围中解放，然在汉画中还可看到花纹遗迹起伏于人兽飞动的姿态中间，以联系呼应全幅的节奏，顾恺之的画全从汉画脱胎。"[⑥] 1937 年滕固对汉画石刻图像进行艺术定位："中国的石刻画像，也想大致为两种，其一是拟浮雕的，南阳石刻属于这一类；其二是拟绘画的，孝堂山武梁祠的产品是属于这一类。"[⑦] 这个雕刻技法分类至今为学界使用。1942 年陈明达分析了四川彭山崖墓建筑构造、图像装饰的艺术特征。[⑧] 在不同领域开始涉及了汉画图像的艺术史研究。

①　H. Y. Shih. Early Chinese Pictorial Style：From the later Han to the Six Dynasties，p. 102.

②　［美］巫鸿：《武梁祠——中国古代画像艺术的思想性》，柳扬、岑河译，生活·读书·新知三联书店 2006 年版，第 80 页。

③　参见［美］巫鸿《礼仪中的美术——巫鸿中国古代美术史文编》，郑岩等译，生活·读书·新知三联书店 2005 年版，第 82 页。

④　［美］巫鸿：《武梁祠——中国古代画像艺术的思想性》，柳扬、岑河译，生活·读书·新知三联书店 2006 年版，第 3 页。

⑤　《鲁迅全集》第十三卷，人民文学出版社 1981 年版，第 207 页。

⑥　宗白华：《美学散步》，上海人民出版社 1981 年版，第 103 页。

⑦　滕固：《南阳汉画像石刻之历史的及风格的考察》，载沈宁编《滕固艺术文集》，上海人民美术出版社 2003 年版，第 292 页。

⑧　参见陈明达《崖墓建筑（上）——彭山发掘报告之一》，《建筑史论文集 17》，清华大学出版社 2003 年版；参见陈明达《崖墓建筑（下）——彭山发掘报告之二》，《建筑史》，机械工业出版社 2003 年版。

图 137　载有《从认识古典美术发扬爱国主义》的《东方艺术丛谈》封面

　　20 世纪中期汉画图像的艺术研究逐渐展开。1951 年常任侠的论文《从认识古典美术发扬爱国主义》（图 137）认为汉画"在构图方面，如武梁祠画像中的海上诸神战斗、空际诸神战斗的场面，云奔海立，幻怪恣肆；变化纷聚，不可端倪。又如荆轲刺秦、豫让吞炭、程婴救孤、专诸进馔等故事画，人物显出强力而紧张，反映出封建社会旺盛期的雄劲气概"①。之后研究愈加深入，王伯敏的论文《汉代的画像石刻》、② 李发林的论文《略论汉画像石的雕刻技法及其分期》、③ 林树中的论文《常州画像砖墓的年代与画像

————————————

① 常任侠：《东方艺术丛谈》，新文艺出版社 1956 年版，第 25 页。
② 王伯敏：《汉代的画像石刻》，《版画》1957 年第 4 期。
③ 李发林：《略论汉画像石的雕刻技法及其分期》，《考古》1965 年第 4 期。

砖艺术》、① 顾森、刘兴珍的论文《论汉画像砖与画像石的表现性》、② 汤池的论文《孔望山造像的汉画风格》、③ 杨伯达的论文《试论山东画像石的刻法》、④ 董旭的论文《汉代画像形式初探》、⑤ 黄雅峰的著作《南阳汉画像砖石的视觉造型》、⑥ 李淞的著作《论汉代艺术中的西王母图像》、⑦ 陈江风的论文《南阳天文画像石考释》、⑧ 朱存明的著作《汉画像的象征世界》、⑨ 刘晓路的《中国帛画》、⑩ 黄明兰、郭引强的《洛阳汉墓壁画》、⑪ 孔祥星、刘一曼的《中国铜镜图典》⑫ 等论著从不同角度进行了探讨。张道一的著作《画像石鉴赏》对汉画图像进行了分析与解读。⑬ 汉画图像艺术研究不断深入，逐渐形成中国艺术史上的辉煌亮点。

① 林树中：《常州画像砖墓的年代与画像砖艺术》，《文物》1979 年第 3 期。

② 顾森、刘兴珍：《论汉画像砖与画像石的表现性》，载南阳汉代画像石编辑委员会《汉画像石研究》，文物出版社 1986 年版。

③ 汤池：《孔望山造像的汉画风格》，《考古》1987 年第 1 期。

④ 杨伯达：《试论山东画像石的刻法》，《故宫博物院院刊》1987 年第 4 期。

⑤ 董旭：《汉代画像形式初探》，《河南大学学报》（哲学社会科学版）1987 年第 2 期。

⑥ 黄雅峰：《南阳汉画像砖石的视觉造型》，河南美术出版社 1994 年版。

⑦ 李淞：《论汉代艺术中的西王母图像》，湖南教育出版社 2000 年版。

⑧ 陈江风：《南阳天文画像石考释》，载南阳汉代画像石编辑委员会编《汉画像石研究》，文物出版社 1986 年版。

⑨ 朱存明：《汉画像的象征世界》，人民文学出版社 2005 年版。

⑩ 刘晓路：《中国帛画》，中国书店 1994 年版。

⑪ 黄明兰、郭引强：《洛阳汉墓壁画》，文物出版社 1996 年版。

⑫ 孔祥星、刘一曼：《中国铜镜图典》，文物出版社 1992 年版。

⑬ 张道一：《画像石鉴赏》，重庆大学出版社 2009 年版。

第 三 章

汉画图像的艺术史学特征

第一节 以图像表现历史与社会

两汉社会开拓进取、活力四射，为汉代人提供了前所未有的施展才能的广阔舞台。充满幻想、向往仙界、建功立业、求富逐利，是汉代社会民众的普遍心态。汉代人们所向往的神仙世界、所关心的历史人物和事件、所留恋的现实生活，精心表现在汉画图像上。墓葬图像反映汉代人的思想追求。

司马迁在《史记》中创立了通史体例，确立了描述通史的基本单元，建立了写作通史的具体结构，使用了历史学家的观点和评价。这四个方面的原则，对汉代的史学观产生了非常深远的影响，同时，也对黄河中、下游的汉画图像形式产生了重要的作用。

这种观念也影响到了其他地区，但多种的文化模式形成了丰富的汉画图像形式，长江流域呈现出强烈的神话色彩，即使对于相关的历史内容图像，也没有表现出十分严谨的历史模式，他们更多地显示出浪漫的形式。

一 三皇五帝时期

汉画图像描绘了传说时代的三皇五帝系列。传说中三代以前的中国古代帝王，史籍文献有不同的说法。关于三皇，《尚书大传》有"燧人"、"伏羲"、"神农"，《风俗通义》与《史记》为"天皇"、"地皇"、"泰黄"，另有"伏羲"、"祝融"、"神农"之说。关于五帝，《史记》有"黄帝"、"颛顼"、"帝喾"、"尧"、"舜"，《战国策》为"庖牺"、"神农"、"黄帝"、"尧"、"舜"。史籍文献所记载的这些古代帝王，都应是神话时代有品德和智慧，造福于人类的部落领袖。由他们的行为产生了"伏羲演八卦"、"女娲补天"、"黄帝战蚩尤"等神话故事。汉画图像反映了这个时代领袖人物的艺术形象。

在武梁祠西壁第一层，西王母仙界图像的重要位置下面，刻饰了三皇五帝以及夏桀的生动图像（图138）。从右至左为：

图138 山东嘉祥武梁祠三皇五帝图像（拓本）

伏羲、女娲图像。他们人身、蛇尾交织，伏羲居右，戴斜顶进贤冠，执矩朝左；左为女娲，绾发高髻，其面朝右。伏羲、女娲两人中间一孩童足为卷尾状，分别拽着他们的衣袖。榜题为："伏戏仓精，初造［王］业，画卦结绳，以理海内。"

祝融图像。其人头戴有双翅冠，衣不过膝，左手前伸，右手放在胸口。榜题为："祝诵氏无所［造］为，未有耆欲，刑罚未施。"

神农图像。神农头戴翅冠，穿短袴，低头弯身执耒耝似正在劳作。榜题为："神农氏因宜［教］田，辟土种谷，以振万民。"

黄帝图像。黄帝戴冕，身着长衣，回头相顾，左手前伸作指引方向状。榜题为："黄帝多所改作，造兵井田，［制］［衣］裳，立宫宅。"

颛顼图像。颛顼戴冕着长衣，拱手右行，紧跟黄帝。榜题为："帝颛顼高阳者，黄帝之孙，而昌［意］［之］子。"

帝喾图像。帝喾戴冕着长衣，双手当胸向右。榜题为："帝喾高辛者，黄帝之曾孙也。"

帝尧图像。帝尧戴冕着长衣，左手前举右行。榜题为："帝尧放勋，其仁如天，其知如神，就之如日，望之如云。"

舜帝图像。舜帝戴冕着长衣，姿势与尧帝相似。榜题为："帝舜名重华，耕于历山，外养三年。"

大禹图像。大禹戴笠，回头相顾，右手拿耝，左手前伸。榜题为："夏禹长于地理，脉泉知阴，随时设防，退为肉刑。"

夏桀图像。夏桀头戴斜顶进贤冠，执戟，坐在跪趴在地上的两个妇人的背上。榜题为"夏桀"二字。

图像的前八幅表现了传说中的三皇五帝形象。图像按照《史记》等书的描述，刻画了伏羲、祝融、神农三皇，黄帝、颛顼、帝喾、帝尧、帝舜五帝的形象。三皇的形象表现，伏羲、女娲蛇尾相交，有始祖神意蕴。祝融、神农在创业劳作，表现艰辛过程。五帝的形象表现，黄帝指引方向，颛顼、喾、尧、舜四帝紧跟向前，表现神话时代的发展历程。图像的后两幅表现了大禹的睿智勤劳和夏桀的荒暴残忍，形成了夏朝帝王美和丑的鲜明对比，以警示作用附着在三皇五帝图像的后面。在三皇五帝图像中，伏羲蔚开三皇时代，黄帝开启五帝时期，而伏羲与女娲又相依相偎密不可分，我们对三皇五帝的汉画图像以伏羲、女娲与黄帝等帝王为典型进行分析。

（一）伏羲、女娲

伏羲和女娲被尊为人类的始祖，众多的史籍文献对伏羲和女娲有着相当丰富的记载。《鲁灵光殿赋》中曰："伏羲鳞身，女娲蛇躯"①，而不同地域汉画图像为我们刻画了伏羲、女娲的生动形象。

《易传·系辞下》记载："古者包牺（伏羲）氏之王天下也，仰者观象于天，俯者观法于地，观鸟兽之文与地之宜，近取诸身，远取诸物，于是始作八卦，以通神明之德，以类万物之情，结绳而为网罟，以佃以渔，盖取诸离。"②而女娲"销炼五色石以补苍天，断鳌足以立四极。天不足西北，故日月移焉；地不足东南，故百川注焉"③。女娲补天，创造了人类，"俗说开天辟地，未有人民，女娲抟黄土作人。剧务力不暇供，乃引绳于泥中，举以为人。故富贵者，黄土人；贫贱者，引绹人也。"④武梁祠伏羲、女娲下半身以蛇身相交，表现这对人类始祖神血肉一体紧密相连，以其神圣的形象开创了人类的历史，画面的形式感强烈，具有山东汉画像石的艺术特点。而河南南阳麒麟岗汉画像石墓的伏羲、女娲图像，伏羲、女娲是与高禖图形象放在了一起。高禖之神主管婚姻，女娲和伏羲围绕在高禖两侧，成为代表男女阴阳概念的神祇。在该画面，中心是形象怪异的高禖，两侧分别是伏羲、女

图139　山东嘉祥武梁祠左石室伏羲、女娲图像（拓本）

① 萧统编，李善注：《文选》卷十一，上海古籍出版社1986年版，第515—516页。
② 徐志锐：《周易大传新注》，齐鲁书社1986年版，第450页。
③ 王充：《论衡》，岳麓书社1991年版，第167页。
④ 袁珂：《古神话选释》，人民文学出版社1979年版，第20页。

娲，以线形的流云把三个形象联系在一起，表现了与武梁祠不同的形式。四川郫县石棺伏羲、女娲图像，画面上伏羲、女娲人首蛇身，相依而吻两尾紧密相缠，形式感鲜明，强调生殖繁衍。

　　伏羲和女娲的汉画图像，因为地域和文化的差别，存在着一定的差异（图139、图140、图141、图142）。但在汉代人心目中，所要表达婚姻媾合及人类繁衍的意义却是清楚的。伏羲、女娲站在历史的起点，介于神、人之间，他们把神性的智慧传递给人类社会，成为人类的创造者。

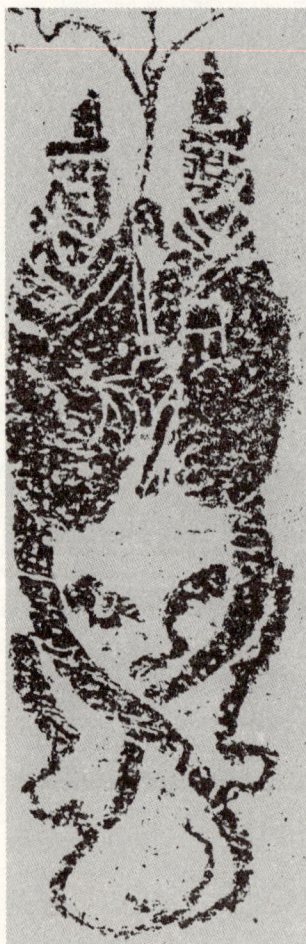

图140　河南南阳出土汉画像石伏羲、女娲图像（拓本）

图141　四川璧山1号汉代石棺伏羲、女娲图像（拓本）

图 142 陕西绥德出土汉画像石伏羲、女娲图像（拓本）

　　汉代人认为阴阳对立统一，包括天地、日月、男女、方位等任何事物都可以视为阴阳的具体表现。他们把阴阳的概念运用到对所有社会和自然现象的解释当中，创造了许多象征阴阳的具体物象，并用来阐释这一思想。汉画中的伏羲、女娲图像，一方面表现了人类始祖的特征，另一方面表现了汉代社会的阴阳概念，画面的形式清新感人。

　　（二）黄帝

　　黄帝开创了五帝时期。武梁祠西壁的帝王图像，分别是黄帝、颛顼、帝喾、帝尧、帝舜。图像将他们放置在一个层面中，表明他们处在同一个历史

图143　江苏铜山苗山汉画像石墓黄帝升仙图像（拓本）

阶段。这与《史记》中记载的五帝相吻合，《史记》介绍了从黄帝开始到帝
舜的生平、事迹，述说他们之间的承续关系，歌颂他们的美德。其中有关于
帝尧传位于帝舜的记载，要把王位传给最有德行的人，而不考虑他的出身或
社会地位。根据这个模式继位的帝王是人类美德的化身。武梁祠黄帝等五帝
画像，通过服饰和动作形象地表现了他们的共性和美德。尤其刻画五帝所用
的团块性造型，将他们的厚重德行和坚毅品质淋漓尽致地表现了出来。武梁
祠汉画图像用深刻的形象表现了五帝时期的这段历史，表现了齐鲁儒家文化

的现实追求。

河南南阳麒麟岗汉画像石墓前室墓顶的黄帝图像,黄帝处在与日神羲和、月神常羲及青龙、白虎、朱雀、玄武四神的天象图中。这幅图像表现了汉代人们对于上天的认识。黄帝作为时代的开创者,受到人们的崇拜,被代表为上天核心人物。因此黄帝端坐于画面中心,其他所有形象多表现为侧面。青龙、白虎、朱雀、玄武四神以侧面形象设置在黄帝四周。日神羲和、月神常羲尽管上半身的形象被描绘为正面,但他们下部蛇身为侧面,对称地安排在黄帝的两侧。黄帝呈现庄重威严的神态,安居于具有众神灵的上天的中间。在麒麟岗汉画像石墓的黄帝图像,黄帝和上天的众神灵共存,黄帝以神话的姿态出现,无论内容与形式,都呈现出南方巫楚文化的浪漫特点。江苏铜山苗山汉画像石墓黄帝升仙图像(图143)同样表现出浪漫情趣。

神话时代没有形成完整、统一、规范的史料记载,三皇五帝的人为臆断、加工和神话色彩,说明了那个时代的理想与追求。而汉画图像则形象性地表现了神话时代的本质与内涵。武梁祠的建造者是将目光集中到了追寻历史发展的轨迹之中。而麒麟岗汉画像石墓的主人,则是在恣意表现优美神话的瑰丽色彩。

二 三代至秦汉时期

从夏进入了三代时期,商代甲骨文已是比较成熟的文字。文字开始记载历史,至周代历史的记录逐渐丰富了起来。汉代对历史的记述与研究达到了一个新的阶段。汉画图像精心表现了三代与秦汉时期的历史。

(一)上天征兆

汉代人认为每个开国帝王的天命都由祥瑞事先预示,汉画图像表现了这种上天征兆的现象。

武梁祠的祥瑞图像似与夏周建立的传说有关。禹治理了洪水,据说上天就送下一支玄圭。汉代人把征兆之象形象性地表现,武梁祠画像有长方形一头尖锐的圭,榜题写为:"玄圭,水全流通,四海会同则出。"证明禹乃天命圣王,建立了夏。武梁祠的祥瑞图像表现一条鱼,榜题曰:"白鱼,武王渡孟津,中流入于舟。"据《宋书·瑞符志》记载,武王伐殷于孟津渡黄河时,有白鱼跃入船中。武王捡而视之,见鱼眼底有红字,预言武王的胜利。

武王于是把这条鱼祭祀给上天，感谢上天佑护他的周王朝建立。

朝代更迭的模式汉代儒家关心备至，他们认为汉代是不同历史循环系统的交接点，而不是单独的线性发展的终点，汉王朝是夏和周的继承者。在武梁祠中可以看到有关夏和周建立的祥瑞图像，但没有与商、秦相关的征兆图像。西汉儒生认为，黄帝代表了朝代史的开端，金、木、水、火、土五行之中，他的称谓中"黄"字象征"金"，其崛起对应着"土"，汉朝则再次对应着"土"，标志着一个新的周期的开始。为了强调这种观念，同时证明汉代开国皇帝刘邦出身卑微而成为天子的合法性，汉代儒家竭力从天人感应的角度鼓吹之。

《史记·高祖本纪》载："高祖以亭长为县送徒郦山……行前者还报曰：'前有大蛇当径，愿还。'高祖醉，曰：'壮士行，何畏！'乃前，拔剑击斩蛇。蛇遂分为两，径开。行数里，醉，因卧。后人来至蛇所，有一老妪夜哭。人问何哭，妪曰：'人杀吾子，故哭之。'人曰：'妪子何为见杀？'妪曰：'吾，白帝子也，化为蛇，当道，今为赤帝子斩之，故哭。'人乃以妪为不诚，欲告之，妪因忽不见。后人至，高祖觉。后人告高祖，高祖乃心独喜，自负。诸从者日益畏之。"[1] 文中记述刘邦起事时路遇白蛇挡道，遂斩之，后传刘邦为赤帝之子，斩了青帝之子，起事时众皆响应，遂成大事。故事将大蛇看作是上天为刘邦创业登基而降，汉画有生动的高祖斩蛇图像，表现了离奇的故事情节。

浙江海宁汉画像石墓前室北壁高祖斩蛇图像（图 144），表现刘邦昂首曲身与白蛇搏斗的情景。画面上大蛇盘旋卧起挡道，刘邦挥剑拼杀，后面有几位侍从紧跟向前。河南南阳针织厂汉画像石墓高祖斩蛇图像，突出了刘邦斩杀白蛇的惊心动魄的场面。仅表现与刘邦纠缠在一起的大蛇，及刘邦跟随的两个侍从。画面简明，蛇缠绕在刘邦的佩剑上，搏斗相持，侍从手中的钺则因为白蛇的攻击而折断。与白蛇纠缠的刘邦则显得豪气冲天，尽显王者之气。

（二）泗水捞鼎

刘邦作为西汉王朝的开国皇帝，汉画图像不但以上天降瑞予以附和，而且还选择历史上象征王朝合法性的"神鼎"流传故事，用图像形式进行精心

---

① 司马迁：《史记》，韩兆琦校注，中华书局1959年版，第1365—1366页。

图 144　浙江海宁汉画像石墓高祖斩蛇图像（摹本）

表现，表明汉代人对新建王朝的认识和态度。

"神鼎"是王权及统治者德行的象征。《左传》称："昔夏之方有德也，远方图物，贡金九牧，铸鼎象物。百物为之备，使民知神奸。故民入川泽山林，不逢不若，魑魅魍魉，莫能逢之，用能协于上下，以成天体。桀有昏德，鼎近于商，载祀六百，商纣暴虐，鼎迁于周。"① 文中所述鼎之传承最后到周，随着周、秦的覆灭，汉室认为神鼎理应归己所有，新建王朝亟需这类神物。但鼎在汉代建国之前就已不知去向，由于对鼎的去处关心，所以注重秦始皇捞鼎的故事。《史记·秦始皇本纪》记述的"始皇还，过彭城，斋戒祷祠，欲出周鼎泗水。使千人没水求之，弗得"② 的捞鼎情节，在众多的汉画图像中被生动地表现出来（图 145）。各地的《泗水捞鼎》汉画图像，内容的表现不尽相同，构图、人物造型及镌刻方法也存在着差异。捞鼎场面表现得热闹非凡，而在所捞的鼎上往往探出一个龙头，咬断拉鼎的绳索，以表示秦始皇捞鼎的失败。泗水捞鼎图像对秦始皇予以讽刺，相应地对汉王朝是一种赞颂。

① 阮元校：《十三经注疏·春秋左传正义·宣公三年》，中华书局 1980 年版，第 1868 页。
② 司马迁：《史记》，卢苇、张赞煦点校，浙江古籍出版社 2000 年版，第 43 页。

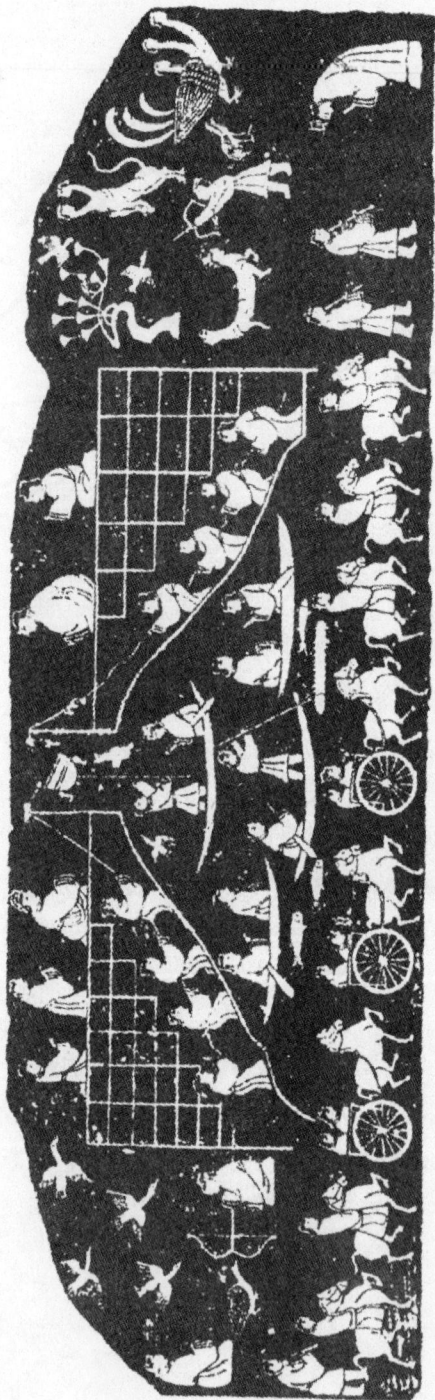

图145 山东长清孝堂山汉代石祠泗水捞鼎图像《金石索》木版摹刻本

　　（三）历史故事与思想教化

　　汉画图像以伦理道德为出发点，选取了自西周开始到汉代的历史故事来教诲世人。鸿门宴、二桃杀三士、曹子劫桓、专诸刺王僚、荆轲刺秦王、梁节姑姊、齐义继母、伯俞伤亲年老、邢渠哺父、董永佣耕养父、要离刺杀庆忌、豫让刺赵襄子、聂政刺杀韩王等历史故事，其人物形象生动，画面富于情节表现。对于这些历史故事，《史记》以人物传记的形式记叙之，汉画图像则以生动的视觉形象表现之。帝王、忠臣、刺客义士、列女、孝子故事等丰富的历史故事图像各具特色。

　　①帝王故事

　　鸿门宴图像树立刘邦的英雄形象。鸿门宴上，项羽的亚父范增主张杀掉刘邦，但项羽却犹豫不决，范增召项庄舞剑，想趁机杀掉刘邦。项伯为保护刘邦，也拔剑起舞，掩护刘邦。刘邦部下樊哙带剑拥盾闯入军门，以智和勇保护了刘邦。河南南阳汉画像石鸿门宴图像（图146），准确描绘了"项庄舞剑，意在沛公"的形象特点。画面中刘邦和项羽是主要人物，但没有安排在重要位置。而项庄却在中心位置，左手持剑，似乎拿剑刺向背对着他的刘邦。范增的动势和表情处理巧妙，露出一丝狡黠的微笑。项羽则手按佩剑，袖口飞扬，充满了杀机。图像刻画了处于矛盾中心的刘邦、项羽、范增、项庄四个人物形象，表现了故事的主题。

图146　河南南阳出土汉画像石鸿门宴图像（拓本）

　　②忠臣与刺客、勇士故事

　　武梁祠图像中的蔺相如故事，表现了《说苑·臣术》的内容："人臣之术，顺从而复命，无所敢专，义不苟合，位不苟尊。必有益于国，必有补于君。"① 赵国的忠臣蔺相如是体现这种"臣德"的典范人物，他保护自己的

————————————

　　① 刘向：《说苑校正》，向宗鲁校正，中华书局1987年版，第34页。

国家不受强秦侵犯。据《史记》记载，赵惠文王时，秦国假意用 15 座城池来交换赵国的"和氏璧"。赵陷入两难。后蔺相如带和氏璧与秦王谈判。当他发现秦王无意偿付赵国城池时，设法将和氏璧要回。以愿与璧俱碎于柱的气概震服了秦王，使赵国不受损失。蔺相如完璧归赵图像出现在武梁祠中心楼阁的旁边，显示出忠臣图像在祠堂的重要位置（图 147）。

图 147　山东嘉祥武梁祠蔺相如完璧归赵图像复原图

汉画的刺客图像展示出汉代社会的献身精神。《说苑·奉使》曰："夫专诸刺王僚，彗星袭月，奔星昼出；要离刺王子庆忌，苍隼击于台上；聂政刺韩王之季父，白虹贯日。此三人皆布衣韦带之士怒矣。与臣将四士，含怒未发，其利于天。士无怒即已，一怒伏尸二人，流血五步。"[1] 曹子劫桓（图 148）、专诸刺王僚（图 149）、荆轲刺秦王、要离刺庆忌（图 150）、豫让刺赵襄子（图 151）与聂政刺韩王（图 152）的刺客故事用图像刻画在武梁祠上，也表现在其他形式的汉画图像中。曹沫、专诸、荆轲、要离、豫让、聂政六大刺客的英雄形象通过汉画图像而广泛流传。

---

① 刘向：《说苑今注今译》，卢元骏注释，天津古籍出版社 1980 年版，第 393 页。

图 148　山东嘉祥武梁祠曹子劫桓图像复原图

图 149　山东嘉祥武梁祠专诸刺王僚图像复原图

　　汉画图像中义士形象生动深刻。二桃杀三士的故事发生在春秋晚期的齐国，据《晏子春秋·谏》等书记载，当时齐国的国君养了公孙接、田开疆、古治子三位勇士，三人飞扬跋扈。谋臣晏婴以智谋设二桃令三人分之，导致三士分别自杀。

图 150　山东嘉祥武梁祠要离刺庆忌图像复原图

图 151　山东嘉祥武梁祠豫让刺赵襄子图像复原图

图 152　山东嘉祥武梁祠聂政刺韩王图像复原图

　　山东嘉祥武梁祠左石室二桃杀三士图像（图 153），画面构图饱满，将公孙接、田开疆、古治子这三位勇士以及桃子，放在了画面的右侧，晏婴、送桃子的使者安排在了画面的左侧，人物造型较为写实。图像赞赏三位勇士的"仁义"，以及晏婴的"智慧"。而河南南阳汉画像石二桃杀三士图像（图 154）感情色彩明显，画面中只出现了公孙接、田开疆、古治子三位勇士的形象，和盛在盘子里的两个桃子。每个勇士都具有个性，画面进行了精妙的构图和安排。

图 153　山东嘉祥武氏祠左石室二桃杀三士图像（拓本）

图154　河南南阳出土汉画像石二桃杀三士图像（拓本）

山东地区齐鲁文化博大、厚重，南阳则具有楚国浪漫主义的文化底蕴。山东的二桃杀三士图像彰显出历史的经纶、沉稳厚重感，南阳二桃杀三士图像更多地体现的是勇士的仁义与刚烈。文化的差异，能够使相同的题材产生不同的艺术魅力。

③列女故事

武梁祠后壁及东壁有七幅列女图像（图155），分别为梁高行、秋胡洁妇、鲁义姑姊、楚昭贞姜、梁节姑姊、齐义继母、京师节女（图156、图157）。这些列女图像均基于《列女传》中的描述。关于《列女传》，班固《汉书》曰："（刘）向以为王教由内及外，自近者始。故采取《诗》、《书》所载贤妃贞妇，兴国显家可法则，及孽嬖乱亡者，序次为《列女传》，凡八篇，以戒天子。"① 说明书中收集了有关女性美德与恶性的历史事例。刘向编完《列女传》后，又与其他人反复校对，以文字和图绘在屏风之上，"《列女传》种类相从为七篇，以著祸荣辱之效，是非得失之分。画之于屏风四堵"②，以提供历史之镜鉴。汉代对列女故事的图像表现成为当时社会一种流行的艺术形式，武梁祠将之刻画在祠堂的石面上，以期起到长久的教化作用。

---

① 班固：《汉书·楚元王传》，中华书局2007年版。
② 徐竖：《初学记》，中华书局1962年版，第25页。

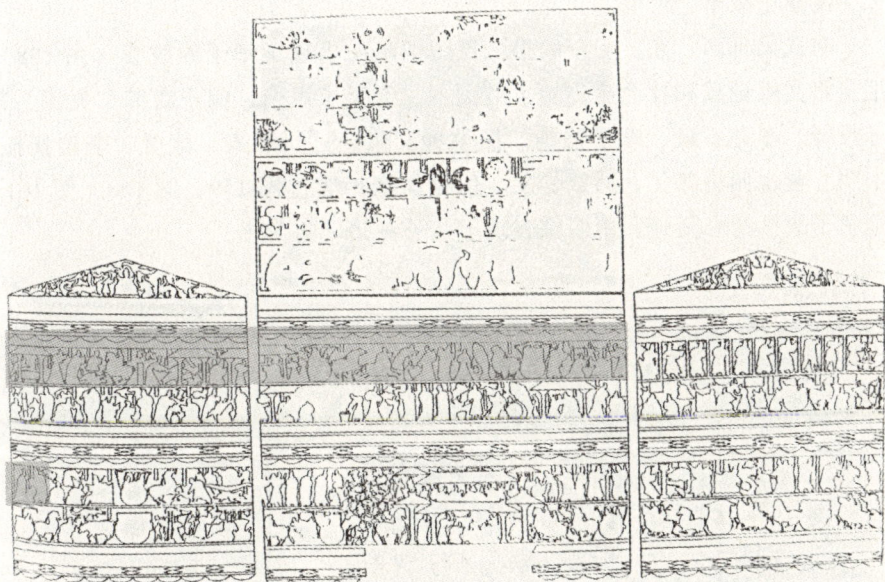

图 155　山东嘉祥武梁祠列女图像位置示意图

武梁祠东壁第一层列女故事图像

武梁祠东壁第三层列女故事图像

图 156　山东嘉祥武梁祠东壁列女图像（拓本）

图 157　山东嘉祥武梁祠后壁列女图像（拓本）

④孝子故事

在武梁祠西、东、后壁的第二层图像集中表现了孝子的故事（图158），把史籍文献记载和社会流传的丁兰刻木、老莱子娱亲、闵子骞御车失棰、曾母投杼、孝孙原毂、孝子魏汤、杨伯雍义浆、三州孝人、休屠、李善抚孤、朱明、董永佣耕养父、邢渠哺父、伯榆伤亲年老（图159、图160、图161）等孝子故事精心刻画。用图像表现了儿子对父母的孝行。

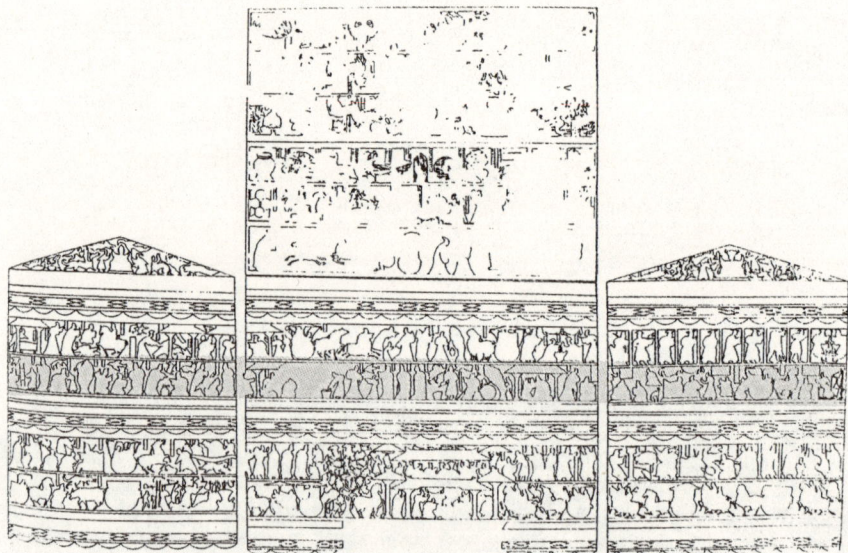

图158　山东嘉祥武梁祠孝子图像位置示意图

图159　山东嘉祥武梁祠西壁孝子图像（拓本）

图160　山东嘉祥武梁祠后壁孝子图像（拓本）

图 161　山东嘉祥武梁祠东壁孝子图像（拓本）

孔子曰："人之行莫大于孝；孝莫大于严父。"① 孔子把"孝"放在一个人道德发展的首要地位。东周后期，"孝"被认为是个人生活中最重要的美德。汉代"孝"的观念具有了更重要的社会意义，《孝经》认为："夫孝，德之本也，教之所由生也"②，"孝"义在社会中的发展，汉代丧葬艺术起了重要的作用。汉画的孝子故事图像集中表现了汉代民间社会的孝义思想。

三　现实社会生活

汉代人认为，人死后能飞升成仙，长生不死。世间的一切，死后依然能长久享有。因此，在汉画中出现许多表现人们战争、墓祭、升仙、劳作、狩猎、乐舞、庖厨等各个方面的图像，反映了丰富多彩的汉代现实社会生活。

（一）战争、墓祭、升仙

汉画图像中，车马出行内容较多，战争也是常见的题材。山东临沂白庄汉画像石墓和河南南阳新野樊集汉画像砖墓的河桥车马图像，描绘了墓主人在众多侍从护卫下车马越过河与桥的场景，画面中车马过河上桥，队列庞大。山东嘉祥武梁祠的左石室和前石室（图 162），桥上交战的图像位于祠堂西壁的下部，而在山东苍山汉画像石墓和沂南汉画像石墓，桥上交战的图像位于墓的门额。画面上有河与桥，交战双方以胡军和汉军对战者居多，两军在对阵厮杀。

将墓主人车马出行与河、桥联系在一起，与我国古代的宇宙观有关。《诗经·大雅·云汉》曰："悼彼云汉，昭回于天。"③ 这条天河在天、人两界之间，地下世界不是死后灵魂的安居之地，需要越过这条幽明两界之间的河流。在汉画图像中的河与桥，是作为幽明两界之间的分界线而出现的，其

---

① 喻涵：《孝经·二十四孝图》，湘子译注，岳麓书社 2006 年版，第 12 页。
② 阮元校：《十三经注疏·孝经注疏》，中华书局 1980 年版，第 2545 页。
③ 葛培岭注：《诗经》，中州古籍出版社 2005 年版，第 261 页。

图162 山东嘉祥武梁祠前石室河桥交战图像

河桥图像和后世奈何桥的意义有一定关联。墓主人车马行列通过幽明两界的河桥，到达墓地祠堂接受祭祀。

汉画图像中的河桥处于幽明两界的分界线，同时也是死者必经之路。桥上交战的双方，欲过河桥的一方是墓主的军队，另一方应是守桥的军队。在汉代人的观念中，隔绝幽明两界的河桥上守桥的为冥界军队，他们在阻止死者灵魂随意往来。桥上交战图应是墓主人率军冲破冥军阻拦的场面。冥字和幽字有黑暗和北方的意思，地下鬼魂世界可以理解成北方的幽暗之地。汉代，北方的游牧民族称为"胡人"，河桥的冥军被臆想为胡人组成。这样胡人军队成为幽明两界的河桥守军，他们在阻止墓主人率领的军队通过河桥。为了表现墓主人的灵魂离开冥界，汉画出现了车马过河桥与胡汉战争的图像（图163）。

图 163　山东苍山向城出土汉画像石胡汉战争图像（拓本）

山东嘉祥武梁祠后壁的居中位置有庄严肃穆的墓祭图像，在重檐楼阁和双阙中，形体庞大的墓主人在楼阁堂中端坐，两旁侍从跪、立，有轺车、鹤、大树与射鸟之人，还有范雎与魏须贾、蔺相如完璧归赵的故事。墓祭的场面宏大，是祠堂图像的重点表现部位。

升仙图像在汉画中数量众多，马王堆1号墓非衣彩绘帛画，上部有日、月、扶桑、蟾蜍、玉兔、蛇身人首神、飞人、升龙等图像，中间有墓主人与侍从图像，下部是举行祭祀升天的仪式图像。整个画面疏密自然，分布合理，以生动形象和完美构图表现了墓主人乘着两龙正徐徐升到神秘的天空，顺利成仙。河南南阳唐河针织厂汉画像石墓主室的顶部饰以蟾蜍、星宿、白虎、日中三足乌、河伯、虹霓等图像，墓门正面图像刻铺首衔环、朱雀、白虎及二吏、二龙穿环图案。铺首是象征饕餮的神化符号，朱雀、白虎、二龙穿环意示升天的祥和，二吏在护送墓主人，到达神秘的仙境。河南南阳县十里铺出土汉画像石羽人、神灵图像则表现了仙境神灵的奇丽生动形象（图164）。

图 164　河南南阳十里铺出土汉画像石羽人、神灵图像（拓本）

（二）劳作

汉画表现了汉代人科技与生产活动，以图像表现了田耕、刈禾、养蚕、织布、酿酒、制盐等劳作场面。四川成都与邛崃分别出土的制盐画像砖，画面上左方有盐井，四人在提取盐卤，有盐锅多口，一人在灶前烧火，一人锅中取盐，还有两人似在运盐。整个活动与《华阳国志》所记载的临邛火井取盐的情况相符。四川画像砖的酿酒图像，画面上许多人在进行发酵、和曲、送糟等酿酒活动。四川广汉出土的汉画像砖市井图像（图165），人们在从事商业的生产与交流，充满生活气息。汉代人以辛勤的劳作获得衣、食、住、行的生活条件，汉画图像生动地表现了劳作场面。

图165　四川广汉周村出土汉画像砖市井图像（拓本）

（三）狩猎

汉画的狩猎图像，在画像石、画像砖中出现较多。山东嘉祥纸坊镇敬老院出土的汉代祠堂西侧壁石，狩猎图像（图166）位于最底层。画面中有兔、鹿、鸟、猎犬、弩、毕等图像。先秦的狩猎活动，是一种与军事和祭祀有关的重要礼制活动。《左传·隐公五年》记载："春，公将如棠观渔者。臧僖伯谏曰：'凡物不足以讲大事，其才不足以备器用，则君不举焉。君将纳民於轨物者，故讲事以度轨。量谓之轨，取材以章物。采谓之物。不轨不物，谓之乱政。乱政亟行，所以败也。故春蒐、夏苗、秋狝、冬狩，皆於农隙，以讲事也。三年而治兵，入而振旅，归而饮至，以数军实，昭文章，明贵贱，辩等列，顺少长，习威仪也。鸟兽之肉，不登于俎，皮革齿牙骨角毛羽，不登於器，则公不射，古之制也。'"① 从文中可以看到，狩猎并非随意的娱乐，而是与祭祀和军事活动密切相关，且和宗庙祭祖典礼有联系。汉代的墓地祠堂来源于宗庙，承袭宗庙图像功能，自然将狩猎图像安排在祠堂内，进行墓祭活动。故尔地下墓室的画像石、画像砖中狩猎图像也是经常表现的题材。

---

① 刘利、纪凌云译注：《左传》，中华书局2007年版，第24页。

图 166   山东嘉祥纸坊镇敬老院出土汉代祠堂壁石狩猎图像（拓本）

（四）乐舞、庖厨

乐舞、庖厨图像在汉画中经常出现。墓地祠堂与画像石墓中图像多在东侧壁。山东嘉祥宋山出土的祠堂画像石东王公、庖厨、车骑图像（图167），画面可分为上、中、下三层。上层有东王公及其仙人。中层为庖厨图像：左边上面挂满鱼、兔、鸡、猪头，下面一人在烧窑；中间上面有两人在喝酒饮食，下面有一人在和面；右边一人在汲水，一人在剥狗。下层表现了车马出行的场面。墓地祠堂仿效宗庙之制，在东侧壁配置庖厨图像，符合墓祭礼仪的要求。庖厨图像在地下墓室画像石、画像砖中形象也十分生动，浙江海宁汉画像石墓在前室东壁下部也配置了庖厨图像。在汉画像石中，乐舞和庖厨

图 167　山东嘉祥宋山出土汉画像石庖厨图像（拓本）

图像也常组合在一起，在早期祠堂中出现较多。乐舞图像与巫觋观念有关，汉代有借丧祭之机歌舞娱乐的习俗，以此取悦于祖先灵魂。庖厨图像和乐舞图像共同来源于宗庙题材。在宗庙祭祀中，向祖先灵魂献上乐舞，供奉牺牲和祭食，是祭祀典礼不可或缺的主要仪式。发展至汉代祠堂，也仿效宗庙图像，在侧壁配置乐舞与庖厨图像，完全符合墓祭礼仪。同时，这种图像配置也扩展到汉画像石墓中。

第二节　本土艺术特征

汉代长期稳定的环境，为社会的快速发展创造了条件。生产力的进步与不断发展，孕育出了厚重的汉代文化。北方文化与南方文化、中原文化和周边文化的融合与统一，使汉代文化包容性、开放性、辐射性的特征日益突出。天人合一的儒家思想和长生不老的道家思想，又彰显出汉代文化的博大精深与奇异隽丽。在此基础上，具有中华民族本土艺术特点的汉代艺术风格形成了。平面装饰的完美形式，情节表现的刻意追求，深沉雄大的艺术形象是汉代艺术的主要特点。

一　平面装饰的完美形式

汉画研究应包含造型艺术中的建筑、雕刻、绘画三个大的类别。汉画图像由建筑的构造与装饰、器物的形状与装饰的形象组成。建筑的构造与装饰、器物的形状与装饰之间的关系应该引起重视。

汉代人认为房屋是自己的生存空间，每日在自己的屋宇中出入便形成了空间环境观念。人们把对世界的认识与屋宇结合起来，比较关心能容身其中的建筑及其构造。汉代木结构建筑渐趋成熟，可以根据需要为建筑布置空间，往往形成横向展开的空间序列，人们可以观看到丰富的序列场景。同时，木结构建筑呈现出榫合的木质结构美感，为通透的序列空间形成审美单元。这样呈现两个层面的视角：一是空间序列层面的建筑组合；一是具体建筑的单元印象。第一个层面是通透达观的，它要舍弃组合建筑的单元形象，而形成宏观广阔的横向感觉，它是平面性展开的（图 168）。第二个层面是要清楚建立构造的整体概念，看不到的地方也要清晰感知，从而形成某一建筑构造的总体形象。为达到这个效果，需要把相关构造从转折的侧面里拉出来，然后把整体构造平面铺开（图 169）。换言之，中国木构建筑的审美追求是整体宏观的，具体视角是平面展开的。汉代墓葬建筑虽为砖石砌筑，但在仿木构造形式这一点上，其审美追求是一致的，汉画建筑图像的具体表现也应是平面装饰风格（图 170）。

汉代人强调自然的和谐，对器物的装饰重视造型形态和图案形式的统一。堆塑罐堆塑的形体、汉代漆器、瓷器的装饰，如果把弧度展开，均呈现平面感。铜镜等平面形状的汉代器物装饰自然呈现平面感觉。

庞薰琹指出："在我国装饰画的传统表现方法中，所以要从各个不同的角度去观察一件东西，目的是要把这件东西，表现得更'全面'一些。在欧洲现代派绘画中，也有从不同的角度去观察一件东西，但是表现目的不同，它是要把一件完整的东西，分解开成为各自独立的面，然后再根据自己的想

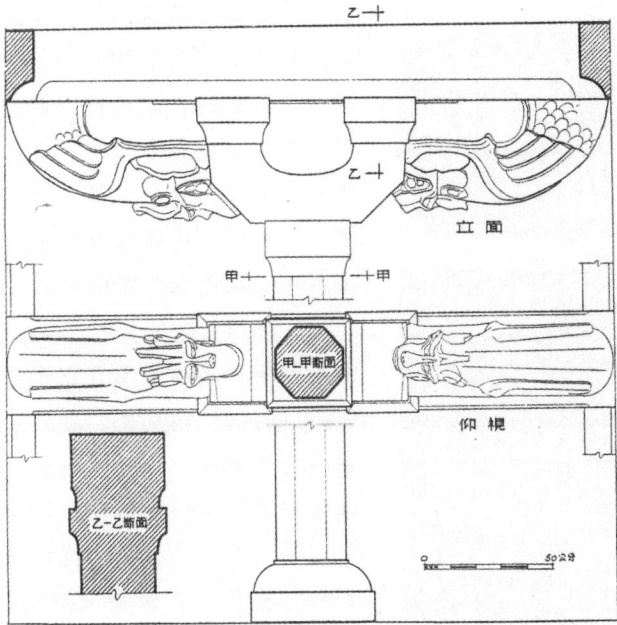

图 168 山东沂南汉画像石墓中室八角擎天柱立面、仰视、断面图

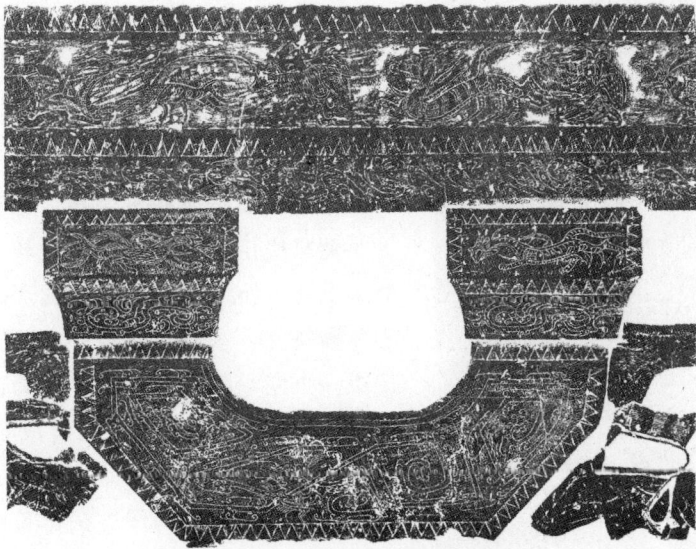

图 169 山东沂南汉画像石墓中室过梁与八角擎天柱上的散斗、
拱与两条龙石雕的东面图像（拓本）

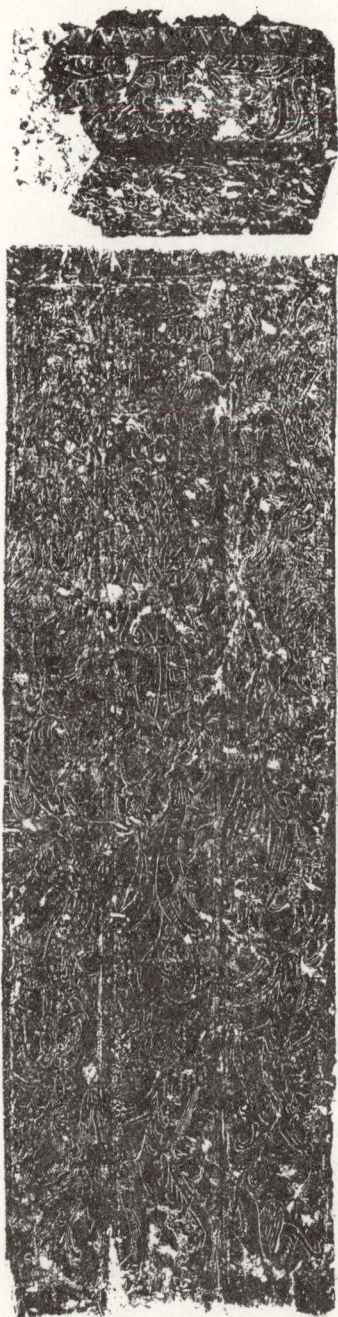

图170　山东沂南汉画像石墓八角擎天柱
的栌斗和柱身的西面（拓本　摹本）

法，重新组合起来。所以，虽然同时从不同的角度去观察描写，但是创作的思想不同，目的不同，表现的方法也不相同，当然效果也是完全不同。"① 中国装饰艺术素来重视形式，汉画图像追求形式美感达到了一个高峰。传统观念形成的平面装饰造型形象，在汉画图像中生动呈现。

汉画像石的平面形式具有代表性。画像石以仿木构件的形式出现在建筑中，首先满足的是建筑功能，使外部状态呈现平面性。汉画像石墓仿木构而筑，具有木构建筑的空间序列展开与结构清晰显露的审美实践。由此形成了中国民族文化底蕴深厚的石刻艺术，显示出鲜明的装饰特征，形成了汉画像石的平面装饰形式。其艺术特点是通过画面的运用、雕刻手法的选择、图形的平面化处理而显现的。

汉画像石画面表现力较强。建筑构件的体量多变特点决定了汉画像石的形式。墓室石材表面的大小不一，形成众多富于变化的画面。在设计构思过程中，汉画像石的每个画面按照视觉规律，根据石材的大小宽窄决定幅度。有时也将较大的石材分割成若干小的画面，形成鲜明的画面平面装饰特点：一石一画或一石多画，每幅即成一个完整的画面。并置的画面往往具有内容与形式的关联性，形成连贯的场景；每个画面有明确的主题内容，相应的情节关联，统一的构图方法；长宽比例符

① 庞薰琹：《中国历代装饰画研究》，上海人民美术出版社1982年版。

合审美要求；对纵深的平面表现。河南南阳麒麟岗汉画像石墓（图 171）共有 110 块画像石，画幅 155 幅，以多变的长宽尺度形成了丰富的画面形式（图 172）。墓顶、门楣与门扉均以多块或一块石材呈现一个完整的图像内容，各自构成单独的画面。墓顶以九块条石刻饰生动完整的黄帝与日月四神图像，组成一个长 327 厘米，宽 164 厘米大的画面，呈现完美的形式感。门楣画面长度最大为 266 厘米，最小 103 厘米。门柱画面最大的高 160 厘米、宽 36 厘米，最小的高 60 厘米、宽 29 厘米。这些不同的比例使画像石在空间中呈现相异的画面变化。这些画面无论大小，构图均比较完整，表现的内容情节比较统一，对长宽比例注意数据变化，有极强的画面构成感。由于画面被限制在墓室的建筑构件平面上，又采用隐起刻的制作方法，比较明显地呈现出平面装饰特点。目前全国已出土数以万计的汉画像石，由于建筑构件部位不同，呈现的画面形式极其丰富。其画面形式有三角形、圆形、半圆形、不规则形、方形、长方形等，在长方形画面中长宽比率尺度又多有变化，形成了汉画像石画面的极大丰富性。建筑构件功能形成了汉画像石的一石一画面、一石多画面、多石一画面的形式，画面的边界线围合构成了视觉平面性。

图 171　河南南阳麒麟岗汉画像石墓的条石框架结构——从西南向东北（照片）

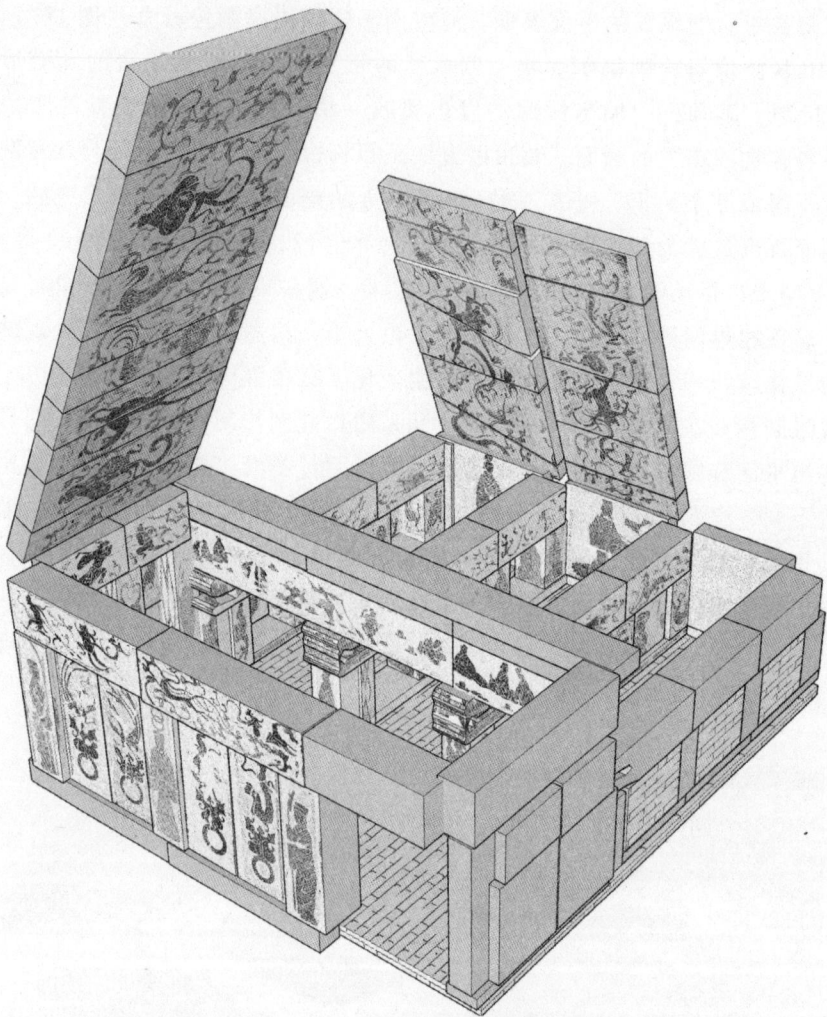

图 172　河南南阳麒麟岗汉画像石墓透视图

　　汉画像石的雕刻方法受中国传统雕刻艺术的影响,其早期石刻进行了平面造型的尝试。西汉早期陕西兴平霍去病墓是中国石刻中最完美的遗存,它以洗练平整、概括生动的造型手法凸显出中国立体石刻特点。汉画像石继承了中国石刻艺术的传统,通过实践,逐渐形成了精湛的雕刻方法,呈现出鲜明的艺术风格。

　　汉画像石注重图形的平面化处理。使用什么样的图形式样适合平面装饰表现,应是汉代画师工匠经常考虑的问题。汉画像石开始是以阴线在平面上刻制，表现的物象是平面的，没有立体感。但在发展过程中随着对空间兴趣的增加，逐渐重视物象的空间关系，重视物像在画像石装饰平面里的表现方法。这个变化过程，在不同区域、不同时期的汉画像石中有生动的体现。河南南阳汉画像石时代分明、数量较多，图形的演变脉络清晰，可以作为研究的典型。有学者将南阳画像石由平面到纵深发展分期为：[①] 昭宣至西汉末期；新莽时期；东汉早期；东汉中期至中晚期。这几个时期显示了图形由平面到纵深表现的变化过程：第一时期阴线刻加强了画面平面性的表现；第二时期隐起刻表现物象的凸起面，显示纵深空间的表现；第三时期出现侧立的人物图像，考虑到各部分的重叠，出现了远近关系；最后一个时期画像体积的表现力基本形成，画面呈现长、宽、深的空间感觉。河南南阳汉画像石在完成图像的纵深空间表现时，依靠图像本身形体的远近大

图 173　河南南阳麒麟岗汉画像
石墓贵妇图像（照片）

小、起伏重叠，以平面装饰的手法进行艺术处理，最后达到图像内容与装饰功能的完美统一（图 173）。山东汉画像石分布广泛，对图像的空间表现运用了各种雕刻技法：长清孝堂山石祠画像石，剔地与物象的界限明确，剔地与物象细部都处理得平整，出现装饰趣味；嘉祥武梁祠图像雕刻出的物象表面浮出较高，形成图形的连贯形式，表现出画像石整体的空间感；邹城画像石剔地与物象部分界限模糊，剔地时把石面处理得平整光滑，物象部分相对保持粗糙，以石材肌理对比呈现立体感；安丘董家庄画像石把物象外轮廓刻制得清晰明了，物象轮廓内形象模糊，使物象呈现完整统一的空间团块，显

———————————

① 参见郭晓川《南阳汉画像石视觉形式的演变的分期研究》，《美术研究》1994 年第 2 期。

示其体积感。四川（图 174）和山西（图 175）汉画像石的平面装饰均呈现出各自的特点。在汉画像石的发展过程中，图形使用与雕刻技法紧密结合，共同完成平面装饰造型。汉画像石是组成汉画图像的主体，汉画像石与汉画像砖、汉墓壁画、汉代铜镜、汉代漆器、瓷器及堆塑罐等汉代艺术遗存形成的平面装饰形式，呈现出鲜明的艺术特点，对后代产生了深远的影响。魏晋南北朝、隋唐继承了汉画像石的平面装饰形式。石刻艺术中，石棺椁、造像碑刻画基本沿用汉画像石素面阴线刻的装饰手法。在绘画艺术上，形成了中国卷轴画的构图章法以及用线造型的基本形式。

图 174　四川渠县沈府君左阙
白虎衔璧图像（照片）

图 175　山西神木大保当
汉墓墓门左立柱图像（照片）

二　情节表现的刻意追求

汉画图像对于情节的认识与表现，深受先秦文化的影响与汉代文化的滋润。道家学说充满灵气，"有物混成，先天地生。寂兮寥兮，独立不改，周行而不殆，可以为天下母"①，老子认为世间形象从无到有浑然天成，一直处于循环运动之中。《淮南子》把老子的"道"与万物萌生的过程结合起来："……天气始下，地气始上，阴阳错合，相与优游竞畅于宇宙之间，被德含和，缤纷茏苁……万物掺落，根茎枝叶，青葱苓茏，萑蔼炫煌，蠉飞蠕动，蚑行哙息……储与扈冶，浩浩瀚瀚……"② 对于形象的认识与把握逐渐明朗起来。汉画图像中对于情节的把握首先基于对形象的认识。

形象的明确接让关系。汉画图像表现各种形象之间的明确联系，采用了顾盼有致、张弛有度的接让关系。山东沂南汉画像石墓中室东壁图像中表现有顶竿、飞刀、七盘舞、马术等杂耍项目：顶竿的形象是由一人肩上顶一长竿，长竿上面顶一人在绕竿转动（图176）；飞刀的形象是由人弓步耍接数把飞刀；七盘舞的形象是一人在快步踏七盘起舞；马术的形象是一人在马上倒立。这些形象以明确的接让关系，组成该壁面的杂耍图像内容。浙江海宁汉画像石墓前室北壁的高祖斩蛇图像，白蛇居左，身体蜷曲，蛇头伸向中间的高祖，蛇尾与其呼应并支撑起身体。中间的高祖似行走时突然遇蛇攻，躯体后倾，昂首向前，两腿一伸一屈，支撑起躯体，一臂前伸举掌，一臂后伸举剑，从容应战。右边的侍从见主人有危险，倾身举掌跨步向前，躯体与高祖平行，臂、腿伸曲与高祖臂、腿动势呼应，共同产生出抗击白蛇的力量。在画面上，白蛇、高祖、侍从三个形象动势大、力量猛、爆发力强，形成一瞬间的紧张场面。但接让关系处理得好，形成了生动的故事情节。

形象的微妙接让关系。汉画图像常表现一些比较安静的形象场面，在画面上，各种形象安静地排列组合在一起，没有相应大的动作。但仔细分析，形象的安静中蕴藏着生动的变化。河南南阳麒麟岗汉画像石墓的舞乐百戏图像画面舒朗大方，形象相互呼应，呈现出和谐的关系。画面中观赏者居右边及左边，右边四人，左边三人。右边四人中间二人应为墓男女主人。中

---

① 任继愈：《老子新释》，上海古籍出版社1978年版，第23页。
② 刘安等：《淮南子》第二卷《俶真训》，上海古籍出版社1989年版，第16—17页。

图 176　山东沂南汉画像石墓顶竿图像（拓本）

间有抚琴奏乐者、百戏者、跳盘舞者与弄丸者。所有形象都处于舞乐百戏内容的关联中，他们的接让关系微妙（图 177）。河南南阳新野出土的汉画像砖侍女图像，三侍女头饰相同，胸前束手相同，细腰衣裙处理相同。不同的是由于前倾而造成的身体重心变化。左边侍女细腰后倾、颈前倾，似表现侍女准备行走的姿势；中间侍女细腰与颈较直立，表现侍女开始行走中的状态；右边侍女细腰前倾，颈向前微倾，表现侍女已经行走中的情景。三个侍女的形象蕴涵着微妙的情节，形象关联中产生艺术变化。滕固认为："南阳的俗尚自始即和山东不同而画像风格也就不得不异致。南阳人不尚理想，但

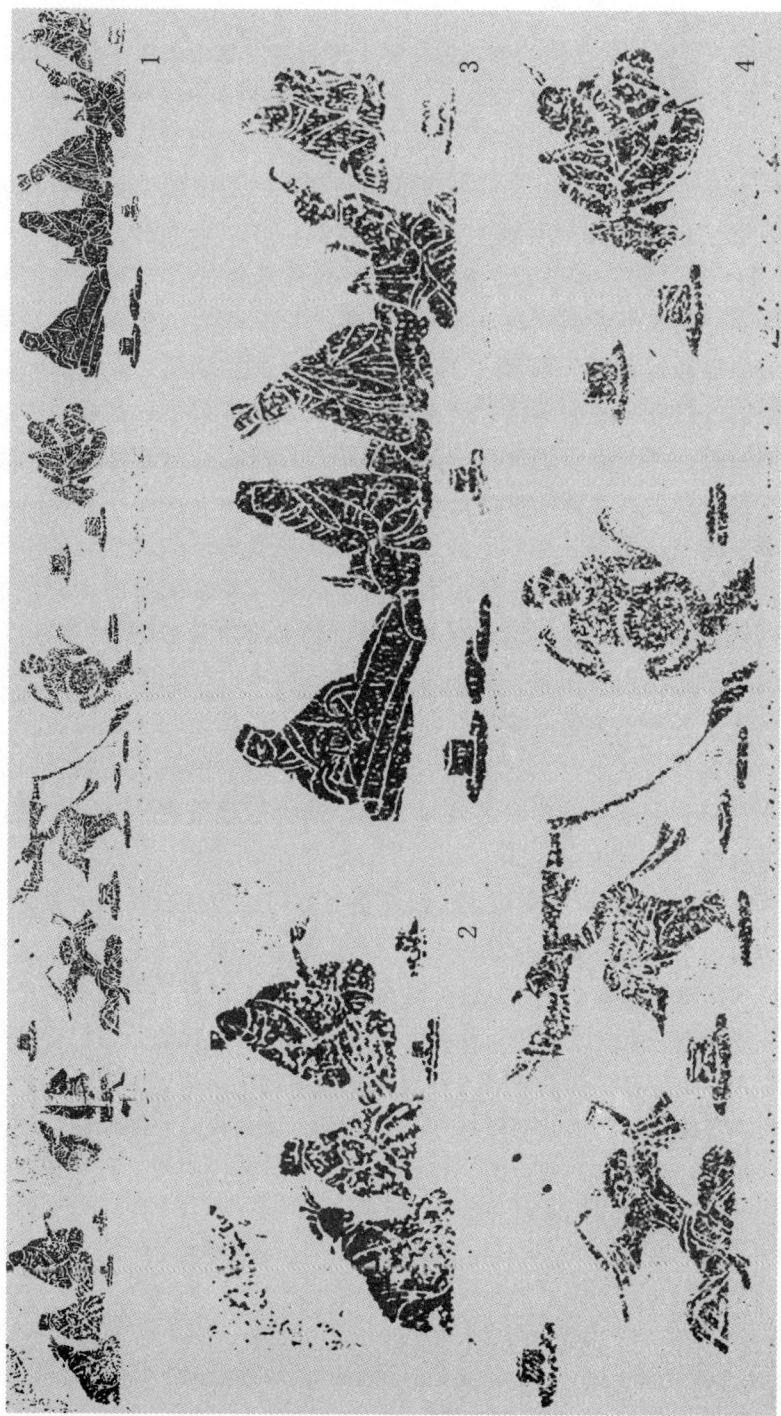

1整体　2局部一　3局部一　4局部三

图177　河南南阳麒麟岗汉画画像石墓舞乐百戏图像（拓本）

事现实的享乐，这种一往无前的豪迈的性格无遗憾地发露于画像。"① 南阳的传统俗尚、南阳的豪迈风格使汉画像石、画像砖图像艺术形象鲜明，富于情节表现。

形象的内容关联特点。山东嘉祥武梁祠西壁第二层图像，形象可分为三组：第一组三皇，伏羲（女娲）、祝融、神农；第二组五帝，黄帝、颛顼、喾、尧、舜，第三组夏代，禹、桀。图像用形象的衣饰和姿势两种符号进行分类。从衣饰看：祝融与神农头上用"巾"束发，伏羲与祝融着短裳，神农穿短裤；黄帝、颛顼、喾、尧、舜五帝均戴冕、着长衣；禹戴笠、穿短裳，桀戴华丽的帽子、着精美的长衣。从姿势看：伏羲右手扬起，接着第二组、第三组，诸帝王的形象均朝右方行走，只有桀朝相反方向坐在两个美女身上。这幅图像的三皇、五帝、三代帝王形象序列建立在内容关联的基础上，通过衣饰和姿势的内容关联完成情节的表现。第一组表现出三皇创业时代的原始与平等；第二组表示进入五帝统治的新的政治时代；第三组以禹、桀代表性地显现夏、商、周三代的君王统治。四川雅安高颐阙右阙第四层构石图像，描绘阙主人高颐在西王母使者迎接下升仙的情景。画面上各种形象特点明显，升仙的内容使形象之间相互关联。山东平阴孟庄汉画像石墓中室东侧室门中立柱人物、动物图像，被图案分隔的两层图像，分别由动作相关联的两列人物、动物形象组成，画面表现出生动的情节变化（图 178）。

伯顿·沃森指出："对于中国人，特别是对那些认为社会和自然界有着森严等级的汉代人来说，形式与意义是同义的。西方人很难想象这种观念对中国文字形式影响的程度。虽然我们有时会觉得中国人试图从古代文学作品的形式和秩序中探索意义是异想天开和勉为其难的，但是我们必须记得这种观念的确存在，至少在汉代是这样。"② 汉代人对事物的认识是宏观的，记录与表现的形式是综合的，当时的用纸并没有普及，汉画像石、画像砖、汉墓壁画及其他汉代艺术遗存，通过砖、石与多种材质对汉代图像进行表现，追求其生动的形式和形式中的隐喻意义。

---

① 沈宁编：《滕固艺术文集》，上海人民美术出版社 2003 年版，第 291 页。
② B. Watsan. Ssu_ ma Ch ien. Grand Histcrian of Chian. New York：Coiumdia University Press. 1958：p. 102.

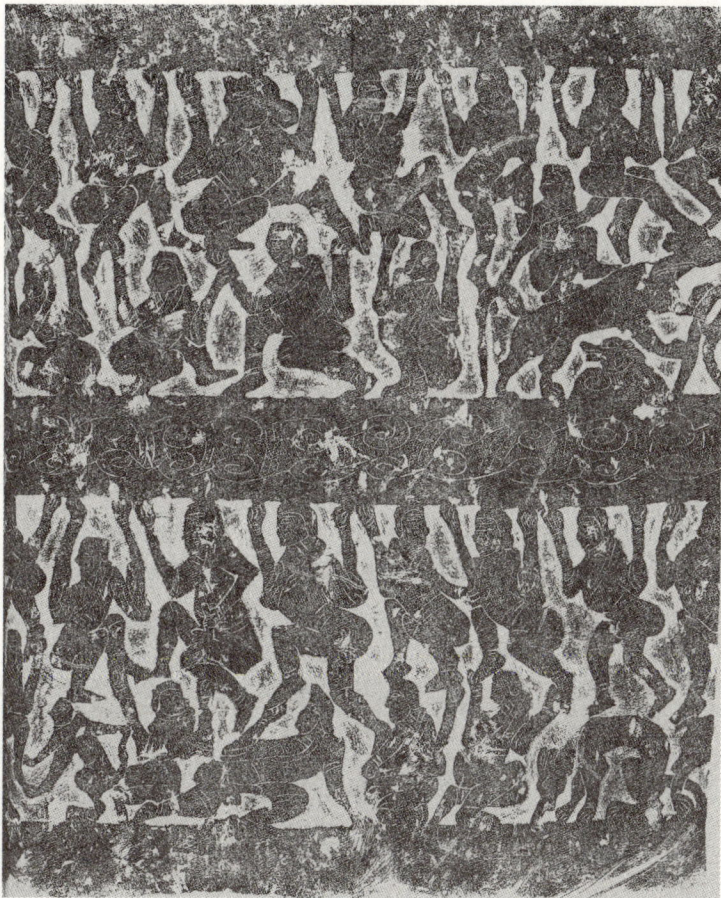

图 178　山东平阴孟庄汉画像石墓中室东侧室门中立柱人物、动物图像局部（拓本）

　　根据事物的特性去进行想象，以"隐喻"表现另一种观念。艺术活动的原动力，乃在于艺术家要表现他面临之实在的感应，即为参与人类的直觉活动。然而直觉和表现之间横有一道鸿沟，只有充分运用想象的艺术家才能越过。汉画图像在思维与表现过程中既注重具体的形式，也赋予了深邃的思想。阿道夫·希尔德勃兰特指出："无论知觉形式是这样或是那样，都取决于总体的情境，而且像情境本身那样，可能是稳定的或者经常变化的。"[①] 这种总体的情境产生了情节，如宗白华言："美与美术的特点是在'形式'、

_____

　　① ［德］阿道夫·希尔德勃兰特：《造型艺术中形式问题》，潘耀昌等译，中国人民大学出版社2004 年版，第 17 页。

在'节奏'，而它所表现的是生命的内核，是生命内部最深的动，是至动而有条理的生命情调。"① 情节是由生命内部的情调而产生的，它是艺术作品的至高境界，由形象的节奏形式与内容的相互关联而形成的。

情节表现形成了汉画图像的生动性，即使同一题材内容，不同区域的情节表现也多有变化。秦始皇泗水捞鼎的故事与象征意义前文已经叙述，汉画图像中出现了不少这类画像。山东嘉祥武梁祠左石室东壁捞鼎画像（图179），画面上象征性地只出现桥身、桥洞，桥上有一列人物在观看指导，桥洞左右分别有两列人物在用力拽鼎，两只船上的人物在用杆支撑已捞起的鼎，都为捞鼎而操忙。武梁祠右石室的捞鼎图像，也是象征性地出现立在木制高台上的打捞的人物及龙咬鼎索的场面，画面感觉是静态的。新野樊集M24汉画像砖墓泗水捞鼎画像（图180），画面中部刻画一拱桥，拱桥下面以两个斗拱支撑，拱桥上面有两层栏杆，桥身上用黑圆点进行装饰，桥两旁还有两个高耸的似装饰之物，拱桥的整体形状与细节表现均臻完善，成为捞鼎场面展开的生动载体。桥的中部为二人鼓舞与上桥的车行，两旁有拉鼎的

图179　山东嘉祥武梁祠左石室东壁泗水捞鼎画像（拓本）

---

① 宗白华：《美学散步》，上海人民出版社 1981 年版，第 99 页。

图 180　河南南阳新野樊集 M24 汉画像砖墓泗水捞鼎画像局部（拓本）

四力士。桥下两船，船上相对的四人似在敲击乐器，中间有一蜷曲昂头回首的巨龙，张口咬断绳索。拱桥上下情节迭起，马在高声嘶鸣，伎人在狂热鼓舞，力士在奋力拽鼎；拱桥下一龙腾空跃起，将索咬断。画像左方是车骑的飞行，右方是风的飞舞，一切形象都服从于情节的要求，所有形式都对情节进行表现。画面集中表现了巨龙咬断绳索的瞬间变化情节。在整幅画像中，马嘶阵阵，鼓舞相鸣，力士拽鼎，龙咬鼎索，所有情节的表现内容与形式是一致的，最后形成统一的情节，富于极强的艺术感染力。南阳汉画像石、画像砖对情节表现大胆随意，王庄汉画像石墓河伯出行图像，前面有二神人和鱼，中间分别为四鱼、车、河伯，后面有尾随的二骑鱼侍者，波浪滚滚，情节生动。方城城关镇汉画像石墓阉牛、抵虎、猴图像，画面中间虎和牛奋力相抵，右边有一人趁机在阉牛，右边有一猴在拉着虎尾玩耍（图 181）。情节赋予了南阳汉画像石、画像砖图像以完美造型。

图 181　河南方城城关镇汉画像石墓阉牛、抵虎、猴图像（拓本）

汉画图像表现了生动的情节，为魏晋南北朝雕刻和绘画的情节表现开了先河。

三　深沉宏大的艺术形象

鲁迅对汉画的定位是"气魄深沉宏大、粗犷豪迈、浑朴古拙"①。近百年来，"深沉宏大"成为人们认识与把握汉画的基点。汉画图像深沉宏大的艺术风格是通过整体形象把握与运动形式、简约形式、相对表现形式体现的。

（一）整体形象

艺术的开始，来源于模仿。其过程常常按照自身的要求来调整、移动轮廓与平面，从而获得整体外貌的描绘方法。汉画图像具有整体的视觉外貌特征。图底关系是造型表现必须重视的问题。在空间布局的形象间，在平面装饰的图式中，图与底如何分开，形象与背景怎么脱离，是极其重要的表现环节。一般来说，二元化的图式会融合成一个连续统一的形状，其中也会包括一些次要的形状，成为其间的缓冲或装饰，用来改变整个图形与背景的关系。② 汉画图像以形象整体外貌表现为艺术追求，注重形象与外在环境的联系，把其作为无限空间的一个客体来进行视觉样式的分析，从而取得整体的外貌形式。汉画图像重视轮廓线表现，但是为了表现形象的整体外貌，在肯定后又否定轮廓线，以轮廓与内部形象构成一个整体图像，轮廓线内呈现出模糊的感觉。在汉画像石、画像砖、铜镜及器物的制作装饰中注重整体外貌的表现，无论表现凸出与凹入形象都先从整体入手，分开与周围环境的联系，然后在形象轮廓内用多种方法呈现。材料质地肌理运用是汉画像石整体形象表现的一个方法。汉代工匠利用石材之大小、石质的裂痕，运用多种凿制方法，以自然和人为的肌理效果表现了汉画像石的整体外貌形式。其运用肌理的方法较为灵活，以天然石纹形成画面肌理，以人工凿制形成画面肌理。两种肌理变化交替出现在形象与背景上，形成了图与底的复杂变化。河南南阳唐河针织厂汉画像石的肌理表现

---

① 《鲁迅全集》第十三卷，人民文学出版社 1981 年版，第 207 页。

② 参见［美］鲁道夫·阿恩海姆《视觉思维》第十五章《理论模型》，滕守尧译，光明日报出版社 1986 年版。

形成了该地画像石的整体形式感，其中的荆轲刺秦王画像石图像，秦王、秦武阳的外轮廓线和身体内部均施以或长或短、或深或浅的阴线，与石面粗糙的自然肌理浑然一体。形象之外的背景也保持粗糙的石面，图底关系统一，生动地表现了画面的主题。汉代的建筑（图182）与园林、汉代服饰追求汉代的整体形象美，汉代铜镜、汉代漆器、瓷器的造型和装饰均统一在整体形式表现中。

图182　山东沂南汉画像石墓建筑图像（摹本）

（二）运动形式

运动，是视觉最容易注意到的视觉现象，动物的运动速度和力度一直受到汉代人的赞赏。在现实生活中，一年四季的交替，白昼黑夜的变换，风雨雷电、江河激流的自然运动受到民众的崇尚。汉画图像借助动物和自然界的运动形式表现形象，龙是最成功的对象，它躯伸行走如流云，躯合盘旋有爆发力，其形象给各种动物运动找到了变化的依据。河南南阳汉画像石狩猎图像（图183），犬似利箭，马如海啸在追逐逃鹿。汉画动物中牛是表现最具生气的形象，河南南阳引凤庄出土汉画像石斗牛图像（图184），牛低俯的头、隆起的颈、三蹄着地在聚集着力量，腹的收缩、臀的微跃、后蹄和尾的扬起显示着向前的冲力。汉代漆器中云纹是主要的装饰图案，云纹以运动着的轻灵形态联系着其他的物象。

图 183   河南南阳市政府大院出土汉画像石狩猎图像局部（拓本）

图 184   河南南阳引凤庄出土汉画像石斗牛图像（拓本）

　　汉画图像改变了商周图案的工谨表现方法，摆脱了写实描绘的客观物象束缚，以完美的形象表现汉代人的精神与思想。汉画图像有丰富的运动形式，是一种行如流水的运动。所表现的形象经常处于强烈的运动状态。为了加大运动的力度，经常改变动物、神灵的物质属性，将其形象融入流动的虚灵空间，以极高的速度，使飞动的图像与云气交融结合，以流线感觉出现在画面中，周而复始地运动。汉画图像表现出循环流动的天体与云气，某些象征意义的形象，依天体运行轨迹方向表现，呈现出流线运动节奏明快的感觉。汉画图像的人物神灵腰被束细，身体拉长，舞姿极讲究流线之美，有些

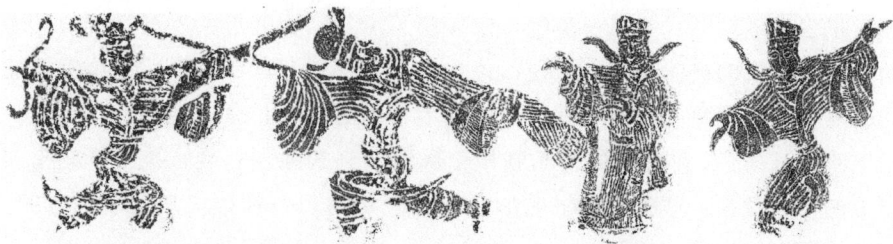

图185 安徽宿县褚兰镇金山孜出土汉画像石演武图像局部（拓本）

形象身体呈 S 形，形成丰富的运动曲线变化，由点、线、面构成运动态势。点、线、面是视觉艺术表现的手段，它们之间存在着运动状态（图185）。

运动升华了汉画图像艺术，行如流水、周而复始、节奏明快构成了汉画图像的艺术形象，而点、线、面的结合则把这些形象表现为新颖的艺术形式。康定斯基指出："线产生运动——而且产生于点自身隐藏的绝对静止破坏之后，这里有从静止状态转向运动状态的飞跃。"① 面是点的汇集，点的运动和集合形成了线和面，汉画图像的画面在进行点、线、面的运动组合。河南南阳淅川出土的汉画像砖鸡图像，用线概括简练，表现了雄鸡引吭高鸣的生动形象（图186）。鸡图像耳朵的"点"、头部的"面"，全身的"线"处理得生动自然。而鸡的图像颈、背、腹、臀、腿一根曲

图186 河南南阳淅川出土
汉画像砖鸡图像（拓本）

线下来，表现了颈的松软、背的厚重、腰的灵活、臀的坚实、腿的运动和力度。汉画图像成功地运用点、线、面构成规律，让点附着于线，线推动了面，以整体灵动的位置变移来表现运动流线。使画面形式具有艺术感染力。

① ［俄］康定斯基：《论艺术的精神》，人民美术出版社1980年版，第39页。

　　扩张是运动形式的另一类型。它表现了由封闭到开放的发展过程。艺术品是一个有限的整体，一般来说，位置的移动形成运动状态，但是位置静止并非不是运动，它内部存在即将运动的因素，有一种扩张的性质。鲁道夫·阿恩海姆认为："在静态的自然物中，所感觉到的强烈运动，是由下述事实造成的。这就是：这些自然物的形状，往往是物理力作用之后留下的痕迹，正是物理力的运动、扩张、收缩或成长等活动，才把自然物的形状创造出来。"① 应该说扩张力爆发成运动，扩张的形式是基本的运动形式。在由静止到运动的扩张形式变化中，汉画图像具有明显的可视性。山东枣庄西集出土的汉画像石日、月图像（图187），画面分两格，一格内有日圆图像，一格内有月圆图像，日圆中有三足乌等神灵，月圆中有蟾蜍等神灵。日圆和月圆在格子内占面积较小，但是内在的三足乌、蟾蜍等神灵具有生命力，心里感觉日、月圆形会向四面八方放射扩张，呈现运动的力量。汉画中的蹶张图像，蹶张两脚踏弓，奋力张弦，下面弓比较宽，人头部比较小，成三角形，力沿着两条边向上聚集，也由底部直接向上扩张，恰好完成了弦之矢向上发出的感觉。

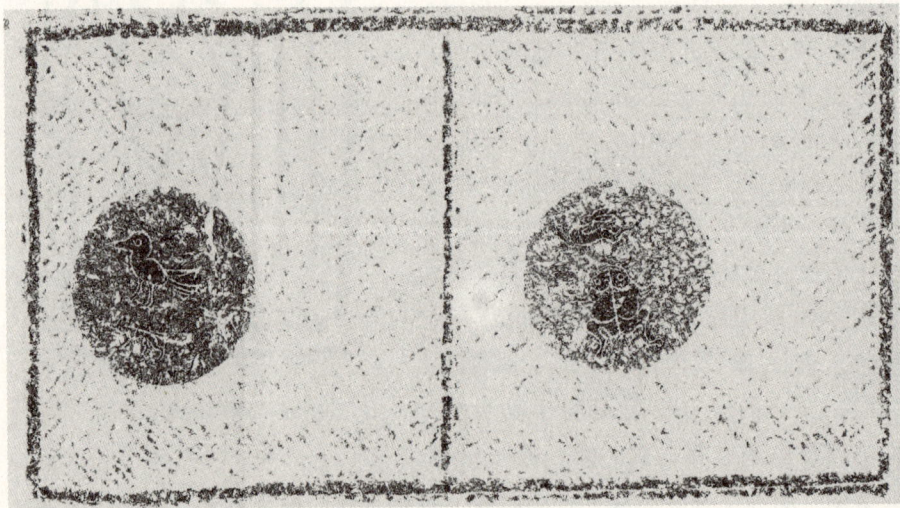

图187　山东枣庄西集出土汉画像石日、月图像（拓本）

---

　　① ［美］鲁道夫·阿恩海姆：《艺术与视知觉》，滕守尧、朱疆源译，中国社会科学出版社1984年版，第596页。

　　定向倾斜是实现物象扩张的一种方法。倾斜造成物象以垂直和水平等基本空间方位上的偏离，它会在正常位置和偏离了的位置之间形成一种扩张，造成视觉式样的改变。汉画像石中有大量的墓门画像，下面是铺首衔环，上面是白虎。铺首一般比较规整，为正面静止形象，白虎为全身直立的形状，整体呈定向倾斜形。虎的一爪抓在平衡的铺首上，身体倾斜成斜线，表现为某一实际运动过程中的一个短暂阶段。似乎随时准备跃直身躯，蹲下铺首，完成镇墓辟邪的使命（图188）。

　　特种含义的假定是实现物象扩张的另一种方法，山东沂南汉画像石墓中室过梁东面神怪、神兽图像，其中神兽图像多数是前后腿交替的奔跑姿势，但也有两前腿向前、两后腿向后的神兽图像（图189）。这种图像在河南南阳出现较多。河南南阳汉画像石的雷公图像，纤索挽引的三只翼虎，腾空飞跃。翼虎前腿绷直向前，后腿伸直向后。汉画像石、画像砖中的车骑出行图像中的马、田猎中的犬和獐、兽斗中的虎和牛也往往以这类形象出现。现实中奔跑的动物一般是前后腿交叉，不会出现前腿后腿同时并列伸开的现象。但是，动物的这类奔跑艺术表现形式已被许多艺术家和观众所接受，在亚洲和欧洲

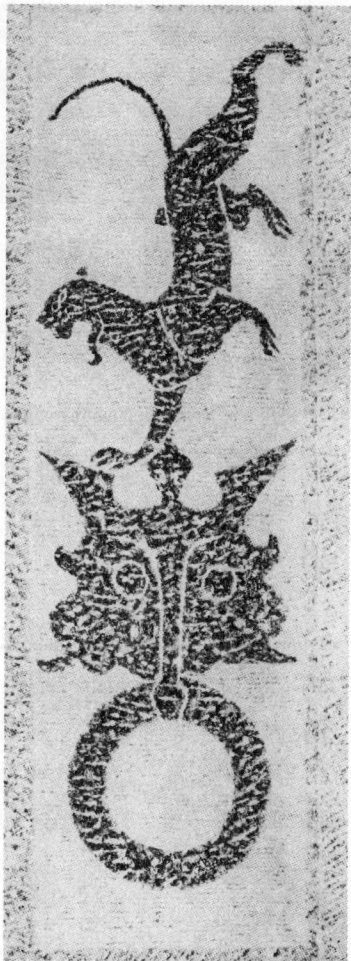

图188　河南南阳环城乡出土汉画像石白虎·铺首衔环图像（拓本）

艺术中都可以看到这类现象。我们之所以视其为动物的最佳运动形式，是因为两个并列的前腿和后腿是倾斜线，它存在着定向倾斜的扩张形式。在视觉式样中，倾斜的腿会回归到动物奔跑的实际状态。视觉过程使实际运动形式改变成绘画运动形式。汉画为数众多的伏羲、女娲图像，竖幅画面，人首蛇身变形为"S"形式样，身体似乎被强烈的扭曲，感觉到一种极度扩张的现象，表现了伏羲、女娲的神灵威力。从艺术规律分析，用特种含义的假定能够表现出肢体的真实运动。古希腊雕塑"掷铁饼者"没有真正将铁饼掷出，

图189 山东沂南汉画像石墓中室过梁东面神怪、神兽图像局部（拓本）

汉画图像中"蹶张"也没有把矢真正射出，但我们却充分领悟到物体偏离了正常位置所蕴藏的扩张力。汉画图像中的车骑出行图像往往表现两匹拉车之马并列行走，前面的马腿抬起较高，后面的马腿抬起较低，相继出现似乎是运动的连续过程。在视觉艺术中，有时仅仅是视觉形状在某些方向上的集聚或倾斜，便传递了一种特殊的含义，实现了从静止状态转向运动状态的飞跃。

（三）简约形象

简约是汉画图像的一个表现手段，画像的概括必然产生完美的形式。在汉画包罗万千的图像世界里，通过观察、分析、提炼，抓住本质特点进行表现，最后使汉画图像产生有意味的简约形式，使其具有广泛的代表性。

就汉画图像的建筑表现而言，无论表现门阙院苑、台榭庭楼，均把复杂的形式简约处理，在每一类别找出能反映本质特点的细节进行表现，致使呈现带有共性的建筑形式。然后利用艺术规律对形式进行再创造，形成汉代建筑的完美形象。河南灵宝函谷关东门出土的画像石图像，刻两座式样相同的四层木构建筑，斗拱承檐，一层有门，二、三层设窗，周以走廊，四阿顶屋顶坡面。河南南阳赵寨汉画像石墓图像，两个柱体承斗拱支撑坡面，并向上延伸，托起两个双层望亭，建筑开朗壮观，富于节奏变化。四川合江出土的5号汉代石棺庭院图像（图190），画面中间为重檐庑殿顶建筑，上面用阴线刻出简约的仿木结构，建筑下面的台基用变化而又概括的图案刻出，生动地反映出庭院的特点。河南南阳社旗出土的汉画像砖图像，二柱托斗支撑二重檐。四攒尖顶的坡面，简洁生动，单纯神秘。郑州出土的东汉画像砖出现了阙楼组合建筑画面，阙与楼已成为完整的建筑构造，上面有观看与居住的使用功能，下面有守护与关合的门户作用。从众多的图像中可以看到汉代建筑屋顶坡面的形式：庑殿、悬山、硬山、攒尖、歇山等；柱与梁架的构件：础、柱、枋、斗拱、栏杆、扶梯等。汉画图像简约生动地再现了汉代建筑的

图 190　四川合江 5 号汉代石棺庭院图像〔拓本〕

艺术与技术。

　　雕刻的简约处理使汉画图像十分生动，青海省博物馆藏汉代彩绘木马（图 191），形体简约，颈部拉长，突出面部的神态表现。河南南阳汉画像石兕图像、画像砖的人物仙灵图像，人物多呈细腰状。无论是女伎、侍女或贵妇人，均腰如束素，妩媚动人。男性也以细腰者为多，达官、门吏、男伎、仆从中不乏此类形象。神灵亦为细腰，东王公、西王母、羽人、嫦娥、后羿等均如此。杨柳细腰的简约概括，使汉画图像的人物形象婆娑多姿，楚楚动人。汉画图像被简约表现为鲜明的视觉形式，呈现出生动的个性特色。

　　（四）相对表现形象

　　艺术是人的精神的表现形式。贝尔在论述南美洲神秘而又庄严的艺术后，精辟论述道："它们具有三个共同的性质——没有现实的再现，没有技术上的装模作样，唯有给人异常深刻印象的形式。"① 汉画描绘的艺术形象，或

图 191　青海省博物馆馆藏汉代彩绘木马（照片）

①　〔美〕贝尔：《艺术》，周金环、马钟元译，滕守尧校，中国文联出版公司 1984 年版，第 14 页。

其变形与臆想，均用特定形式表现。以河南南阳汉画像石图像为例：日月同
辉图像，阳乌头、翅、尾均为清晰的几何形，身体则更大胆地处理成圆形，
既和相连的几何形相对比，又与后面的月圆形相呼应。蟾蜍呈椭圆形，几个
圆形出现节奏变化；兕画像（图 192），全身均由较规则的几何形组成，以
眼的圆形、角的正三角形最为突出，表现了兕的凶猛和威力；虎吃女魃图像
（图 193），穷奇、女魃、虎、熊四个形体呈循环状，女魃在循环状的最下
点，形体弱小，成为高大的穷奇和虎的捕食之物，形象均进行了相对艺术表
现。画像砖泥模的翻制利于图案表现，图案化动物在河南南阳汉画像砖图像
中经常出现。狩猎图像（图 194），猎犬在逐鹿，鹿轮廓规整圆润，身上花
纹规范统一，闪烁着跳动的色彩。双鹤图像，两鹤曲颈相鸣，图案变化简洁
生动。相对表现使汉画图像生动多彩。

图 192　河南南阳出土汉画像石兕图像（拓本）

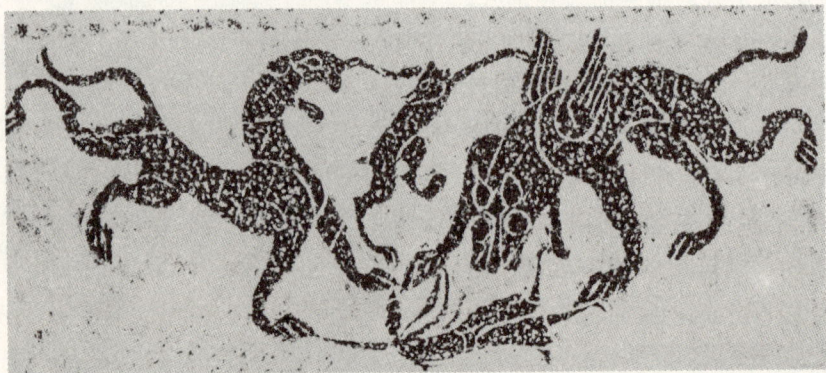

图 193　河南南阳唐河针织厂汉画像石墓虎吃女魃图像（拓本）

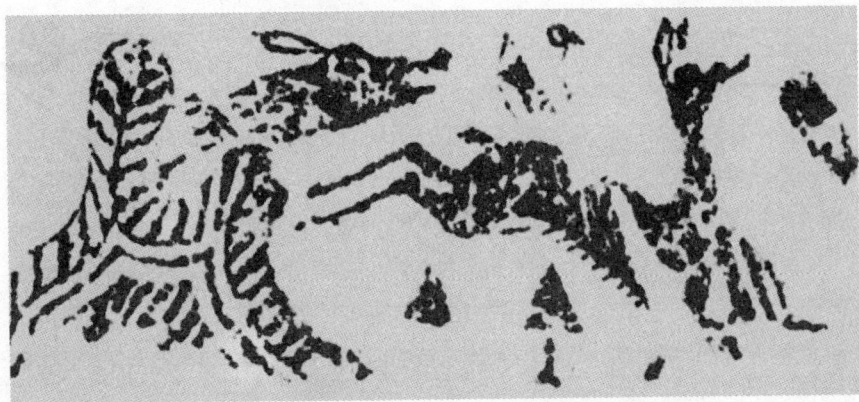

图 194 河南南阳唐河井楼山土汉画像砖狩猎图像局部（拓本）

图 195 河南南阳麒麟岗汉画像石墓青龙图像（摹本）

图 196　浙江海宁汉画像石墓青龙图像（摹本）

　　爱因斯坦的相对论给我们指出了事物之间的相对关系。艺术作品只有相对地表现本体的物质属性，才能创造出动人的艺术形象。平面装饰形式决定汉画图像必须相对地表现对象，阴阳五行的思维方法又给予汉画图像极其自由的表现。人物可拉长身体或加宽身体，动物可以改变每部分的体积外形，进行浪漫大胆的想象。万兽之灵——龙的形象（图 195），既可以像兽那样行走，也可以像云在天空中飘行。它有时插上双翅，有时鳞片布满全身。即使对于云气与植物，也进行神化的相对处理（图 196）。云气千变万化，有极强的动势，植物超越自身的自然属性，充满神奇的力量。可以说相对表现形式赋予了汉画图像以极强的生命力。

　　艺术形式决定形象的外在风貌，深沉宏大的艺术形象组成了汉画图像的主要特征。

四　本土艺术的形成

　　汉画图像的平面装饰形式、情节表现特点、深沉宏大特征有机融合，以整体形象存在于众多的汉画艺术遗存中。

　　汉画像石、画像砖的出土量大。汉画像石、画像砖存量丰富者有河南南阳、四川，汉画像石存量丰富者有山东、江苏北部、河南东部、安徽北部区、陕西北部，其他区域汉画像石、画像砖零星存在。深沉宏大是汉画像的共同特点，但是在共性之中也存在着个性的差异。一般来说，山东、江苏北部、河南东部、安徽北部、陕西北部等地的图像艺术偏于深沉古拙，河南南阳、四川等地的图像艺术显示雄大隽丽。前者明显受北方青铜艺术和儒学影响，后者则继承了南方楚艺术的表现传统。从版图看，河南南阳长时间为楚地，汉画像多呈现楚艺术特点，山东、江苏北部、河南东部、安徽北部这个区域的南部曾一度为楚的地域，亦受到楚艺术影响，接近雄大隽丽的风格。另外，四川汉画像石墓多集中在长江流域的江河沿岸，南阳图像风格会通过长江流域水路传入四川。南阳作为楚地，与楚艺术有更为广泛的接触和承继。同时南阳又为长江、黄河之间的南北文化交接地，亦是汉代中心区域的文化大都市，反映着汉代中心文化的特点。因此，形成南阳汉画像石、画像砖雄大博深，空灵飞动的艺术风格。汉画像石、画像砖具有深沉宏大、奇丽隽秀的图像世界。

　　汉墓出土的帛画、壁画丰富多彩。"帛画基本属于长江流域的文化，壁画基本属于黄河流域的文化。"① 如果将出土的公元前168年的湖南长沙马王堆1号汉墓帛画与公元前144年的河南永城芒砀山汉墓壁画进行比较，帛画要早于壁画，这两种同为汉墓出土的艺术形式似有由南向北逐渐发展的趋势。在南帛北壁的格局中，南方艺术影响了北方。湖南长沙马王堆1号汉墓帛画表现了上天、仙灵和现实世界，洋溢着巫楚文化的隽灵与神秘。山东临沂金雀山汉墓帛画则用写实的方法缩小了上天的描画范围，扩大了渡海求仙的场景，表现出丰富多彩的人间生活，显示齐鲁礼教文化的影响。汉代壁画以河南永城芒砀山柿园墓蔚为大观。它绘制的巨龙长5米许，气魄宏大，表现了巫楚文化影响的生命力。河南洛阳卜千秋汉墓壁画色彩艳丽、线条流畅，以神兽和仙人表现墓主人的升天意愿，其艺术特点应与马王堆非衣帛画有联系。卜千秋墓之后的河南洛阳玻璃厂汉墓壁画以较为准确的造型表现墓室主人的各种生活场面，显然，已经受到了北方世俗思想的影响。汉墓帛画、壁画的图像气势恢弘、色彩奇丽，内容极为丰富。

　　汉代地面现存的雕刻，无疑以陕西西安霍去病墓石雕最具汉代风格的代表性。河南南阳汉宗资墓的天禄、辟邪石雕躯体团圆浑实、神态挺胸欲起，静止的形体内蕴藏着爆发的力量，可以看出它们与河南淅川徐家岭九号楚墓出土的青铜神兽之间的承继关系。河南洛阳孙旗屯出土的汉天禄，辟邪石雕形体棱角分明，团块粗壮有力，显然是北方文化思想制约派生出的一个象征物。汉代的石雕、木雕具有浑厚俭朴的特点。

　　汉代是中国古典建筑发展的成年期。屋顶的翼展外形极有特点，虽然汉代木构建筑荡然无存，但从汉代建筑遗存与陶建筑明器、汉画像石图像中可

---

① 刘晓路：《焱焱炎炎，扬光飞文——秦汉绘画概论》，《南都学坛》2001年第1期。

以直接和间接看到汉代建筑的翼展外形：四川乐山肖壩汉代石棺出现明显的翼展形式，四川郫县汉代石棺双阙阙顶檐部明显的翘起，美国纽约博物馆藏汉代陶楼屋顶坡面由方向变化的两段直线组成。另外，河南南阳石灰窑、针织厂汉画像石墓图像大胆暴露木结构框架，对柱、栌、斗拱、额、梁、檩等大木作构件精心表现；江苏睢宁墓山一号汉画像石墓前室图像、四川郫县汉代石棺宴客乐舞杂技图像均对门、窗、栏杆等小木作构件刻画详细。我们根据南郢楚宫"松30号"台基发掘资料"土墩外沿有宽达3.4米之散水"①，可以推知楚建筑的屋顶翼部外展开度，想象其翼展外形的雄姿，以及对汉代建筑屋顶翼展风格的影响与关联。汉代的建筑与园林与自然密切关联，呈现出天地和谐的艺术风貌。

汉代漆器反映了汉代人善于创造的审美精神。湖南长沙马王堆汉墓、湖北江陵汉墓出土的漆器，继承楚漆画传统，造型形态生动，并成功地运用了循物造型的图案和鲜艳丰富的色彩。汉代漆器独具魅力的图像形式体现了汉代人们活泼灵动、浪漫纯真的艺术创造精神。

汉代铜镜奠定了中国铜镜发展的基础。铜镜图像生动工细、制作精美，表现了丰富的神仙、人间世界及奇禽异兽内容。其规矩镜布局整齐严实，四乳禽兽镜画面神秘奇丽，神仙画像镜图像生动丰富。汉代铜镜所反映出来的艺术精神，丰富而饱满，具象而大气。

堆塑罐艺术质朴典雅、亲切生动。真实地反映了汉代人的民风、民俗和社会思想。显示出汉代社会经济、文化和丧葬制度的发展变化，具有民间艺术的淳朴自然风韵。

汉画图像是汉代美术的主要表现形式，汉代的元气自然论，汉代阔大的宇宙观念造就了汉画图像的美感形象。汉代墓葬中，其建筑形式、雕刻制品、绘画表现是统一的整体，彼此不能分割。墓室内的一切陪葬器物也都是这个统一体的组成单元，它们共同构建了艺术的美感式样。墓室上的祠堂和雕刻形成了另一个审美层面的整体表现。在历史的发展中，"原始的艺术是综合的、系统的、实用的"②，人类文化开始出现是一元的，它具有朦胧的整体美。这种本元文化在汉画艺术中比较充分地表现出来，山东嘉祥武梁碑刻

---

① 高介华、刘玉堂：《楚国的城市与建筑》，湖北教育出版社1996年版，第241页。
② 张道一：《造物的综合之美》，载张道一主编《艺术学研究》第2辑，江苏美术出版社1988年版。

有"良匠卫改，雕文刻画，罗列成行，摛骋技巧，委蛇有章"① 的铭文，说明汉代民间的工匠和画师没有严格区分。这在当时是极其自然的事情。从宫廷到民间均有此类现象。张衡制造的地动仪有极为优美和谐的造型，史籍也记述其为丹青画师。张衡"少善属文，通五经，贯六艺"②，可见汉代宫廷设计师、画师也是集造型、技艺、绘画、雕刻为一体，获有对事物整体表现的能力与水平。因此汉代创造出了由建筑、雕刻、绘画形式组成的具有物质文化和精神文化双重性的汉画艺术，其本元文化特点成为汉代艺术精神的主要特征。

汉画艺术充满了生机和活力，它源自天地自然之气。建筑、雕刻与绘画皆大气磅礴：建筑屋顶的"反宇向阳"曲线使建筑在天地间呈现飞动之姿；宗资墓天禄、辟邪雕刻以浑圆的团块与流畅的曲线表现了腾空升天的运动和力量；汉画像石所刻画的龙如贯天彩虹，以流线感觉出现在画面中。宗白华指出："在汉代，不但舞蹈、杂技等艺术十分发达，就是绘画、雕刻，也无不呈现一种飞舞的状态。图案画常常用云彩、雷纹和翻腾的龙构成，雕刻也常常是一雄壮的动物，还要加上两个能飞的翅膀，充分反映了汉民族当时的前进活力。"③ 中国艺术在发展过程中不断进行扬弃，逐渐改变板拙与琐碎的表现方法，克服了束缚具象，大胆地刻画精神世界，在汉画图像表现中生命活力和信念的完美结合，形成神游的意境，生发出线性表现的艺术韵律。尤其在霍去病墓石雕和南阳汉画像石、画像砖图像中看到了这种形式，它们已经摆脱三代器物饰造图案的传统束缚，形成超越于器物之外的艺术理念，表现出气韵生动的汉代社会风貌，产生了浪漫幻想、生气勃勃的汉画图像艺术特点。

美感的创造与运用在汉画图像中表现得淋漓尽致，艺术回归到自觉性发展的良好路径。它不再是青铜艺术伦理道德的附庸，而是积极表现社会上升时期人类创造伟大业绩的思想境界，以磅礴的气势与力量表现人类征服外部世界的乐观精神。在中国艺术的发展史上，完善和形成了对精神理念自我创造的表现手法。汉画图像在完成自我审美感觉的同时，对汉代思想也产生极大的影响。汉画图像极强的独立性特征，引导生发了社会蓬勃向上的汉代进

① 洪适：《隶释·卷六》"汉从事武梁碑"，中华书局 1985 年版，第 74—75 页。
② 范晔：《后汉书·张衡列传》，中华书局 2007 年版，第 559 页。
③ 宗白华：《美学散步》，上海人民出版社 1980 年版，第 53 页。

取精神。

总之，由整体灵动、浪漫进取特点共同构建的汉画图像形式美感，形成了中国古代艺术的基本特征，并升华为中华民族的本土艺术精神。

第三节　艺术史学意义

在历史的发展中，西方的艺术史学已建立起形式分析、图像学、心理学等研究体系，并逐渐成熟。艺术史学建立在艺术史研究的基础上，西方艺术史研究业已深入。而中国的艺术史研究还存在一些尚未解决的问题。一些艺术史研究著述较普遍把范围确定在视觉艺术中，将视觉艺术史这一专门史混同于艺术史。认为艺术仅仅是视觉的，只包括建筑、雕塑、绘画、摄影等形式，把艺术史等同美术史。其实中国艺术史研究尚未真正展开、中国艺术史学研究的学科体系尚未确立。

在中国的长期艺术实践中，艺术史研究已经在进行，只是缺少系统的总结与理论分析。汉画艺术是中国艺术史长河中的一颗璀璨明珠，汉画图像博大精深，具有综合性特点，其研究历史积淀丰厚，从汉代至今，一直在绵延发展中。汉画图像的理论研究，对中国艺术史研究的展开，中国艺术史学的建立有一定的意义。

一　汉画图像的中国艺术史研究价值

西方的图像学研究已有较多成果。"图像学是对艺术作品题材的研究，是对图像的主题、姿态、意义进行描述和分类的方法"①。把题材内容与表现形式联系起来进行分析，是图像学的科学研究方法。潘诺夫斯基认为，图像认识与表现的三种工作层次分别为肖像学描述、肖像学分析与圣像学解释。②肖像学描述、肖像学分析是对图像的风格与特点进行艺术分析，圣像学解释要对图像的意义进行释读。前一个层次是图像志分类，后一个层次是图像学研究。对于图像的研究，由线条、色彩描述到研究形象特点，再到对构成形象的特点进行揭示，这是一个有机联系、不能分离的过

---

① 邵宏：《图像学与图像志》，中国美术学院出版社 2003 年版，第 222 页。
② 参见［美］潘诺夫斯基《视觉艺术的含义》，傅志强译，辽宁人民出版社 1987 年版，第 39—40 页。

程。汉画图像对于形象的形式和意义，从古代金石学研究始，到近现代考古学与其他学科的研究，已有完整的状态。山东嘉祥的武梁祠，自宋代起，其图像所表现的人类历史、神仙与宇宙世界的完整性，已成为古代画像的传统研究经典。"通过几个世纪以来的连续著录和讨论，武梁祠的意义已经远远超过了这个小小的祠堂本身所限定的范围。可以说，对它的研究已使它变成各种相互补充或对立的理论及方法论的竞技场。"① 武梁祠成为"中国艺术史上最精彩的一部'图像历史'"②。具有悠久传统的汉画图像，是"汉代社会的一面镜子……生动地画出了当时社会的诸形态"③，是一部活生生的汉代图像艺术史。

（一）"绣像的汉代史"

汉画图像表现历史与社会，本章第一节着重进行了分析。汉画图像不仅表现三皇五帝、三代的历史，更艺术地再现了两汉的社会生活。汉画像石、画像砖、汉代铜镜、汉墓壁画数量众多、图像丰富；汉代漆器、瓷器及堆塑罐形象别致、蕴涵特殊；汉代帛画内容精练、含义深长。汉代建筑、雕刻、绘画等形式均反映出历史与社会生活。翦伯赞指出："在中国历史上，也再没有一个时代比汉代更好在石板上刻出当时现实生活的形式和流行的故事来。……这些石刻画像假如把它们有系统的收集起来，几乎可以成为一部绣像的汉代史。"④ 这部"绣像的汉代史"，成为普遍历史的依据，不同学科进行各自领域的研究。自宋代起的金石学家，把汉画图像作为金石学的重要研究对象。鲁迅等社会学家广泛收集汉画图像，形成近代社会普遍重视汉画艺术的现象。翦伯赞等史学家在秦汉史的研究中大量运用汉画图像来证史，发掘了汉画的史料价值。曾昭燏等考古学家通过汉画图像指导考古实践，总结出重要的考古结论。汉画图像形象生动，内容真切，在某种程度上系统、全面、直接地反映了先秦历史与汉代社会，是"形象"的历史，在社会上得到了广泛的应用。

---

① ［美］巫鸿：《武梁祠——中国古代画像艺术的思想性》，柳杨、岑河译，生活·读书·新知三联书店 2006 年版，第 5 页。

② 同上书，第 230 页。

③ 常任侠：《东方艺术丛谈》，新文艺出版社 1956 年版，第 24—25 页。

④ 翦伯赞：《秦汉史·序》，北京大学出版社 1983 年版，第 5 页。

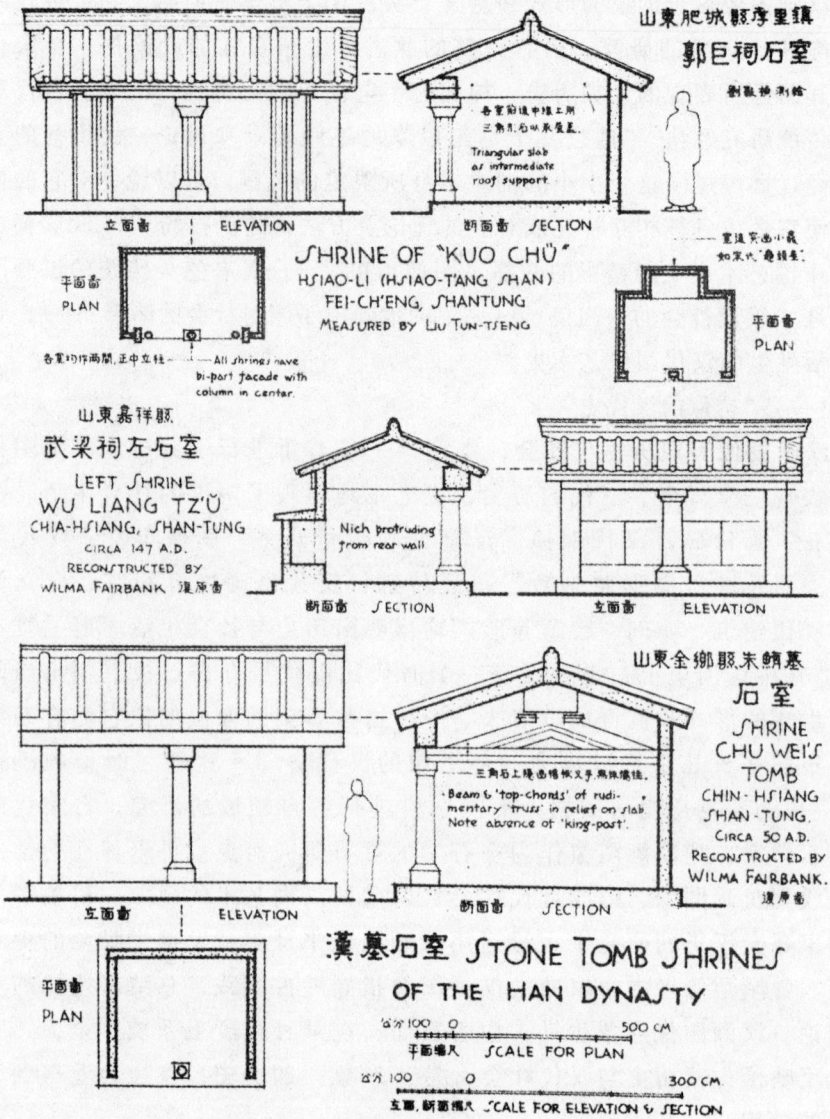

图 197　梁思成绘制的汉墓石室立面、平面图

（二）图像的建筑史

在中国建筑史中，汉代是一个重要阶段。梁思成认为："两汉时期，此四百年间为中国建筑的发育时期，建筑事业极为活跃，史籍中关于建筑之记载颇为丰富，建筑之结构形状有遗物可考其大略，但现存之真正建筑遗物，则仅墓室墓阙

数处，他为之间接材料，如冥器汉刻之类"①，在《中国建筑史》一书中，梁思成开始通过汉代建筑遗存与汉画图像研究汉代的建筑史（图197）。

中国古典建筑屋顶的翼展外形，自殷代起，绵延发展数千年，形成了固定的模式。"上反宇以盖戴，激日景而纳光"②，汉代建筑已出现屋顶坡面反宇现象。尽管地面上的汉代木构建筑已经无存，但是汉代石阙、石祠、明器及汉画图像中所表现出的屋顶坡面的外部样式与内部斗拱梁架构造，比较直观地表现出汉代屋顶坡面的外部与内部情况。

屋顶坡面由直线发展为曲线，汉代是发生变化的开始期。"阶梯形"和"两段式"的屋顶坡面汉代已经常出现：四川雅安东汉高颐墓石阙的顶盖，脊部到檐部整齐递落，形成两段屋顶坡面；四川成都郊区出土的汉画像砖画像显示两段屋顶坡面的变化尺度。汉代明器也比较直观地再现了这种形式：四川双流牧马山东汉墓出土的陶屋屋顶坡面已初步显示出凹曲的弧度，其脊部坡度大，檐部坡度小，檐部"上反"，出现了屋顶坡面的"反宇"现象。可见屋顶坡面重檐坡度的减小，内在屋架结构的变化，是屋顶坡面由阶梯形折面向凹曲形弧面变化的根本。

汉画的众多辎车图像，车盖多呈凹曲弧线，也间接说明凹曲屋顶坡面在汉代一定程度上得到使用。檐口是造成屋顶坡面凹曲状的一个组成部分。汉画图像表现出屋顶坡面檐口的起翘现象及弯曲变化。如山东费县汉画像石的楼阁图像，河南嵩山汉太室石阙的顶盖檐部。它们的檐口曲线与屋顶坡面凹曲线组成了和谐美

图198　山东平邑东汉皇圣卿阙（照片）

①　梁思成：《中国建筑史》，百花文艺出版社2005年版，第14页。
②　班固：《西都赋》，载范晔《后汉书》卷四十上，中华书局2007年版，第398页。

妙的弧线变化。

汉代建筑遗存、汉代明器、汉画图像清楚地表现了斗拱的样式：山东平邑东汉皇圣卿石阙檐下雕刻有清晰的一斗三升斗拱形式（图198），河南三门峡刘家渠73号墓出土的东汉陶楼檐下有一斗三升斗拱的样式，江苏徐州汉画像石有悬臂外挑以数层斗拱承重楼阁的图像。"结重栾以相承"①，汉画图像说明在汉代，前后左右出挑的成组斗拱已在使用。

《景福殿赋》云："飞昂鸟踊。"昂斜下放置，起杠杆作用。它无须抬高檐口，在檐口保持原位的状况下加大出檐。昂的形成，由商周大叉手始，汉初之"橵"而演化得来，至东汉融入到斗拱的组合体中，湖北当阳刘家冢子M2墓出土东汉陶楼，以昂和斗拱的组合使用来承托檐头的出挑。

汉画图像比较直观地再现了汉代的木构框架建筑，成为重要的汉代建筑研究形象资料。西汉画像石多表现单体建筑图像：如河南南阳唐河石灰窑汉画像石墓图像刻制有三层楼阁建筑；河南南阳唐河针织厂汉画像石墓图像刻制有二层楼阁建筑，其下面一层，以双柱及斗拱相承屋顶，上面一层，两个单柱飞托两个屋顶，建筑以框架支撑。东汉画像石多表现群体建筑：四川郫县汉代石棺图像（图199）刻饰了宴客乐舞杂技的场面。其中部为高大的两层楼阁建筑，下层敞宇，坐五位观伎之人，上层以木构分成不同的空间。江苏徐州铜山茅村汉画像石墓图像（图200）表现了东汉建筑的丰富式样，有门楼、阙、廊、厅堂、楼阁等。它们皆为敞宇，用木构架支撑。图像还着重于木构的各种部件绘制，如柱、斗拱、门、门额、楼梯、栏杆等。表现了日趋成熟的木构架建筑技术，竖向的柱斗结构、梁架的榫卯承垂，初步形成了木构架的建筑方法。

汉画图像还表现了民宅建筑特点。河南南阳淅川夏湾出土的汉画像砖图像（图201），画面中部是房屋的地平面，下面以柱与栌斗承支，上面中部有四角攒尖顶的门楼，左右是竖梁支托的院围，两旁是简易的双阙。门楼与双阙未设计拱，没有纹饰，画像展现了一个普通民宅院落的场景。它的建筑空间分布合理、建筑形体穿插得当。河南南阳方城出土的汉画像砖图像，画面表现出民宅的柱梁结构形式：有柱上架梁、梁上立短柱、短柱上再架梁的抬梁式结构；也有柱头承檩、穿枋连接柱子的穿斗式结构。两者并存反映出南阳处于南北交界的地域特点，北方的抬梁式与南方的穿斗式两种结构形式均可使用。

图199　四川郫县汉代一号石棺楼阁建筑图像（拓本）

图200　江苏徐州茅村汉画像石墓庭院建筑图像（拓本）

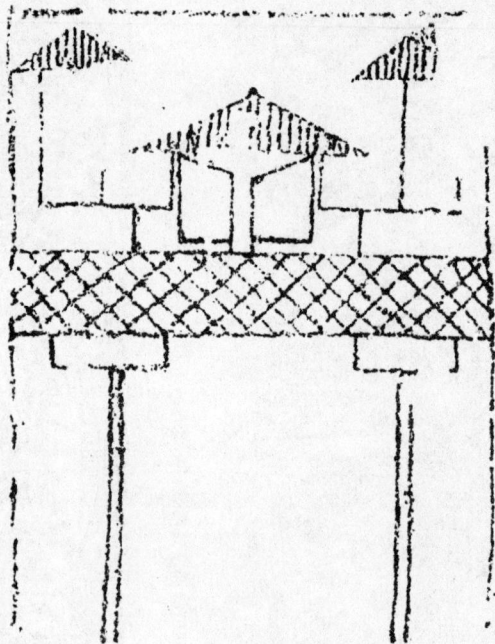

图 201　河南南阳淅川夏湾出土汉画像砖建筑图像　（拓本）

　　汉画图像反映了汉代木结构建筑的艺术与技术特点，完善了木结构建筑体系形象，梁、柱、斗拱、门窗、栏杆、楼梯等构件已经能够成熟使用。

　　汉画像石、画像砖图像表现了桥梁建筑的特点：河南南阳新野樊集 M35 墓泗水捞鼎图像，拱桥身以网状线饰，有两层栏杆，桥下有四柱，分别以一斗二升拱承托桥身。山东邹城李村出土汉画像石泗水捞鼎图像，桥为拱形，由一层层拱券砌筑，桥头有亭（图 202）。汉代人已经能从力学角度来掌握桥身的跨度及柱栌荷载情况，桥端设有阙，桥已有桥身、栏杆、支柱、斗拱等部件，这些构件都成为各种桥梁建筑的重要组成部分。

　　汉画图像附着于汉画像石、画像砖墓与石祠、石阙等汉代建筑。

　　汉画像石、画像砖墓是随秦汉墓葬建筑逐步发展自成风格的墓葬建筑形式。砖石混合或纯石构筑的河南南阳汉画像石墓出土量丰富，具有汉代不同时期的墓葬建筑特点，可概分为三期：早期，西汉昭宣时期至新莽前后，材料有纯石结构与砖石混筑结构两种，平面呈方形或"回"字形；中期，东汉建立至安帝前后，砖石混筑结构为多，平面呈"T"字形；晚期，东汉

图202 山东邹城李村出土汉画像石泗水捞鼎图像（拓本）

安顺以后，以砖石混筑、小砖结构为主，平面呈"十"字形。早期墓以有纪年的新朝天凤五年冯君孺人画像石墓为代表。该墓位于唐河县湖阳镇新店村，墓室用砖石混筑，顶部既用石材板梁式结构，又有砖材拱券式结构。石桥汉画像石墓应属于中期。墓室可分为前室、南主室、北主室、南北耳室五个部分。墓门由一根中柱、两根侧柱、两条门槛、四扇门扉及墓门上遮挡拱券的女儿墙组成。在墓门中柱与主室门中柱顶部架起石梁，稳固各构件的相互联系。前室券顶两端放置在两个耳室的门楣上，与两主室连成统一的两个拱券顶，整个墓室结构严谨。晚期墓风格在中原机校画像石墓得到体现，该墓纯石结构，墓室由甬道、前室、南北耳室、中室、两个侧室、后室八部分组成。甬道、前室、中室、后室为一条中轴线、两旁均衡展开，既统一又有变化。甬道、前室、南北耳室、两个侧室顶部均为石板梁，中室和后室顶部是四角交错的叠涩顶。墓门由两根支柱、两朵栌斗和一条门楣构成。整体构件榫接严密，表现了晚期汉画像石墓建筑的精湛工艺。

汉画像砖墓纯以砖为材，汉代各个时期均有出土。早期的河南南阳汉画像砖墓墓室平面呈方形或"目"字形，接近汉画石墓的早期特点。南阳汉画像砖墓的墓顶变化也比较丰富，有平顶、斜撑板梁顶、纵连拱券顶与窟隆顶等砌造方法。这些墓顶的变化揭示出画像砖墓制作技术由简单到复杂、形式由单一到丰富的演变过程。在具体材料的应用上，墓壁由小条砖到子母榫长条砖、券顶由特制的实心小砖，发展到用子母榫的楔形砖。

汉代的地面建筑，现存还有少量的石阙与唯一原貌存在的山东长清孝堂山石祠。它们与散存的石祠构件等遗存成为汉代建筑研究的直接资料。同时，汉代的建筑与遗址遗存也有重要的研究价值。

东汉灵台遗址，居今河南偃师岗上村和大郊寨之间。其南北长200米，东西宽220米，占地45000平方米。灵台居中，平面为50米周长的方形。台残高8米许，南北残长41米，东西残长31米，周围有不同标高的地面、墙面、柱迹。下层地面宽约2米，周围回廊环筑。回廊外用卵石做散水，宽约1.2米。北部下层中间有5.7米宽的踏道上达二层。二层平台比一层高1.86米，四面各有五间建筑，其后壁北面饰黑色，南面饰朱色，东面饰青色，西面饰白色。整个灵台设计尺寸讲究，造型古朴神秘。北面坡道平台和主体基部两层平台形成不同的高低变化，逐步进入灵台的最高层，与天际环境和谐。廊房四周运用不同的色彩，意在表示东方青土，南方红土，西方白土，北方黑土。灵台中央起自大地，为黄土。五种颜色象征国土。灵台一方面祭社稷土地之神，另一方面又表示稳固的皇权统治，它以象征和对比手法取得了建筑和环境的高度统一，成为我国早期成功的空间建筑艺术作品（图203）。

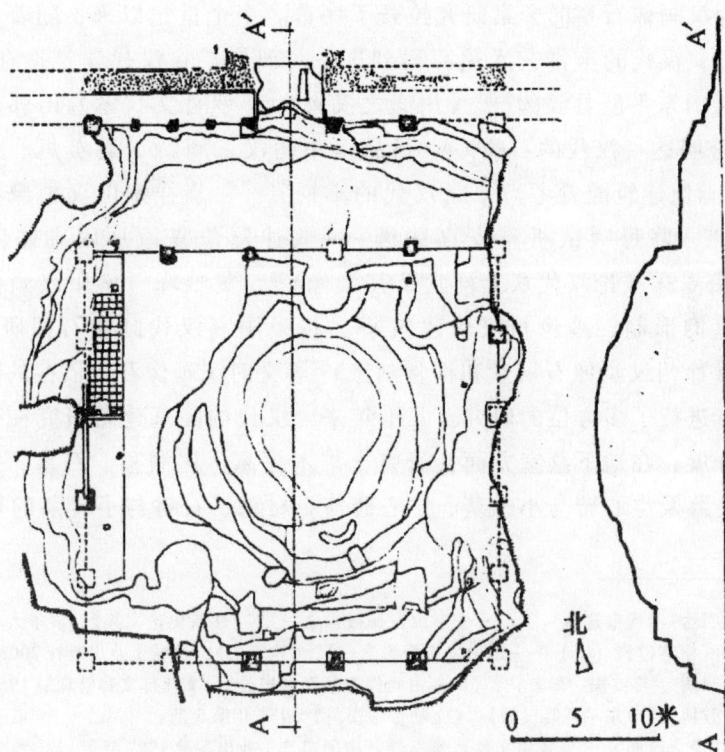

图203　东汉雒阳灵台遗址平、剖面图

受神仙方士思想影响，汉代园林呈现与自然和谐的特点。西汉园林由出土的南越国宫苑蓄池、曲水流渠可见其形式。东汉宫苑和私家园林都有一定规模。东汉洛阳临洛、穀二水，北倚邙山，给造园提供了便利的条件，开始运用了园林的空间功能，较多地出现了自然山水园和人工山水园。园林建筑有初步表现，为魏、晋、南北朝园林转折期的发展准备了条件。

对汉代建筑史的研究，主要在汉代建筑遗存和汉画建筑图像方面展开：1932—1943年建筑学家梁思成、刘敦桢对汉代石阙、石祠的建筑形制与画像分布进行了调查研究（图204）。1942年建筑学家陈明达按照当时学术界对建筑与雕塑的整体思想认识，分析崖墓建筑构造（图205）、画像装饰艺术特征与文化内涵，发表论文《崖墓建筑（上）——彭山发掘报告之一》。① 1956年，曾昭燏、蒋宝庚、黎忠义在《沂南古画像石墓发掘报告》② 中，从建筑形制、构造、雕刻、画像题材、艺术风格诸方面进行研究，为汉画像石墓的个案研究拉开了序幕。半个世纪以来，随着考古发掘的进行，汉代的丰富艺术遗存得到进一步研究。在汉代建筑遗存方面，刘敦桢《山东平邑县汉阙》③《川康之汉阙》④，罗哲文《孝堂山郭氏墓石祠》⑤，陈明达《汉代的石阙》⑥，吕品《中岳汉三阙》⑦，蒋英炬、吴文祺《武氏祠画像建筑配置考》⑧，《汉代的小祠堂——嘉祥宋山汉画像石的建筑复原》⑨，曹丹《试析雅安高颐阙——兼述复位复原加固维修工程技术》⑩，信立祥《论汉代墓上祠堂及其画像》⑪，黄雅峰《南阳汉画像砖石画像砖墓的形制、画像与汉代建筑》⑫，杨爱国《汉代画像石祠研究》⑬，武利华《徐州汉画像石祠堂和祠堂画像》⑭等文对汉画像石所依存的建筑形制与构造进行了多方位的研究。几十年来，汉代的陵墓建筑研究在建筑学科深入开展：在地下墓室方面，研究土圹木椁墓、崖洞墓、石墓、空心砖墓、小砖墓及空心砖与小砖墓、空心砖与石材墓、石材与小砖墓的形制和

① 陈明达：《崖墓建筑（上）——彭山发掘报告之一》，《建筑史论文集》，清华大学出版社2003年版；《崖墓建筑（下）——彭山发掘报告之一》，《建筑史》，机械工业出版社2003年版。

② 曾昭燏、蒋宝庚、黎忠义：《沂南古画像石墓发掘报告》，文化部文物管理局1956年。

③ 刘敦桢：《山东平邑县汉阙》，《文物参考资料》1954年第5期。

④ 《川康之汉阙》，《刘敦桢文集》第三卷，中国建筑工业出版社1987年版。

⑤ 罗哲文：《孝堂山郭氏墓石祠》，《文物》1961年第4期。

⑥ 陈明达：《汉代的石阙》，《文物》1961年第12期。

⑦ 吕品：《中岳汉三阙》，《河南文博通讯》1979年第2期。

⑧ 蒋英炬、吴文祺：《武氏祠画像建筑配置考》，《考古学报》1981年第2期。

⑨ 蒋英炬：《汉代的小祠堂——嘉祥宋山汉画像石的建筑复原》，《考古》1983年第8期。

⑩ 曹丹：《试析雅安高颐阙——兼述复位复原加固维修工程技术》，《四川文物》1985年第9期。

⑪ 信立祥：《论汉代墓上祠堂及其画像》，载南阳汉画像石艺术讨论会办公室编《汉代画像石研究》，文物出版社1987年版。

⑫ 黄雅峰：《南阳汉画像石画像砖墓的形制、画像与汉代建筑》，《东南大学学报》1998年第6期。

⑬ 杨爱国：《汉代画像石祠研究》，载中国汉画学会编《中国汉画学会第七届年会论文选》，2000年。

⑭ 武利华：《徐州汉画像石祠堂和祠堂画像》，载中国汉画学会编《中国汉画学会第七届年会论文选》，2000年。

图 204　梁思成对河南嵩山少室石阙进行考察（照片）

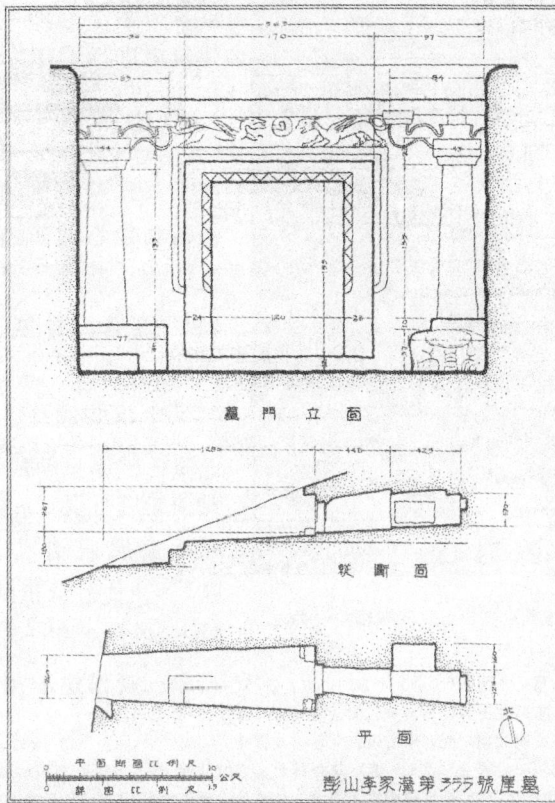

图 205　陈明达绘制的四川彭山李家沟第 355 号汉代崖墓平、剖、立面图

构造；在墓葬地面设施方面，研究墓阙、墓道、神道柱、石像生、祭堂、墓垣、墓碑的造型与雕刻；在建筑技术方面，研究以石材料仿大木作的楹柱、斗拱、屋脊装饰、屋面形式，仿小木作的门窗、天花板、藻井，以及石作（仿木构装饰、石刻）、瓦作（小砖、铺地砖、空心砖、瓦当）、金属建筑构件（铺首、套件）、家具及室内装饰。①

汉代建筑追求审美功能，完善营造技术，形成了中国土木建筑体系（图206）。汉代建筑"是中国建筑史上第一座高峰，它具有的建筑思想和创作手法在以后两千年的建筑活动中一直显示出至关重要的作用，并深藏在中华民族的思想意识中"②。汉画图像与汉代建筑遗存的构造及图形构成了汉代的图像建筑史。近百年来学界的研究对这部图像建筑史进行了有益的理论总结。

（三）图像的雕刻塑造史

汉代图像的雕刻与塑造多存在于汉代墓葬的建筑环境中，它包括画像石建筑装饰、画像砖建筑装饰，铜镜，墓葬雕刻，堆塑罐的铸造、雕制、塑作等艺术活动。

1. 汉画像石建筑装饰

汉画像石墓在修建制作之前，要预先进行设计，"首先由丧主或死者家属雇请'名工'或'良匠'，让他们承担画像石建筑如墓室、祠堂的设计和建造任务"。③画像石制作过程是整个建筑设计

图206　河北阜城桑家楼出土汉代陶楼　（照片）

① 参见刘叙杰主编《中国古代建筑史》第一卷，中国建筑工业出版社2003年版。
② 顾森：《中国美术史·秦汉卷》，齐鲁书社、明天出版社2000年版，第304页。
③ 信立祥：《汉代画像石综合研究》，文物出版社2000年版，第24页。

的一道具体工序。

汉画像石经过选材后要进行石材表面的处理。石面要进行打磨。笔者在考察孝堂山石祠时，当地工匠认为该石祠石面是石头与石头相互磨制的。"细石"阶段是最重要的工序，石材组合后石缝对接整齐、平稳妥帖。

在祠堂的题记中可以看到汉代画师工匠雕刻的过程："褰帷反月，各有文章。雕文刻画。交龙尾蛇，猛虎延视，玄猿登高，狮熊嗥戏，众禽群豸，万兽云布。"① 其步骤为先构思，然后"刻画"布局的制作方法。北魏郦道元《水经注·济水》记叙：李刚墓用"隐起"刻的方法制作。由此我们看到古人对汉画像石已经有"刻画"与"隐起"两类不同方法的分类。宋李诚《营造法式》对中国石刻的雕镌方法进行了具体的总结，认为"雕镌制作有四等，一曰剔地起突，二曰压地隐起华，三曰减地平钑，四曰素平"②。前三项有"剔地"、"压地"、"减地"的提法。"地"是石材的表面，是平面的。"平钑"、"素平"的刻法，是指雕琢后的画面是平面的，应属于"刻画"系统。"起突"与"隐起华"也是相对于石材平面而言的，是建立在平面基础上的"起突"与"隐起"，应属于"隐起"系统（图207）。雕镌分类是基于"刻画"与"隐起"两种类型，汉代建筑装饰图像雕刻方式应该包括在内。由此分析，汉画像石的雕刻方法有线刻、凸凹面刻、隐起刻、起突刻等方面。

线刻有阴线刻和阳线刻两种方式。早期的汉画像石用阴线刻制，西汉早、中期的河南永城柿园汉墓叶状树与鸟形图像是用阴线刻制的。"西汉中晚期……河南南阳赵寨出土的羽人升仙图即为这一时期成熟的阴线刻制品。"③ 阴线刻保持了石材原有的平面感，与《营造法式》所述石作雕镌制度的"素平"刻法较为一致，是中国石刻艺术的主要表现手法，它所表现的形象镌刻进石质的内部，保持着石材表层的平面形状。线刻的另一种形式是阳线刻，山东平邑县楼阁画像石楼阁用阳线刻，也显示出平面装饰的特点。

---

① 济宁地区文物组、嘉祥县文管所：《山东嘉祥宋山1980年出土的汉画像石》，《文物》1982年第5期。

② （宋）李诚：《营造法式》，邹其昌点校，人民出版社2006年版，第21页。

③ 王建中：《汉代画像石通论》，紫禁城出版社2001年版，第492页。

图 207   《营造法式》中的角柱"压底隐起华"、"剔地起突云龙"雕刻图示

　　凸凹面刻包括凸面与凹面两种刻法：凸面刻把石面磨平，物象之外减地，物象平整凸显，凸显平面以线刻饰细部；凹面刻在石面上减压物象使物象低于石面，成稍有弧度的凹像面，凹像面以线刻饰细部。凹面刻的形成时间较早，山东东平石马居摄三年（8）石柱、山东汶上天凤三年（16）路公食堂画像石①均采取了凹面刻方法。凹面刻在凹面上施阴线，凹面刻是在阴线刻的基础上发展起来的，至东汉中期山东长清孝堂山石祠时，"画像系以

───────────────

①　杨爱国：《幽明两界——纪年汉代画像石研究》，陕西人民美术出版社 2006 年版，第 37 页。

光滑平面以阴线为主，并兼用部分凹入的平面，使画面增加变化"①。凸面刻东汉中期在黄家塔永元二年（90）②辽东太守墓、陕西绥德四十里铺永元四年（92）田鲂墓③等墓出现，东汉晚期，凸面刻进一步得到发展，陕西的榆林地区、山西的离石地区、山东的济宁、临沂地区、江苏的徐州地区、安徽的定远、河南的密县等地的画像石使用了凸面刻。

　　隐起刻是将石面平整后，在物象外剔地，有些石面在剔地时留有凿纹图案，物象内用阴阳线刻饰细部。西汉中期隐起刻开始出现，西汉晚期与东汉时期隐起刻广泛使用，盛行于河南、四川、山东、苏北、皖北等地。西汉中期南阳唐河湖阳镇汉画像石墓开始使用隐起刻方法。该墓的门楣画像为连弧纹，用隐起刻雕凿。至西汉晚期，南阳唐河针织厂、唐河电厂、唐河冯君孺人等5个汉画像石墓均使用了隐起刻方法，反映了隐起刻在一个地区集中发展的过程。这种雕凿方法在东汉时期得到发展并普及于各地的汉画像石墓，同时也形成了各种变化的表现方法，如在石面物象轮廓外或内的石面上雕凿出横纹、竖纹与随意纹路，形成丰富的画面形式。东汉中期以后，四川的崖墓与石棺开始使用隐起刻，此外四川、山东、河南的石阙也用隐起刻雕凿图像。

　　起突刻在西汉晚期已有使用，山东平阴新屯画像石墓前室门扉铺首，凸起石面1.5厘米，主室隔墙的人面像的鼻子高出脸面2厘米。④东汉晚期在山东安丘汉画像石墓、四川芦山王晖石棺都可以看到起突刻的形式。在安丘汉画像石墓的"门额和墓室的三根柱子上雕刻精致，刻得最深的地方达11厘米多"⑤，呈现较强的立体感。门额的仙人骑鹿画像呈半圆形，浑然突起在石面上，画像的每一细部均进行概括处理，然后适度地凸起，尽管仙人与鹿形象距石面表现了一定的深度，但画像整体保持尚与石面一致的平面感觉。王晖石棺画像上面为铺首衔环、下面为启门的女子半身像，其"物象起突可高达5厘米以上"⑥。以简练、明了的阴线刻饰细节，较好地表现了转折的形

---

　　①　罗哲文：《孝堂山郭氏墓石祠》，《文物》1961年第4期。

　　②　绥德县汉画像石展览馆：《绥德汉画像石》，陕西人民美术出版社2001年版，第34—42页。

　　③　榆林地区文管会、绥德县博物馆：《山西绥德四十里铺画像石调查简报》，《考古与文物》2002年第3期。

　　④　济南文化局文物处、平阴博物馆筹建处：《山东平阴新屯汉画像石墓》，《考古》1988年第11期。

　　⑤　山东省博物馆：《山东安丘汉画像石墓发掘简报》，《文物》1964年第4期。

　　⑥　罗二虎：《汉代画像石棺》，巴蜀书社2002年版，第234页。

体。起突刻根据起突高度与特点呈现多种变化形式。四川内江市红缨崖墓出土的东汉石棺，物象的大部分部位凸起，高度可达 10—20 厘米，但有一部分部位与背景连接在一起。① 四川彭山崖墓出土的接吻图像也有较大的起突高度（图 208）。

图 208　四川彭山汉代崖墓接吻图像（照片）

　　四种雕刻技法前两种是属于刻画类，后两种属于隐起类。刻画类是先有阴线刻，又在阴线刻的基础上形成凹面刻，然后又发展出了凸面刻。隐起类相对于刻画类的凸凹面刻，是根据物象的凸起高度而形成的，因此它的隐起刻凸起度一般高于凸凹刻，而起突刻又高于隐起刻。刻画类较早于隐起类出

---

① 参见罗二虎《汉代画像石棺》，巴蜀书社 2002 年版，第 234 页。

现，刻画类中的线刻是产生各种刻法的基础，丰富多样的雕刻方法组成了琳琅满目的汉画像石的外在形式。

2. 汉画像砖建筑装饰

汉画像砖可分为空心砖与实心砖两种类型。西汉时期，河南洛阳、郑州画像砖墓使用空心砖，河南南阳空心砖与实心砖同时使用，东汉时期南阳画像砖在墓葬中得到了更为广泛的使用，范围扩大到四川，画像砖为实心砖。四川的实心砖砖面多表现一个主题内容的图像，四川德阳黄浒出土的汉画像砖交合图像画面效果简明生动（图209）。空心砖的制造，一般要经过选择原料、制泥拉坯、花纹印制的过程。砖面的质地与平整均与泥土质地和制作工艺有关，最后在细腻平整的砖面上以木制的物象图案印模连续印制，组成图像，这是郑州、洛阳、南阳汉画像砖的常用方法。在南阳汉画像砖还使用了翻倒脱模法与直接刻阴线法，翻倒脱模法即木模上刻有图形，翻倒脱模，图像在制作泥坯的过程中同步产生。刻阴线法用阴线在泥坯上直接刻出图形。[1] 实心砖制作时先将泥拍打成厚片制成泥坯，再把泥坯放入刻有图像的木模内，经拍打抹平后倒出，入窑烧制成砖。[2]

图209　四川德阳黄浒出土汉画像砖交合图像（照片）

[1]　参见赵成甫《南阳汉画像砖》，文物出版社1990年版，第35页。
[2]　参见张文军《中国画像砖全集·河南画像砖》，四川出版集团、四川美术出版社2006年版，第24—25页。

　　在汉代，铜镜的制作有长足的发展，西汉时期青铜铸造技术已有新的突破，出现了世界上最早的水法冶金法——胆水浸铜法。铜镜精心表现汉画图像的内容，汉代画像镜的铸造技术达到了新的高度。青铜的铸造技术亦应用于铜雕。甘肃武威雷台汉墓出土的铜奔马（图210），马精美矫健，昂首嘶鸣，三足腾空，一足踏着飞鸟。铜奔马精确地把握了力学平衡原理，反映了汉代高超的艺术与技术水平。河北满城汉墓出土的长信宫灯、广东广州南越王墓出土的铜人器座、云南晋宁石寨山出土的铜贝器造型精美，技艺高超。

图210　甘肃武威雷台汉墓出土铜奔马（照片）

　　汉代墓葬地面上的雕刻，陕西西安霍去病墓石雕和墓中心祁连山形之石保持和谐统一，采用循石造型的概括手法，象征性地表现了马踏匈奴、跃马、卧虎、卧象、野猪、蝙蝠、怪人、牛、熊、蟾、蛙、鱼等各种大型石雕，呈现出深沉雄大的气魄，造就了森然秩序的肃穆气氛。汉代地下墓室出土的雕刻，堆塑罐在制作陶瓷的坯胎时，先用手工堆塑出立体的实物模型，用捏、贴、粘、塑、模印等不同手法，在主体罐上制作出罐系以及人物、动物、楼台亭阁建筑模型，再将器物施釉和进行烧制。这种艺术手法，灵活多变，随意进行，塑作的个性色彩浓，极大地拓展了陶瓷艺术的表现手法和表现空间。正因为如此，堆塑罐的图像丰富多彩，堆塑罐的器形多种多样，其艺术形象产生了深远影响。

对汉代雕刻塑作的研究，有王伯敏《汉代的画像石刻》①、傅天仇的《陕西兴平县霍去病墓前的西汉石雕艺术》②、常任侠的《河南新出土汉代画像石刻试论》③、王恺的《秦汉兵马俑的几个问题》④、刘云辉的《简论两汉时期的裸体画像与裸体雕塑》⑤、刘兴珍的《汉魏石刻漫谈》⑥ 等。分别阐述了汉代雕塑艺术风格的方方面面。

梁思成在论及汉代雕塑时说："至于陵墓表饰，如石人，石兽，神道，石柱，树立之风盛行。有享堂之制，建堂墓上，以供祭祀。堂用石壁刻图为画，以表彰死者功业。石阙石碑，盛施雕饰，以点缀墓门以外各部。遗品丰富，雕工精美，堪称当时艺术界之代表。职是之故，在雕塑史上，直可称两汉为享堂碑阙时代，亦无不当也。"⑦ 汉代厚葬之风盛行，以夹葬艺术为主的雕刻、铸造、塑作构成了汉代雕刻塑作史。

（四）图像的绘制与工艺美术史

汉代帛画画面生动，壁画场面宏大，画像石、画像砖图像丰富。宗白华指出："商周的钟鼎彝器及盘鉴上图案花纹进展而为汉代壁画，人物、禽兽已渐从花纹图案的包围中解放"⑧，汉代壁画、汉代帛画、汉画像石、汉画像砖的绘画艺术精心表现主题，形成中国绘画史上的一个高峰。

汉墓壁画题材广泛，图像丰富。在绘制时，以毛笔为工具，以墨为主要材料。基本方法为先勾勒用线、后设色渲染，以后发展为没骨法和白描法。在形象描绘时，勾线表现物象轮廓与本身的骨架、体积，显现物象的本质特点。设色以朱、绿、黄、橙、紫、青、白等色。构图场面宏大，形象刻画精细入微。汉墓壁画的情节展现，置陈布势，勾勒用线，设色渲染，均对后世

① 王伯敏：《汉代的画像石刻》，《版画》1957 年第 4 期。

② 傅天仇：《陕西兴平县霍去病墓前的西汉石雕艺术》，《文物》1964 年第 1 期。

③ 常任侠：《河南新出土汉代画像石刻试论》，《文物》1973 年第 7 期。

④ 王恺：《秦汉兵马俑的几个问题》，《文物》1987 年第 1 期。

⑤ 刘云辉：《简论两汉时期的裸体画像与裸体雕塑》，《文博》1990 年第 3 期。

⑥ 刘兴珍：《汉魏石刻漫谈》，《美术史论》1992 年第 3 期。

⑦ 梁思成：《中国雕塑史》，百花文艺出版社 2006 年版，第 35 页。

⑧ 宗白华：《美学散步》，上海人民出版社 1981 年版，第 103 页。

绘画产生影响（图211）。河南洛阳汉墓壁画勾线与设色有五种表现技法：勾线填色法，西汉卜千秋壁画墓升仙图像，描绘卜千秋夫妇时用线较细而缓，而表现周围环境的云朵用线较粗而疾。设色与勾线紧密联系，西汉烧沟61号壁画墓神虎食女魃图像，勾线为黑色，底面为黄色，以青、黄饰其间；色彩渲染法，卜千秋壁画墓的女娲图像，面部娥眉樱唇，脸庞勾线圆润细腻，在额、颧、下颌等骨点高起处用红色渲染体积，用线与设色自然柔和；勾线与渲染结合法，西汉八里台壁画墓的人物图像，除外部勾线较深入完整外，在身体其他部分大胆运用勾线与渲染手法。如大面积的衣服处用渲染，

图211　甘肃武威韩佐五霸山汉墓舞蹈壁画　（照片）

肘、膝等关节与领口、衣服边缘处用勾勒，出现虚与实、面与线的生动对比，描绘出感人的艺术形象；没骨法，东汉洛阳东郊机车工厂壁画墓的车骑出行图像，各种动势的马运用黑与青调和的颜色随意大胆地描绘，或大笔涂抹或小笔收拾，力图表现马的运动姿态。西汉浅井头墓的顶脊日月星云图，以青与红色表现云的飘动情况，似信笔画去、若即若逝，恰到好处地表现了流云的感觉。色彩对比法，新莽的金谷园壁画墓，在前室穹窿顶上以流动祥云布满天空，与象征极昼的白色底面形成对比。后室顶脊的月像图底面的红色，与不同面积的青色图像形成对比，日像图以青色底子与不同面积的红色体块形成对比。汉墓壁画给我们描绘出一个五彩缤纷的汉代世界，并展示出汉代壁画墓的构造特点与精湛技术，同时为研究汉代建筑与绘画提供了可贵的实物与资料。

汉代帛画集中出土在湖南长沙马王堆汉墓，其线条生动，色彩斑斓。而山东临沂金雀山汉墓帛画，则线条淳朴，色彩厚重。

汉画像石、画像砖的图像需先在石面上用墨与笔进行画稿，确定物象的位置与轮廓（图212）。在南阳杨官寺汉画像石墓中有"人像的头部没有雕出，而隐约可见帽顶；在发掘时发现人头是用墨画的"① 图像，山东平阴新屯汉画像石墓主室隔墙正面的人物图像，面部有"额、

图212　陕西神木大保当 M11
汉画像石墓右门柱图像　（照片）

---

① 河南省文化局文物工作队：《河南南阳杨官寺汉代画像石墓发掘报告》，《考古学报》1963年第11期。

脸框及眉须有墨勾涂的痕迹"①。图像雕刻后一般还要敷彩。绘画是汉画像石、画像砖艺术表现的关键步骤，汉画像石、画像砖丰富的图像展示了汉代绘画的辉煌成就。

汉墓壁画、汉代帛画、汉画像石、汉画像砖确立了或横或竖的长条幅的中国画款式。一幅画面有连贯的内容，形成了完整的装饰形式。典型的汉画像石墓中，墓门的铺首衔环、墓前室及中室的宴饮、歌舞、后室的日常起居生活、墓顶的天文星象，基本上是一种格式化的画面。但具体的组合方式与内容因时间、地域的不同而各异，在这些画面中，"人物、禽兽已渐从花纹图案的包围中释放"②，而且这些"花纹遗迹环绕起伏于人兽飞动的姿态中间，以联系呼应全幅的节奏"③。汉画中生动多变的画面、深邃浪漫的意境、飞动流放的线条构成"一体特殊风格，非晋唐所能企及"④。汉代已经完成了中国绘画的基本表现形式，出现了帛画、壁画、木笥画、木板画、木简画、漆棺画、木胎画、陶画、纸画等类别，绘画工具、材料使用了毛笔、墨、纸、绢和壁面，选择了矿物质和植物颜料，运用了漆彩、油彩、色彩、墨绘等方法，讲究笔墨与审美情趣、勾线的线形变化，进行了人物画和山水画的实践，形成了生动的汉代图像绘画史。

汉画图像和汉代工艺美术遗存，反映出汉代的工艺美术进入发展与成熟的历史阶段。漆器工艺、织造工艺、陶瓷工艺、青铜工艺、玉器工艺、金银器工艺、建筑材料工艺形成了奇丽的汉代工艺美术世界。

汉代漆器注重图形和图案的表现与装饰，既具实用功能又具形式美感。彩色漆绘，是将生漆制成半透明的漆液后调入各种不同的颜料绘制，有色彩光亮、不易剥落的效果。油彩画作，是用朱砂、石绿、石青、白粉等矿物粉状颜料调桐油后画在髹漆的器物上，增加其厚重感。针刻，用针尖在已经涂漆的器物上刺刻花纹，使质地更为华美。刺刻的线缝内填入金彩，达到铜器上金银交错的花纹效果。金银箔贴，用金箔或银箔制成各种图纹，贴在器物的漆面上，呈现出"金银平脱"的效果。湖南长沙马王堆汉墓（图213）与其他汉墓出土的大量精美漆器说明了汉代漆器复杂的制作过程。

---

① 济南文化局文物处、平阴博物馆筹建处：《山东平阴新屯汉画像石墓》，《考古》1988 年第11 期。

② 宗白华：《美学散步》，上海人民出版社1981 年版，第103 页。

③ 同上。

④ 潘天寿：《中国绘画史》，上海人民美术出版社1983 年版，第22 页。

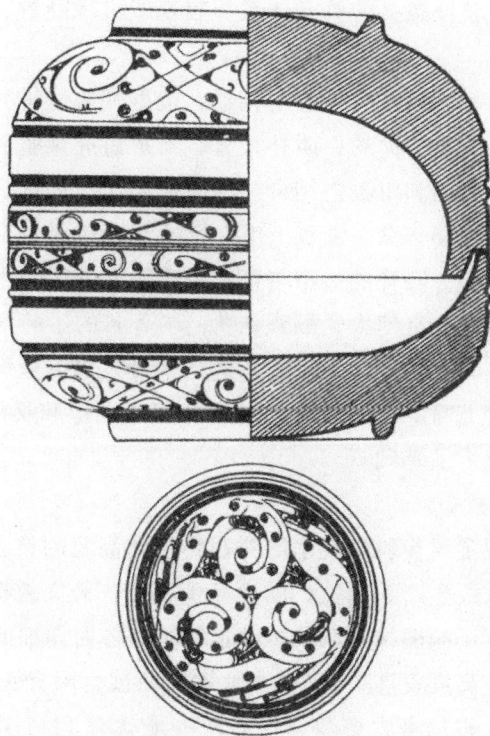

图 213　湖南长沙马王堆 1 号汉墓凤纹漆盒示意图

　　湖南长沙马王堆汉墓出土的"T"形帛画，实际为非衣，非衣虽然"性质和意义不在于生前穿着，而在于死后助丧"①，但是非衣"具有与衣服相仿的质料（丝织品），与衣服相似的形状（T形），与衣服相近的作用（覆盖）"②。因此，非衣帛画应是衣服上的装饰图案。马王堆汉墓出土的墓主人厂体有 22 层丝麻衣衾穿着与覆盖。还出土有单幅丝绸布料 46 卷，单衣夹袍、单裙以及手套、鞋子、袜子等成品 50 多件。这些衣物质地大多为轻纱、纺罗、素绢等面料，也多以染色、印花及刺绣加以装饰，具有华贵奇丽的艺术效果。汉代具有完整的服饰制度体系，在汉代生活中，使用了冠、深衣、上衣、下衣、履等丰富多样的服饰。它们独特的造型特点，反映了当时服饰的艺术风格和审美观念。汉代服饰图案将具体的图形提炼，施以艳丽明快的

---

①　刘晓路：《中国帛画》，中国书店 1994 年版，第 48 页。
②　同上。

色彩，构成了具有象征意义的符号体系。表现了肃穆凝重、质朴大方、制作精美的服饰特点。

汉代的陶瓷艺术，西汉时仿青铜礼器，造型端庄，讲究规整，制作工艺上比较精美。东汉时风格简约，质朴大方，器形讲究规整和对称，比较灵活与实用，更加注重实用和审美的结合。河南洛阳出土的西汉彩绘陶瓷罐，器形庄重大方，彩绘神秘华贵。浙江上虞东汉墓出土的黑釉胡俑头，形象生动夸张，色釉纯正厚实。陶瓷的造型与色彩富于图形图像变化。

汉代的工艺美术丰富博大，顾森认为："著名的秦砖汉瓦也从另一个侧面反映了陶埴工艺的成就；印染刺绣工艺的高度发展，丝绸之路的开通，在工艺文化的交流史上写下了光辉的一页。"① 汉画图像和汉代工艺美术为中国的工艺美术发展奠定了基础。

（五）图像科技史

汉画图像表现了汉代科学技术的鲜明特色和高超的技艺。冶铁铸造和纺织、建筑技术，农业生产和制盐、酿酒等手工业，天文地理和机械、器物制作，在这众多方面汉画图像和汉代遗存进行了具体而详细的表现。

汉代的冶铁业高度发展，《汉书·地理志》载全国有铁官 49 处，管理全国各地冶铁作坊。根据考古资料，仅河南一地就有 14 个市、县发现汉代冶铁遗址 18 处。在南阳的瓦房庄铸铁遗址，发掘面积 4864 平方米，其中铸铜遗址 900 平方米。其出土的遗物反映了汉代铁器铸造和锻造加工的精湛技艺。冶铁铸造业的兴盛，带来了生产工具的革新。农业与手工业、机械、器物制作与建筑业进一步发展起来。

作为表现汉代社会与生产活动的汉画图像，形象地表现了冶铁、铸造、农耕、制盐、酿酒、纺织等科技生产活动的场景，同时也再现了建筑、园林、家具、器皿的生动形象，还从人文的角度绘制了具象与抽象相结合的天文（图 214）、地理图像。

山东滕县宏道院出土汉画像石的冶铁图像（图 215），画面表现了一个冶铁作坊，有三人操皮橐鼓风，三人锻打，一人执钳。还有许多人在打造、试作各种工具。操橐的三人一人在橐前压橐取风，一人躺在橐下将橐推回原处，可见以橐鼓风的费力程度。孙机对橐进行了考证，"它是一个内部装撑环，两端装挡板的皮囊，前挡板有进气口，后挡板上的排气口外连接着通向

<hr>

① 顾森：《中国美术史·秦汉卷》，齐鲁书社、明天出版社 2000 年版，第 349 页。

炼炉的风管。橐顶装有活动吊杆，使用时需不断推拉，即《管子·揆度篇》所称之'摇炉橐'"①。

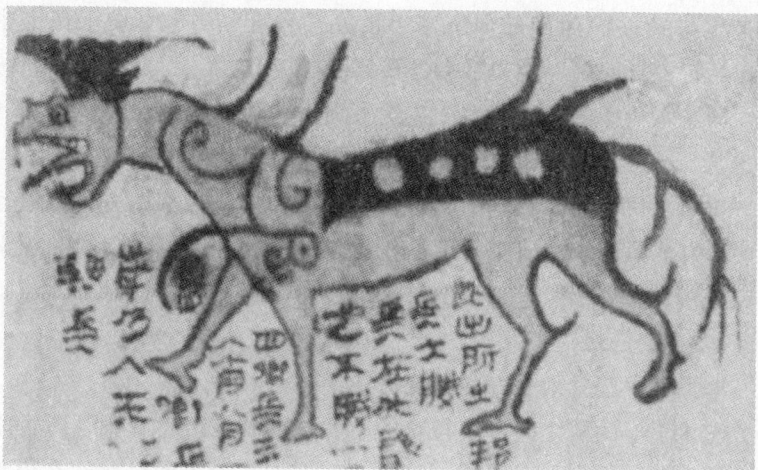

图 214　湖南长沙马王堆 3 号汉墓天文气象杂占图（局部　照片）

图 215　山东滕县宏道院出土汉画像石冶铁图像（拓本）

　　天文神话以对天象的观察为基础。河南南阳许多汉画像石日月星相图像，把日和月刻在一幅画面上。日刻一阳乌，月刻一蟾蜍，常同向而行。如果画面一行排列，则朝一方向，或月在前，或日在前，中间以星座饰同一方向的运动。如果是两行排列，下排和上排逆向，两排作一回复，表现了汉代人对天文的认识。

　　中国的艺术史研究有待于深入。有学者分析西方艺术史研究特点时论曰："简言之，艺术是人类历史的不可分割的组成部分，这一信仰是'包罗

---

　　①　孙机:《汉代物质文化资料图说》，文物出版社 1991 年版，第 40 页。

万象史的观念'的直接产物，但'包罗万象史'的观念并非凭空产生。
……正如孔德所说的，人类在政治、道德和知识上的一切进步都是与'物质
进步'分不开的，因为新的生产手段是思想和知识成果的基础，'进步的观
念'的产生与 18、19 世纪的现实密切相关。"① 在西方艺术史的研究中，较
为全面地看待历史问题，重视社会各要素的相互作用，形成全面和系统的艺
术史。中国艺术史学的研究，需要在这方面努力。汉画图像内容包括社会与
历史、建筑与雕刻、绘画与工艺、生产与科技，在诸多方面均有深刻与生动
的表现。对于汉代的图像艺术史，学者们在自己学科的实践中，已进行了种
种有益的卓有成效的理论研究。但是任重道远，汉画图像的形式和意义尚待
深入研究分析，汉画图像艺术史的最后确立还需要长期的努力。

二　确立了中国艺术史学的研究方法

西方艺术史学的建立经过了漫长的阶段。在其发展过程中，考古学对于
欧洲古典艺术品的搜集与研究功不可没，西方的艺术史学科建立在较为坚实
的实证基础之上。在中国的艺术史研究中，对于出土量丰富、形式和意义生
动深刻、理论研究贯穿始终的汉画图像及其研究成果，应当引起学界重视。
它们是艺术史的组成部分，对于形成中国艺术史学科具有重要的作用。

艺术开始具有综合性，汉画图像的综合性特点，代表着汉代人对社会的
朴素认识。汉画图像的建筑、雕刻、绘画的艺术与实用功能，在艺术史上有
明确的意义。汉画图像呈现一种综合的整体之美，反映了中国艺术史发展初
始阶段的外在风貌。

汉画图像的研究已经由金石学发展到其他学科。逐步形成了中国的图像
研究方法与民族的审美艺术特点，彰显出汉画艺术的时代精神，建立起中国
艺术史学的传统研究体系。

（一）由金石学进入的多学科综合研究方法

汉画图像表现了天上神灵、仙界境像、人间生活、冥间鬼魂的大千世
界。构成墓葬建筑的汉画像石、画像砖制作时，在作坊生产和墓地安装上会
有一个过程，对于图像的思想内容与表现形式起到了传播的作用，地面上的
石祠堂、石阙与碑刻的开放功能、社会上流通的铜镜和其他器物也形成了图

---

① 曹意强：《图像与历史·哈斯克尔的艺术史观念和研究方法》，载《艺术史的视野·图像研
究的理论、方法和意义》，中国美术学院出版社 2007 年版，第 40 页。

像的广泛交流。

魏晋以后人们已对当时可见的汉画图像进行了记录。晋戴延之《西征记》与北魏郦道元《水经注》对汉画像石图像进行了系统的描述，唐代开始已有武梁祠图像拓片。汉画图像拓片在研究中起到了重要作用。

东晋王嘉《拾遗记》载："黄帝以神金铸器，皆有铭题。"金石学致力于"考订"、"文章"、"艺术"等诸方面研究。"考订始于两汉，发达于宋，极盛于清"①。考订"综其功用，可以证经典之同异，正诸史之谬误，補载籍之缺佚，考文字之变迁。金文证史之功，过于石刻"②。汉画图像对于证史有重要的作用。巫鸿指出："更有力的证据来自武梁祠画像的独创性……它独特的画像题材包括屋顶上的祥瑞图像，对古代史的系统表现，详尽的榜题和画赞，以及对绘画主题的精心挑选和系统分类。"③ 汉画像石、画像砖以其丰富的图像引起人们的广泛兴趣。金石学应用于艺术，"自汉、魏以来，文臣学士，研习岁滋，摹拓日广，亦早成专门之学。……又如汉代各种石刻画像，人物鸟兽，宫宝器具，无一不备，别有作风。……此金石有裨于艺术之大较也"④。汉画像石、画像砖既有生动的图像，又有各种字体的题榜与刻字，逐渐成为金石学的研究对象。宋代是金石学的发达期，这时欧阳修的《集古录》、曾巩的《金石录》、洪适的《隶释》、《隶续》等书都辑入了汉画像石图像，《隶释》一书今尚存之，这些均为金石学的汉画像石图像研究奠定了基础。清代金石学昌盛，翁方纲的《两汉金石记》、黄易的《小蓬莱阁金石文字》、阮元与毕沅的《山左金石记》、王昶的《金石萃编》、冯云鹏与冯云鹓的《金石索》、瞿中溶的《汉武梁祠画像考》、王懿荣的《汉石存目》等书对汉画像石图像进行了研究。金石学家在研究图像的同时，关注汉画像石图像考证题跋，进入图像与义献同步进行的研究状态。

在汉画图像的研究中，一些金石学家还采用了考古与艺术史的研究方法。黄易的考古探索富于开创意义。1786 年，黄易发掘出武氏祠 25 块画像石、一对石阙、一方武斑碑、一个刻有"武家林"三字的断石柱。黄易组织

---

① 朱剑心：《金石学》，商务印书馆 1930 年版，第 4 页。
② 同上。
③ ［美］巫鸿：《武梁祠——中国古代画像艺术的思想性》，柳杨、岑河译，生活·读书·新知三联书店 2006 年版，第 230 页。
④ 朱剑心：《金石学》，商务印书馆 1930 年版，第 11—12 页。

力量就地建立祠堂，继而又发掘与找回武氏祠的一些画像石与碑刻。确认为武氏祠堂武梁祠及前、后、左石室，在画像石编上号码，把其中 25 块嵌入祠堂的墙壁。"题门额曰'武氏祠堂'。"① 并"种植收息，主守祠碑，有谒祠拓碑者，司其启门、拂拭、茶饮、顿宿之事"②。黄易运用考古等方法尽力恢复武氏祠的原来面貌和功能，使图像产生艺术影响。王昶在《金石萃编》中开始探索不同时期图像研究的历史，进行了艺术史分析。

从 20 世纪初开始，近代意义上的考古学、社会学、历史学等学科逐步涉足汉画图像研究，艺术学的一些方法也开始尝试运用于汉画图像，其研究达到了一个新的阶段。汉画图像之于社会与思想，汉画图像之于历史与文学，汉画图像之于生产与科技，汉画图像之于建筑与雕刻，汉画图像之于绘画与工艺，在诸多学科展开的研究中，取得了丰硕的成果。众多的学科和领域在综合与交叉研究中，挖掘汉画图像在各个方面的特点，中国艺术史研究的理论基础逐步确立。

汉画图像研究从金石学进入，到多学科的研究体系展开，形成了中国艺术史学的学科综合研究方法。

（二）图像艺术的研究方法

图像学对于西方古代图像的历史、形式、内容、意义的研究，已经取得了卓有成效的成果。汉画图像按照中国艺术的研究方法，在图像的起源、内容、风格、影响等方面进行研究，形成中国艺术史学的图像研究方法。

1. 汉画图像的起源

汉画图像是汉代文化的反映，汉代文化融合了北方的黄河文化与南方的长江文化。在先秦与秦汉的历史发展中，楚文化起着重要的影响作用，汉画图像较多地体现了楚文化的特色。

由楚文化决定的艺术形式深受老子、庄子关注自然、追求自由的思想影响。

湖南长沙陈家大山楚墓出土的《人物龙凤帛画》、子弹库楚墓出土的《人物御龙帛画》，帛画表现了和谐自然的升仙场景。湖南长沙黄土岭楚墓出土的漆奁，用八种颜色表现翩翩起舞的女子，她们长袖细腰，婀娜多姿。湖

① 黄易：《修武氏祠堂记略》，载王昶《金石萃编·卷二十·武氏祠画像题字·汉十六》，中国书店 1985 年影印本。

② 同上。

北随县曾侯乙墓出土的漆鸳鸯盒两侧的漆画表现了建筑舞与撞击磬的生动情景，其画面疏朗潇洒，形象凝练生动。湖北江陵沙冢出土的战国时期楚的漆矢箙面板，中间为一鸟，左右有对称的凤鸟、兽、蛇，图像生动严谨，表现了混沌广阔的神话世界（图 216）。大量的楚艺术遗存体现出巫风浓郁、神秘莫测、浪漫狂放、玄妙奇丽的特点，保持着中华民族的生活激情，以原始魅力征服世界，表现对世界的审美心态和意蕴，并对汉画图像的产生起到决定性的影响。

图 216　湖北江陵沙冢出土楚漆矢箙面板（照片）

河南南阳汉画图像直接受楚文化影响，汉画图像中那扑人首蛇身的伏羲女娲、扑食女魃的猛虎、威严控赫的神荼郁垒、怒目圆睁的方相氏，无不展示出原始的野性和神秘感。西汉晚期的南阳唐河针织厂汉画像石墓墓门门扉图像，上有冠三羽的凤鸟，下有衔环的铺首。铺首与上部冠三羽的凤鸟当有某种联系。铺首显饕餮状，既有肯定自身、保护墓室的祯祥意义，也是一种原始巫术的继续和变幻。"凤鸟冠羽，多作三羽，古称'三毛'、'三苗'。"①
这种冠三羽的凤鸟形象，与呈饕餮状的铺首结合在一起，"饕餮原本不过是
对三苗族的一个形容词性的称谓，后来附会以半人半兽的形象，才成为具有
贪婪凶残本性的组合怪物"②。可见铺首与楚之饕餮图形有一定的联系，门扉
上的铺首衔环无疑是权威的象征。其形象兽头环眼，是人为的组合怪物。如
郭沫若所指出的："未脱离原始风味，颇有近于未开化民族的图腾画。"③ 铺
首与冠三羽的凤鸟都与楚文化关联。

其他地域的汉画图像不同程度地受到楚文化的影响，李泽厚指出："汉
文化就是楚文化，楚汉不可分。……楚汉浪漫主义是继先秦理性精神之后，
并与它相辅相成的中国古代又一伟大艺术传统。"④ 楚文化渗透到汉文化的各
个方面，即使受齐鲁儒家思想影响较大的山东嘉祥武梁祠图像，其表现形式
也受到楚文化的影响。武梁祠的人物形象夸张多变，雕刻方法工整有致，图
像显现理性的神秘感，接受了楚地的浪漫表现特点。

2. 汉画图像的题材

汉画图像的题材来自动物、人物、植物、物象与图案。

动物包括自然界中的动物、依动物原型加以变化的动物、主观想象的动
物三个方面。

自然界的动物表现了汉代人与动物的亲密关系。主观想象的动物寄托着
汉代人的希望，大胆随意地进行创造，汉画图像对动物的形象表现达到了艺
术高峰（图 217）。

图 217　山东滕州龙阳店出土汉画像石群兽图像（拓本）

① 王大有：《龙凤文化源流》，北京工艺美术出版社 1988 年版，第 13 页。
② 黄专：《饕餮与楚族》，《新美术》1989 年第 4 期。
③ 郭沫若：《青铜时代》，科学出版社 1957 年版，第 304 页。
④ 李泽厚：《美的历程》，文物出版社 1981 年版，第 70 页。

汉画图像的人物图像具有动物崇拜及自身崇拜的双重性，呈现着雄浑的气魄和宽厚的模式。动物图像和人物图像共同发展、相映生辉，就审美认识研究，人物图像有较高层次的意义。它是通过现实人物形象和神话人物形象实现的。历史故事、人事故事、上层社会生活场景、平民生活是人物图像表现的主要题材。

植物与物象表现了汉代人的生活环境与社会需要。图像的图案表现，反映了汉代人对艺术的表现能力。

汉代人尽管在对动物的表现中注入了理想和希望，但毕竟是借动物原型寓人类心意，是受到一定限制的审美活动。人物的艺术表现受局限较小，它便于倾注人的意识和幻觉。汉画图像可以保持人面不变，身子呈蛇身与虎身；可以佩戴面具、化为神灵；可以概括为铺首等形象符号，去镇鬼辟邪；可以用动物、植物、物象陪衬人物，制造环境气氛，共同为人物的审美主体服务。即使没有人物出现的其他图像，也多以代表审美意识的灵气与象征符号的图案出现，使画面具有灵动之感。

3. 汉画图像的风格

汉画图像具有神秘、宏大、和谐的艺术风格。

神秘性源于楚文化影响。汉画图像既得屈原的缠绵悱恻，又得庄子的超旷空灵，具有五行神秘色彩，所以常常形成壮阔幽深的宇宙意识。汉画的天文图像充满了神话色彩。从科学意义讲，它反映了汉代在天体观测方面所取得的成就，是中国较早的天象人文图（图218）。然而，在对天体观测的同时往往又以神话传说为依据，集科学、现实、意象为一体，极富想象力地进行图像表现。天文图像画面常出现的阳乌与蟾蜍、云气与星宿形象，蒙上了神秘色彩。

河南南阳汉画像石的天帝出行图像，左上方四星，下面一星。三神人拉一五星座车迅速行进，右刻风伯，张口吹风，中间流云缭绕。画面记叙了天体星座运行时呼风唤雨的情形，以形象化的人物表现了生动的场景（图219）。图像以星座作为陪衬，描绘了天帝出行的场面，而且赋予其生动的形象，造就天帝出行时风疾雨哗的气氛，表现了墓室卜穹的神秘意境。

汉画图像具有囊括宇宙、融合天人的宏大气魄。它依据优越的政治、自然环境，把神话、历史、现实进行归纳，以浩大的气势与力量去表现人类征服外部世界的雄伟意识。汉代神荼、郁垒已作为门神的主要刻画对象，在河南南阳的汉画像石墓墓门画像中，常有神荼、郁垒两个威风凛凛的武士，手

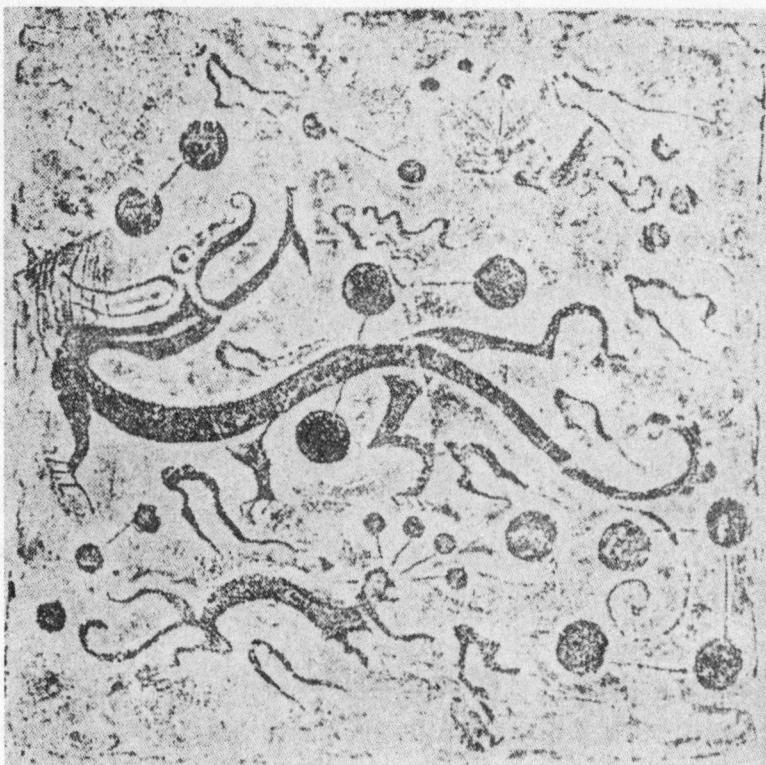

图 218　四川成都市郊出土汉画像砖苍龙星座图像（拓本）

图 219　河南南阳王庄汉画像石墓天帝出行图像

握石斧，面目狰狞，勇猛雄壮，密切地注视着周围的一切。蹶张形象在南阳
汉画像石图像中经常出现。作为猛士的代表，蹶张常高髻短衣、袒胸露臂、

两手引弦、两脚踏弓，似有万夫不当之勇。有时口衔一矢，显示出瞬间动作的震慑威力。瞵张形象简单明快，显示出强劲的英雄气概。

和谐表现是汉画图像的刻意追求。汉代人以朴素的自然观——阴阳五行学说来表现画像中的和谐关系。万物皆秉天地之气以生，一切物体都处于一种美妙状态，组成有节奏的生命存在，从而创造出祥和的意境。汉画图像中人与神和谐存在，在画面中人神共处，羽人是经常表现的题材。它的出现常伴随着神灵，插上了翅膀，飞动于天地之间。人与兽和谐存在，人与兽斗、人与牛斗，人丝毫没有惊慌失措之态，反而有玩耍动作的安闲与滑稽，人与兽似为亲密的伙伴。兽与兽和谐存在，龙与虎、虎与熊、熊与兕、熊与狮、狮与豹，或者牛与象、象与凤，这些不同类别、不同性格的动物出现在一起。画面上均以祥云缭绕，呈现出祥和、温瑞的和谐情趣。

4. 汉画图像的影响

汉画图像在完成自我审美感觉的同时，对汉代的民间文化与社会意识也产生了极大的影响。汉画图像的制作技艺在汉代有普及性，对铸造汉代思想产生了重要作用。汉画图像形成了汉代艺术精神，具有中国本土艺术的鲜明形象特质。

汉画图像"标志着我国绘画艺术的成熟，成为中国美术发展的一个重要的里程碑"[1]。汉画图像艺术为后世人文思想的活跃奠定了基础，同时，开启了魏晋南北朝时期图像艺术的发展道路。

汉画图像经过魏晋的流传，南北朝时精心修造佛寺与石窟建筑，用雕刻与绘画进行装饰，创造了崭新的艺术形式。北朝造像石窟往往在山石上凿建，山西大同云冈石窟，甘肃敦煌、麦积山石窟，河南洛阳龙门、巩县石窟，河北邯郸响堂山石窟等组成了佛教石窟体系。石窟艺术保持着汉画图像的艺术表现手法。

魏晋南北朝的墓葬建筑，常在其室内空间雕刻与绘制图像。河南洛阳北魏的宁懋石室制作成木构建筑形式，在壁面内外刻制图像。西安北周安伽墓的石棺床具有完整的建筑构造体形态，在棺床的表面进行雕刻与彩画。在题材内容上，汉画像砖图"四灵"与孝子节烈等图像在石室、石棺床上出现；在雕刻方式上，汉画像石的阴线刻与隐起阴线刻在石室、石棺上继续使用。河南巩县石窟的一、三、四窟的壁脚与中心方柱下层刻有十神王像与伎乐画

---

① 张道一：《南阳汉代画像石拓片精品展视辞》，《汉画研究》第 2 期。

像。神王像有山神、河神、象神、鸟神、风神、火神、地神、龙神、兔神、牛神，一些名字来自《山海经》的记载，在汉画图像上也多有表现。伎乐图像出现了多种正在演奏中的乐器，有鼓、磬、钹、铙、笛、笙、排箫、琴、琵琶、箜篌、阮咸等。多数乐器在汉画图像上都能看到。三窟中心柱的飞天画图像，如凌空飞舞的仙女，与河南南阳汉画像石的嫦娥奔月图像，有动作的相似性，雕刻方法也有些接近。

汉画图像的线性表现特点长久影响于后世。江苏南京西善桥南朝画像砖墓的竹林七贤与荣启期图像，以熟练流畅的砖刻阳线表现了魏末名士嵇康、阮籍、山涛、王戎、向秀、刘伶、阮咸与春秋高士荣启期的图像。顾恺之的《女史箴图卷》与《洛神赋图卷》摹本用"春蚕吐丝"般的高古游丝描塑造人物形象。

写实与写意是汉画图像并行不悖的两种表现方法。甘肃嘉峪关魏晋画像砖墓图像的写实，甘肃酒泉丁家闸十六国壁画墓图像的写意，均受汉画图像的影响。

魏晋南北朝以后，艺术形式富于变化：唐代的建筑与雕刻富丽堂皇；宋代的山水画雄伟壮丽；明清的文人画志趣高远。它们的艺术风格形成与汉画图像有密不可分的联系。

（三）艺术审美特征

汉画图像丰富，具有神话美。神秘的图像充满形式美感，由于汉画图像间接反映了汉代的建筑，汉画图像呈现出汉代建筑的完美形式。同时，汉画图像本身的特点也显示出生动的视觉美感。

1. 汉画图像的神话美

中国古代传说中的主要神灵，在汉画图像中可以睹其风采。如开天辟地的盘古；抟土造人、给大地带来勃勃生机的女娲；教民打鱼捕鸟、钻木取火，使人得以生存的伏羲。按照古人的臆想，天、地、人三者生成之后，又有日月的诞生。羲和生了十个太阳儿子，常羲生了十二个月亮女儿，天地间有了昼夜之分。于是我们在汉画图像中可以看到羲和擎日、常羲擎月的优美形象。十二个月亮似乎无妨，十日并出则晒得山枯水竭，对人类形成了巨大的威胁。于是有后羿射日、嫦娥奔月之神话。在河南南阳汉画像石图像中，后羿正引弓待发，力大无比；嫦娥飘飘欲仙，楚楚动人。混沌既开，日月经天，人类繁衍，万物降生，众多的神灵应运而生——青龙、白虎、朱雀、玄武四方之神，呼风唤雨的雷公，兴风作浪的河伯，万鬼之统帅的神荼、郁垒，遥遥相对的牛郎、织女，仙居昆仑，拥有长生不死之药的西王母……南阳汉画像石图像中，姿态各异的神灵，构成了一幅幅奇特的画面，展示了汉代人丰富多彩的内心世界。

在中国神话系统中，盘古、女娲占据重要的地位。河南南阳唐河针织厂汉画像石墓的伏羲、女娲、盘古图像，画面右边刻画三人，下面一人赤身裸体，雄浑粗犷。疑为顶天立地的盘古。他怀抱两人，皆人首蛇身，极似伏羲、女娲。观其图像，盘古大而雄劲，伏羲、女娲小而纤弱。关于盘古，有文为记："天地混沌如鸡子，盘古升其中，万八千岁，天地开辟，阳清于天，阴浊为地。盘古在其中，一日九变，神于天，圣于地……"① 盘古是和天地同时产生的巨神，女娲是创造人类的伟者，"俗说，天地开辟，未有人民，女娲抟黄土作人，力不暇供，及引绳于垣泥中举以为人"②。伏羲，《周易·系辞下》说："仰则观象于天，俯则观法于地。"③ 伏羲是发明万物的人神。画面将盘古、女娲、伏羲连为一体，表现了汉代人对宇宙的一种宏观认识。神话中，盘古的形象是头为四岳，目为日月，脂膏为江海，毛发为草木，喜为晴，怒为阴。这种大而模糊的形象，似乎象征着天地混沌，所以盘古占据了画面的主要位置。女娲和伏羲一个创造人类，一个保护人类，是人类产生和人类生存的寄托。他们在画面的从属位置，表示在混浊的天地中生存。混沌是古人想象中世界开辟前的状态，太空无边无际，轻灵虚缈，列星随旋，日月递照，万物各得其和以生，各得其养以成。为了表现这种状态，画像石没有表面的刀劈斧凿和矫饰做作，而是着力于一种质朴意识的表达，以不假人工雕琢的天然之美和所要追求的混沌广大保持着吻合，一切顺乎自然，一切表现自然。自然又是按照一定的程序而变化，所以潜存着一个旷邈幽深的宇宙，一穹悠渺广瀚的太空，一层深邃安谧的静寂，一片神魔诡秘的混沌。人在混沌中生存，和混沌共同泯灭，是空灵中的精粹。这种自由的无限境界，是汉代人的刻意追求。马克思指出："任何神话都是用想象和借助想象以征服自然力，支配自然力，把自然力形象化。"④ 神话常以鲜明的形象表现人类与自然搏斗的场景，汉画图像正是借助神话提供的多彩多姿的艺术形

---

① 《太平御览》卷三，载欧阳询《艺文类聚》引三国时吴人徐整《三王历记》，中华书局 1965 年版，第 2 页。
② 《风俗通义》，载袁珂《中国神话史》，上海文艺出版社 1988 年版，第 111 页。
③ 《周易·系辞》，载胡安顺、郭芹纲主编《古汉语》（上），中华书局 2006 年版，第 148 页。
④ ［德］马克思：《政治经济学批判》导言，人民出版社 1971 年版。

象，来表现一种美学理想，而美学理想又赋予汉画像石以形象美感。这幅图像没有直观地刻画日月太空和罗列山川草木，而是巧妙地把幻想和现实交织着，充分表现了一种自由的无限境界。画像中盘古刻画为普通的凡人，想象为威力无穷的大神；伏羲、女娲皆人面蛇身，有明确的象征意义。汉画中的东王公、西王母图像，按照最初的神话传说，西王母的形象相当可怕，是人面、虎身、豹尾，但她同时又是能让人长生不死的神仙，所以汉代完全用人的形象表现她，并按照阴阳五行的思想配上了东王公。他们端坐在瑶池中，上面是日中的三足乌展翅，下面有月中的玉兔捣药，表示东王公、西王母承日戴月给人们带来长生和希望。可以理解为这是汉代人对自身的认识：人是宇宙的一部分，宇宙是人的生活空间，人和宇宙组成了有机生命体。神话本身就是一种虚构，是从既定的现实总体中抽出它的基本意义而用形象体现出来。恩斯特·卡西尔认为："在神话中，想象的力量无处不在，在神话的最初发展阶段中，这种力量似乎还占有绝对的优势。"① 为了达到一种理想境界，汉画图像对神话进行大胆虚构，用最能反映美感意识的形式表现出来，即实在形象和象征形象的结合，并用无拘无束的浪漫想象来表现天人合一的宇宙意识。

汉画图像给我们描绘了一个奇幻瑰丽的宇宙。这个宇宙漫无边际，一片混沌，气溢流动，阴阳交错，神和人在其间生存，天地和万物在其间变化。它表现了一种混沌广大，阴阳相济，运化循环之美。

2. 汉画图像的建筑美

中国传统建筑艺术风格的变化，沿着对抗之美向和谐之美的道路发展。商周宫殿屋顶的直线形坡面造型简练，体积庞大，显示对抗性特征。《诗经·小雅·斯干》记载："如跂斯翼，如矢斯棘，如鸟斯革，如翚斯飞。"② 使人产生如鸟展翅的联想，表现出刚键飞动之美。汉代建筑开始追求和谐之美，屋顶坡面由直线变为凹曲线，这种艺术形式产生于汉代的美学思想。现代美学家邓以蛰指出："世人多言秦汉，殊不知秦所以结束三代文化，故凡秦之文献，虽至始皇力求变革，终属于周之系统也。至汉则焕然一新，迥然与周异趣者，孰使之然欤？吾敢断言其受'楚风'之影响无疑。"③ 远古浪

① [德]恩斯特·卡西尔：《语言与神话》，于晓等译，生活·读书·新知三联书店1988年版，第171页。
② 葛培岭注：《诗经》，中州古籍出版社2005年版，第158页。
③ 邓以蛰：《辛巳病余录》，《邓以蛰全集》，安徽教育出版社1998年版，第281页。

漫主义的传统，在楚地焕发出勃勃生机，那狂放不羁的形象联想，热烈奔腾的情感抒发，执著追求的个性表现，形成了楚艺术绚烂独特的美学风格，也促成了主宰两汉艺术的美学思潮。天地和谐是汉代至要的美学追求。董仲舒认为天地的美在于"中和"，他说："天地之美恶，在两和之处，二中之所来归而遂其为也。"① 天地间的阴阳二气只有和谐交融，才能产生出美好的事物。建筑是人类所创建的实用艺术品，屋顶为其重要组成部分，常引起建造者的极大兴趣。本来屋顶是异常沉重的下压大帽形体，汉代人为使其与地和谐，下面置以阔大台基，可以稳定地承受屋顶的压力，也可以托附屋顶升起于大地。天是汉代人崇拜的神灵空间，汉代思想家王充在《论衡》中论述道："天覆于上，地偃于下，下气蒸上，上气降下，万物自生其中间矣。"② 天居上而气下降，万物和谐承其间，所以屋顶坡面为"反宇向阳"状态。汉人常视天为圆，为与圆和谐，屋顶坡面成凹曲弧线。汉代人又认为天体万物处于运动状态，遂使汉画中的建筑图像呈现飞舞姿态。如果说商周建筑被称为"如翚斯飞"的刚健飞动之美，那么，汉代建筑则被汉画图像描绘出委婉展翅的和谐翔舞之美，并以旺盛的艺术生命力，绵延发展成为中国木构建筑屋顶坡面"反宇向阳"的基本表现形式。汉代建筑屋顶坡面"凹曲反宇"现象是内部结构的反映。斗拱的组合使用、昂与斗拱的结合、梁架层叠、"举折"之法、檐口起翘，这些构造的形式应该是屋顶坡面弧线变化的内在因素。从汉画图像中可以看到，汉代建筑屋顶坡面的艺术与技术已经完美地结合，形成了凹曲弧线的自然变化。汉画图像表现了中国建筑艺术形式具有美学意蕴的主要特点。

人类由自己的屋宇产生了宇宙观念，已把对世界的认识和与休戚相关的屋宇紧密结合起来。汉代建筑木架结构渐趋成熟，迭梁式和穿斗式两种主要木构框架已经形成，它反映出汉代宇宙观的普遍存在。汉代建筑中的框架结构产生于审美思想与观念。汉画图像中表现的木构建筑疏朗大方、构件完美，结构简明的框架使人物神灵处于相互交融的流动空间，表现出"道始于虚廓，虚廓生宇宙，宇宙生气"③ 的完美境界的表现形式。中国建筑木构框

---

① 董仲舒：《循天之道》，载康有为编，楼宇烈整理《春秋董氏学》，中华书局 1990 年版，第 165 页。

② 王充：《论衡》，陈蒲清点校，岳麓书社 1991 年版，第 285 页。

③ 《淮南子·天文训》，载陈志坚主编《诸子集成》第 4 期，北京燕山出版社 2008 年版，第 633 页。

架的产生发展始终与民族的审美认识同步。汉代是先秦理想、楚汉传统相融聚合的时代，汉代人以宏伟阔大的气魄追求现实世界的美感，使中国建筑木构框架形式得到发展。汉代人丰富的精神世界需要多变的生存空间，木构框架可以根据需要为建筑布置空间。汉画图像以简明为审美追求，表现中大胆地暴露木结构框架，为建筑组织空间、创造空间。江苏徐州铜山汉画像石在表现建筑群时，不但把斗拱的部件清楚暴露，而且根据需要，区分阙、楼阁、廊斗拱的不同式样。如阙之斗拱呈拱形，楼阁之斗拱呈半圆形，廊之斗拱呈方形。这些汉画图像反映出汉代建筑去掉装饰末节，大胆暴露木构框架的结构功能，形成开朗的空间。并根据不同建筑样式对框架组成部分进行适度艺术处理。《汉书·高帝纪》载萧何言："天下方未定，故可因以就宫室。且夫子以四海为家，非令壮丽亡以重威，且亡令后世有以加也。"[①] 萧何发挥建筑艺术的精神威慑力量，开创了汉帝国宫殿的恢廓宏图，长安宫殿极为壮丽："树中天之华阙，丰冠山之朱堂，因瑰材而究奇，抗应龙之虹梁，列棼橑以布翼，荷栋桴而高骧"[②]。宫殿显示出木构框架主要部件的材料及装饰。汉代人崇尚建功立业、扬名后世，显露人的精神，实现人的价值。建筑是人类理性的集中反映，清楚地暴露各种构件的形状与功能，表现的是汉代建筑的阳刚与威武之气。汉画图像反映了中国木构建筑以结构表现审美的建筑理念。

3. 汉画图像有"丰富的美学思想"

宗白华指出："中国从新石器时代以来一直到汉代，这一段长的时间内，的确存在过丰富的美学思想，这些美学思想有着不同于六朝以后的特点。"[③] 笔者认为宗白华指出的这个丰富美学思想应由汉画艺术精神所代表。汉画图像是汉代艺术精神的载体，形成于具有大汉雄风的汉代社会。从汉画像石墓的墓制及出土的墓志铭来看，中下阶层人物墓室为数不少，说明了汉画图像的普及性与社会观念的认同性。汉画图像应是汉代文化的集中显示，是汉代艺术精神的主要代表。它经受过儒家礼乐思想的影响，但是，生命与艺术结合的活力还是旺盛地发展起来了。汉代人保持着巫楚与动物的亲善关系传统，对于动物的动态形象给予极凝重的关注，视作生命的再现。甚至把动物

---

① 班固：《汉书》，江建忠标点，上海古籍出版社 2003 年版，第 47—48 页。
② 范晔：《后汉书》，中华书局 2007 年版，第 397 页。
③ 宗白华：《美学散步》，上海人民出版社 1980 年版，第 27 页。

视为人间与更远、更深的神秘世界之间的一个中部世界。这种信念与阴阳五行思潮的交织，汉画图像中的动物形象线条奔放而流畅、气韵和谐而生动。学界研究认为，艺术史发展的曲线与精神热情波动的曲线是相同的，一种新的艺术形式出现必然形成新的艺术语言与艺术影响，成为美术史发展的新的里程碑。在中国的传统艺术发展中，从远古土著的图腾意识，到楚地崇尚生命运动与活力、强烈向往自由的文化传统，再到汉艺术的奇丽神秘、深沉宏大的艺术形式，按照艺术史的一般发展规律，对中国古代艺术特征发展似可这样分段：岩画艺术、彩陶艺术、楚艺术、汉画艺术。汉画艺术造就了神韵飞动、玄秘奇丽的东方风格。中国的艺术发展，青铜艺术的饕餮狰狞面目改变了中国动物生命与运动的自然交响曲，依靠礼乐文化的森严乐章盘踞威吓了几个世纪，给中国艺术以巨大的影响。但是，楚艺术在扬弃的过程中悄悄地发展了起来，最后融合发展为汉画艺术的主流，终于唱响了汉代艺术精神的主旋律，汉画图像也载入了中国艺术史的发展史册中。

汉代以后，汉画艺术为魏晋南北朝艺术思想的活跃奠定了基础。但是，伴随着佛教艺术的不断传入，中国本土艺术精神逐渐发生了质的变化。敦煌早期石窟艺术，一部分尚保持一些中华民族的本土艺术风格，一部分已变为西域艺术风格，还有一部分移植了印度的艺术风格。敦煌后期石窟艺术形成了中华民族本土艺术、西域艺术、印度艺术、西方艺术相结合的表现形式。魏晋南北朝以后，中国的各种艺术形式也都明显地呈现出这些变化：唐代的建筑雕刻臻于完美、细腻；宋代的山水画，追求壮丽、富华；明清的文人画偏于情趣、形式。艺术逐渐分类明确，且以不同路径发展：科学和艺术分开了，设计和绘画分开了，绘画的画师逐渐分为黄门、文人、民间三个层次。分类的细致分别造成了风格的多样化，但均缺少汉画艺术——中华民族本土文化精神的基本特征。尽管那种整体的飞动气势、那种昂扬的向上精神不时在汉画时代以后的艺术发展过程中有所闪烁，但是始终没有一种发展成熟、具有代表性的反映中华民族本土艺术精神的形式再度出现。

（四）建立艺术史学的研究体系

艺术史学的学科建设、研究方法和审美意义至关重要。汉画图像经过长期的流传与研究，已经形成了自己的研究方法，同时也具有了自身的审美特征。汉画图像在研究的过程中，逐渐建立起艺术史学的传统研究体系。

1. 金石学的研究体系

　　汉画的金石学研究历史，一方面形成了图像研究的艺术史学传统，不少金石学家在收录前人的著录时精辟地进行图像的解读，纠正拓片错误，考证图像文字误差，形成了汉画图像的史学研究传统。另一方面金石学家以汉代图像与后代图像进行比较研究，寻找其发展脉络，探索艺术史的图像演变规律。朱剑心在《金石学》中认为自汉画图像"循流而下，以至魏齐造象，种类繁多，雕刻精绝。由此可知 5 世纪时中国雕刻美术之成绩，及其与印度、希腊之关系。更下如唐昭陵石马，宋灵岩罗汉，明碧云刻楠，圆明雕柱等，比较研究，不啻一部美术变迁史矣"①。汉画图像开启了这部"美术变迁史"。汉画图像的金石学研究中，金石学家的考古与艺术史研究成为中国艺术史学的亮点。黄易对武梁祠实地考察、发掘，制定保护措施、精拓拓片、出版书籍是中国艺术史上金石学家考古发掘的伟大实践。王昶在《金石萃编》中对武梁祠图像进行艺术史的分析，注重保存当时考察对象的存在状况，以见其历史变迁的痕迹，用图像架设起了金石学与艺术史之间的联系桥梁。

　　王昶在《金石萃编》按语中提到对武梁祠图像的处理方法："此编虽仿洪氏之例而有不同者，洪氏仅取画编为上下两例，三石牵连不甚分晰，其所摹人物粗具形迹，与碑参校全失其真。又题字另详于《隶释》而于碑图但列人名二三字，是画与赞离而为二，观者不能了然，兹悉依碑画赞全摹而于后跋中不重复列。至每石五层，各层上下界画处有山形水纹枣核等画，虽无关系，亦依样并摹以见古碑刻画之式，皆洪氏所无者。又第二石内有要离、王庆忌一幅，洪氏全佚，今拓所有亦可补前人之阙也。凡洪图分明而方拓已泐者，则阙之以存其真，见石本之逾久而有损也。"② 王昶指出了洪适书中武梁祠图像记录的不足之处，如"三石牵连不甚分晰，其所摹人物粗具形迹"、"画与赞离而为二"、"上下界画处有山形水纹枣核"等误差，并且在自己的图像处理中进行了纠正。他在《金石萃编》中注重考察图像的原来面貌，及图像之间与环境的相互联系。并提出"凡洪图分明而方拓已泐者，则阙之以存其真，见石本之逾久而有损也"的观点，注重对画像石拓片流传状况的考察。

　　王昶在《金石萃编》中对武梁祠图像研究也进行了系统的梳理：以洪适

---

① 朱剑心：《金石学》，商务印书馆 1930 年版，第 12 页。
② 王昶：《金石萃编·卷二十·武氏祠堂画像题字·汉十六》，中国书店 1985 年影印本。

《隶释》、《隶续》对武梁祠及其图像的考证资料，说明洪适把武梁祠放在汉代文化环境中考察的观点；以洪适《隶续》对图像艺术功能进行考证的资料，说明洪适解读画像石的方法；《金石萃编》收录了《黄易修武梁祠堂记略》及《翁方钢重立武氏祠石记》，两篇文章记录了黄易的考古探索过程；《金石萃编》收录的《山左金石志》，通过对武梁祠图像的解读，提出图像与史料结合、图像的时空表达方式之观点；《金石萃编》收录的《史绳祖学斋》和《曝书亭集》说明了武梁祠拓本的流传过程，显示了不同时期武梁祠画像石拓片的破损情况。

《金石萃编》运用金石学与考古研究的方法，进行中国艺术史的图像研究传统探索，在中国艺术史学中具有重要的位置。

金石学的汉画图像研究传统影响至今，文学、历史学、艺术学等学科的不少学者对汉画图像进行收藏与研究。20世纪初期，鲁迅开始收藏、整理并临摹汉画图像，郭沫若、常任侠等学者收藏并题文汉画图像拓片。在重庆江北出土的延光四年画像砖拓片上，郭沫若题诗为："延光二千载，瞬息视电鞭。人事两寂寞，空余圹与砖。重堂叹深邃，结构何联娟。上规疑碧落，下矩体黄泉。但求坚且美，无复计华年。富贵江上波，巧奇琴外弦。一旦逅知音，仿佛启冬眠。影来入我斋，壁上生云烟。"其二："我游香国寺，偶往执教鞭。肩舆所过处，错落见残砖。未逢明且逸，莫辨媸与娟。或则砌畦浍，或则堕涸泉。固是涅不淄，坚贞绝岁年。巴人下里歌，难和阳春弦。鸡鸢同罩食，石玉并头眠。无怪子去陈，七日绝炊烟。"常任侠题诗为："八尺琉璃榻，七尺珊瑚鞭。生极营富贵，死亦囚墓砖。江流常浩浩，明月常娟娟。

图 220 重庆江北出土延光四年画像砖图像与题文（拓本）

斯人何所有，白骨朽黄泉。上溯延光年，历世千百年，期间贤圣辈，一一播管弦。忧乐先天下，陋室足安眠。吾生重高节，富贵如云烟。"（图220）①在汉画图像拓片上行文书字、抒情达意，不同时期不同人等各有独特感悟，这种对汉画图像的审美方式至今不绝。

2. 艺术学研究体系

汉画图像是汉代的图形样式，在社会的交流与传播中发扬光大，在研究中得到了进一步的应用。这个过程显示着艺术史学研究的逐步深入。试从工艺设计文化与艺术表现两个方面分析艺术学的研究体系。

首先，工艺设计文化。

在汉代墓葬艺术中，石棺、石椁形式发展为画像石墓和画像石椁，瓦棺、瓦椁形式发展为画像砖墓，地上的石祠堂建立起来，随葬的器物放置其中，汉画图像应运而生。汉画像石、画像砖墓、石祠堂是墓葬建筑的形式，具有物质和精神的双重性，也有建筑、雕刻、绘画的综合特质，显现出工艺设计文化②等特点。

汉画图像反映了汉代墓葬艺术中集建筑、雕刻、绘画为一体的工艺设计文化。它是中国土生土长的艺术形式，具有中国本土艺术的特点。汉画图像不但显示了图样特点，因附着于建筑构件与器物形体、材质，也显现了其图形特点。建筑技术、器物制作技艺属于物质文化范畴；图像内容则表达汉代人的思想，反映精神文化追求。它们融物质文化与精神文化为一体，是工艺设计文化在汉代的具体反映。汉代晚期，工艺设计文化传承发展，石雕、砖雕技术、器物制作技艺经过两晋时期，南北朝时进入了一个新的阶段。在佛教发展的高潮中，人们精心修造佛寺与石窟建筑，用雕刻与绘画进行装饰，创造了崭新的艺术形式。

汉画图像标志着工艺设计文化的空前繁荣，在中国美术史中具有重要位置。

其次，艺术表现。

---

① 高文、王锦生：《中国巴蜀画像砖大全》，国际港澳出版社2002年版，第327页。

② 张道一认为："物质文化和精神文化分化出来之后，原来的兼有物质和精神双重性的工艺美术并没有分解。其延续长达数千年乃至上万年，并且逐渐扩大着自己的领域，品类越来越多，同人民生活的关系越来越密切。"（张道一：《造物的艺术论》，载张道一主编《工艺美术研究》，江苏美术出版社1988年版，第10页）笔者认为，兼有物质和精神双重性的工艺美术，按照文化状态可以称为"工艺设计文化"。

　　汉画图像的艺术本身包括平面表现、图像与形象表现等方面。

　　平面表现是汉画图像的首要特点，中国艺术传统追求平素之美。庞薰琹指出："在我国装饰画的传统表现方法中，所以要从各个不同的角度，去观察一件东西，目的是要把这件东西，表现得更'全面'一些。"① 汉代人看见林林总总的物象，常变复杂为简单，用阴阳思想分类自然现象，以五行学说解释道德观念。汉代人的目光不拘泥于具体的物象，他们用二维图形去表现心中的印象与记忆。从另一个层面看，中国造型艺术开始是以线性艺术表现的，书法、雕刻、绘画等表现形式已进行了长期的线形艺术实践。汉代人把线性艺术表现到了极致，在书法上运用了如"腾蛇赴穴"动物躯体的生动线条，在建筑上形成了"反宇向阳"的屋顶坡面凹曲线，在雕刻上创造了以霍去病墓为代表的线性动势的循物造型石雕，在汉画图像中则把物象视为线形构图的组成部分，进行平面装饰表现。

　　平面表现决定了汉画图像的构成形式，对中国后世的建筑、雕刻、绘画产生了重大影响。汉画图像艺术表现的思想与形式相一致，审美理想与表现方法有机结合，平面装饰形式得到了完美地呈现。从此，确定了中国造型艺术的基本表现方法。

　　顾森认为："中国对汉代这些原砖原石的研究，几百年来基本上是根据拓片开展的。用拓片作图像学式的研究主要是近一百年来的事。"② 平面性的汉画拓片是金石学和其他学科长期研究的对象，形成了中国美术史平面拓片的研究传统。

　　汉代以"图像"这个意思表现生动的图形相貌，对汉代社会进行着意表现。汉画图像，其题材内容可分为神话世界、自然风采、社会生活等方面，思想内容可分为天上世界，仙人世界、人间现实世界、地下鬼魂世界几个部分。图像能够具体反映事物的外部相貌、形态，也可以表现事物内在的意识与精神，汉画图像是汉代艺术精神的集中映现。汉代有以《史记》、《汉书》及器物铭文、碑刻记载的文字历史，更有依存于建筑与墓葬的视觉图像历史，汉画图像组成了生动的视觉历史。图像之于艺术史，可以显示出艺术的视觉本质特点。汉画图像反映出来的观念和意义，已载入了艺术史发展的过程中，并在生生不息的艺术研究中得以永恒。

---

① 庞薰琹：《中国历代装饰画研究》，上海人民美术出版社 1982 年版，第 28 页。
② 顾森：《中国汉画图典·序》，浙江摄影出版社 1996 年版。

对于不同地域的汉画图像，人们着重探寻其审美特征。庞薰琹在比较帛画艺术时认为：“《马王堆汉代帛画》比之《晚周帛画》，画面上当然丰富得多，构图完整，绘制技术也更精致。但是由于过分装饰，艺术水平反而降低了。”① 汉画图像如何辨别不同的风格特点，艺术学研究已开始从本质方面探讨问题。

汉画图像的形象表现，与形式、节奏、情节有关。“美与美术的特点是在‘形式’、在‘节奏’，而它所表现的是生命的内核，是生命内部最深的动，是至动而有条理的生命情调。”② 情节是由生命内部的情调而产生的，它是艺术作品的至高境界，由形象的节奏形式与内容的相互关联而形成。汉画图像把动物的生命之力与汉代人的天人合一思想与阴阳观念运用到艺术刻画中。以几何形与图案式的简约概括、材质肌理的恰当选择、节奏明快的运动表现、敷色装饰的神秘结合，创造了完美生动的艺术形象。通过艺术形象产生了情节，进入了艺术表现的自由天地。

汉画图像的情节表现，形成了阴阳二气化生万物的汉代认识论，汉画图像的情节表现深刻影响于后世的雕刻与绘画，汉画像石、画像砖开创了中国艺术史形象与情节表现的生动篇章。张道一认为：“气魄深沉雄大，不仅是汉画像石的灵魂所在，也是中国传统的趣旨，它不仅表现了中国人的气质，也是数千年所追求的一种精神。”③ 汉画图像为中国的造型艺术树起了一个历史的制高点，奏响了中国艺术史的重要乐章。

宗白华认为：“中国艺术有三个方向与境界。第一个是礼教的、伦理的方向。三代钟鼎和玉器都联系于礼教，而它的图案画发展为具有教育与道德意义的汉代壁画（如武梁祠壁画等），东晋顾恺之的女史箴，也还是属于这个范畴。第二是唐宋以来笃爱自然界的山水花鸟，使中国绘画艺术树立了它的特色，获得了世界地位。……第三个方向，即从六朝到晚唐宋初的丰富的宗教艺术。”④ 此所谓三个方向与境界，第一个方向与境界，汉画图像艺术已经深入实践，卓有成效。且远不止“教育与道德意义”。后两个方向与境界，汉画图像业已进入，首开先河。汉画图像形成的艺术精神，决定着中国艺术的发展与变化。丰厚的汉画图像研究积淀，形成了中国艺术史的史学研究传统。

---

① 庞薰琹：《中国历代装饰画研究》，上海人民美术出版社 1982 年版，第 27 页。
② 宗白华：《美学散步》，上海人民出版社 1981 年版，第 99 页。
③ 张道一：《画像石鉴赏》，重庆大学出版社 2009 年版，第 7 页。
④ 宗白华：《美学散步》，上海人民出版社 1981 年版，第 128 页。

参考文献

1. 班固:《汉书》,中华书局 2007 年版。

2. 曾昭燏、蒋宝庚、黎忠义:《沂南古画像石墓发掘报告》,文化部文物管理局 1956 年。

3. 常任侠:《东方艺术丛谈》,新文艺出版社 1956 年版。

4. 段拭:《汉画》,中国古典艺术出版社 1958 年版。

5. 范晔:《后汉书》,中华书局 2007 年版。

6. 高介华、刘玉堂:《楚国的城市与建筑》,湖北教育出版社 1996 年版。

7. 高文:《汉碑集释》,河南大学出版社 1997 年版。

8. 顾森:《中国美术史·秦汉卷》,齐鲁书社、明天出版社 2000 年版。

9. 郭沫若:《青铜时代》,科学出版社 1957 年版。

10. 河南省文物研究所:《密县打虎亭汉墓》,文物出版社 1993 年版。

11. 洪适:《隶释·卷六》,中华书局 1985 年版。

12. 黄明兰、郭引强:《洛阳汉墓壁画》,文物出版社 1996 年版。

13. 黄明兰:《洛阳汉画像砖》,河南美术出版社 1986 年版。

14. 翦伯赞:《秦汉史》,北京大学出版社 1983 年版。

15. 蒋英炬、吴文祺:《汉代武氏墓群石刻研究》,山东美术山版社 1995 年版。

16. 孔祥星、刘一曼:《中国铜镜图典》,文物出版社 1992 年版。

17. 李诫撰,邹其昌点校:《营造法式》,人民出版社 2006 年版。

18. 李淞:《论汉代艺术中的西王母图像》,湖南教育出版社 2000 年版。

19. 李泽厚:《美的历程》,文物出版社 1981 年版。

20. 梁思成:《中国雕塑史》,百花文艺出版社 2006 年版。

21. 刘安等编著:《淮南子》,上海古籍出版社 1989 年版。

22. 刘向著,卢元骏注释:《说苑今注今译》,天津古籍出版社 1980

年版。

23. 刘晓路：《中国帛画》，中国书店 1994 年版。

24. 刘叙杰主编：《中国古代建筑史》，中国建筑工业出版社 2003 年版。

25. 罗二虎：《汉代画像石棺》，巴蜀书社 2002 年版。

26. 马子云：《金石传拓技法》，人民美术出版社 1988 年版。

27. 潘天寿：《中国绘画史》，上海人民美术出版社 1980 年版。

28. 庞薰琹：《中国历代装饰画研究》，上海人民美术出版社 1982 年版。

29. 瞿中溶：《汉武梁祠画像考》，北京图书馆出版社 2004 年版。

30. 任继愈：《老子新释》，上海古籍出版社 1978 年版。

31. 容庚：《汉武梁祠画像考释》，北京图书馆出版社 2004 年版。

32. 阮元校：《十三经注疏》，中华书局 1980 年版。

33. 邵宏：《图像学与图像志》，中国美术学院出版社 2003 年版。

34. 沈宁编：《滕固艺术文集》，上海人民美术出版社 2003 年版。

35. 司马迁著，韩兆琦校注：《史记》，中华书局 1959 年版。

36. 绥德县汉画像石展览馆编：《绥德汉画像石》，陕西人民美术出版社 2001 年版。

37. 孙机：《汉代物质文化资料图说》，文物出版社 1991 年版。

38. 王昶：《金石萃编》，中国书店 1985 年影印本。

39. 王充：《论衡》，岳麓书社 1991 年版。

40. 王大有：《龙凤文化源流》，北京工艺美术出版社 1988 年版。

41. 王建中：《汉代画像石通论》，紫禁城出版社 2001 年版。

42. 魏学峰：《中国画像砖全集·四川汉画像砖》，四川出版集团、四川美术出版社 2006 年版。

43. 信立祥：《汉代画像石综合研究》，文物出版社 2000 年版。

44. 徐志锐：《周易大传新注》，齐鲁书社 1986 年版。

45. 杨爱国：《幽明两界——纪年汉代画像石研究》，陕西人民美术出版社 2006 年版。

46. 袁珂：《古神话选释》，人民文学出版社 1979 年版。

47. 袁珂：《中国神话史》，上海文艺出版社 1988 年版。

48. 湛轩业、傅善忠、梁嘉琪主编：《中华砖瓦史话》，中国建材工业出版社 2006 年版。

49. 张道一：《画像石鉴赏》，重庆大学出版社 2009 年版。

50. 张文军:《中国画像砖全集·河南画像砖》，四川出版集团、四川美术出版社 2006 年版。

51. 张心澂:《伪书通考》，商务印书馆 1939 年版。

52. 赵成甫:《南阳汉画像砖》，文物出版社 1990 年版。

53. 郑午昌:《中国画学全史》，上海书画出版社 1985 年版。

54. 朱存明:《汉画像的象征世界》，人民文学出版社 2005 年版。

55. 朱剑心:《金石学》，商务印书馆 1930 年版。

56. 宗白华:《美学散步》，上海人民出版社 1981 年版。

57. ［德］阿道夫·希尔德勃兰特著，潘耀昌等译:《造型艺术中形式问题》，中国人民大学出版社 2004 年版。

58. ［德］恩斯特·卡西尔著，于晓等译:《语言与神话》，生活·读书·新知三联书店 1988 年版。

59. ［俄］康定斯基:《论艺术的精神》，人民美术出版社 1980 年版。

60. ［美］贝尔著，周金环、马钟元译，滕守尧校:《艺术》，中国文联出版公司 1984 年版。

61. ［美］鲁道夫·阿恩海姆著:《视觉思维》，滕守尧译，光明日报出版社 1986 年版。

62. ［美］鲁道夫·阿恩海姆著:《艺术与视知觉》，滕守尧、朱疆源译，中国社会科学出版社 1984 年版。

63. ［美］潘诺夫斯基著:《视觉艺术的含义》，傅志强译，辽宁人民出版社 1987 年版。

64. ［美］巫鸿著:《武梁祠——中国古代画像艺术的思想性》，柳扬、岑河译，生活·读书·新知三联书店 2006 年版。

65. B. Watsan（沃森）. Ssu_ ma Ch ien. Grand Histcrian of Chian. New York：Coiumdia University Press. 1958.

66. L. Bachhofer（柏克豪夫）. "Die Raumdarstellung in derchinesischen Malerei des ersten Jahrtausends n. Chr. " in Muchner Jahrbuch der Bildenden Kunst. vol. 3. Trans. H. Joachim into English. MS in the Rubel Art Library. Harvard University. 1931.

插图目录与出处

图版目录与出处